新编21世纪社会工作系列教材

小组工作

第二版

主 编 万江红
副主编 周雄兵 曾永泉 李 娜

Group Work

中国人民大学出版社
·北京·

图书在版编目（CIP）数据

小组工作/万江红主编；周雄兵，曾永泉，李娜副主编．--2版．--北京：中国人民大学出版社，2022.1
新编21世纪社会工作系列教材
ISBN 978-7-300-30127-3

Ⅰ.①小… Ⅱ.①万… ②周… ③曾… ④李… Ⅲ.①社会团体-社会工作-高等学校-教材 Ⅳ.①C916

中国版本图书馆CIP数据核字（2021）第266363号

新编21世纪社会工作系列教材
小组工作（第二版）
主　编　万江红
副主编　周雄兵　曾永泉　李　娜
Xiaozu Gongzuo

出版发行	中国人民大学出版社		
社　　址	北京中关村大街31号	**邮政编码**	100080
电　　话	010－62511242（总编室）		010－62511770（质管部）
	010－82501766（邮购部）		010－62514148（门市部）
	010－62515195（发行公司）		010－62515275（盗版举报）
网　　址	http://www.crup.com.cn		
经　　销	新华书店		
印　　刷	北京密兴印刷有限公司	**版　　次**	2016年2月第1版
规　　格	185 mm×260 mm　16开本		2022年1月第2版
印　　张	16 插页1	**印　　次**	2024年12月第6次印刷
字　　数	333 000	**定　　价**	48.00元

内容简介

小组工作作为一种专业的社会工作方法，通过小组组员之间的互动，发挥其各自的潜能，最终达到改变的目的，具有很强的现实意义。教材具体内容包括：小组工作概述，小组工作模式，小组的动力，小组领导，小组沟通与冲突，小组筹备以及小组发展过程与各阶段任务技巧，小组评估以及小组工作的运用和反思。此次修订后的教材适当增加了在小组发展不同阶段的案例、小组评估报告的不同样式以及有关小组领导的学习活动等内容，以便形象生动地呈现小组的操作技巧，便于初学者开展小组实务操作。

教材结合作者多年从事小组工作教学、研究和实践的经验写作而成，内容全面丰富，理论与实例紧密结合，知识性与可读性兼备，可作为高等院校社会工作专业教材，亦可作为社会工作硕士专业学位和学术型研究生教材和参考书籍。

主编简介

万江红　华中农业大学社会工作系教授，博士生导师，主要讲授“小组工作”“农村社会工作”等课程。先后获教育部新世纪优秀人才、民政部全国专业社会工作领军人才、湖北省有突出贡献中青年专家称号。主持国家社科基金项目3项，其中2项是重点项目；在CSSCI期刊发表论文40余篇，出版专著4部，主编教材1部。

周雄兵　武汉大学社会学院讲师，主要讲授“小组工作”“社会保障”“社会工作行政”等课程。在《人口研究》《经济评论》等刊物发表学术论文多篇。

曾永泉　仲恺农业工程学院人文与社会科学学院讲师，主要讲授“小组工作”“青少年社会工作”“家庭社会工作”等课程。主要研究方向为青少年社会工作、社会风险与社会保障等。

李娜　华中科技大学社会学院社会工作系讲师。主要讲授“小组工作”“学校社会工作”“康复社会工作”等课程，主持香港理工大学社工服务项目、教育部人文社科研究项目等多项课题，撰写专著1部，参与编写教材2部。

序言

2006年，党的十六届六中全会提出要“建设宏大的社会工作人才队伍”。短短十余年，弹指一挥间，我们国家的社会工作专业人才队伍不断壮大，同时也对社会工作教育提出了新的要求和挑战。小组工作无论是作为社会工作专业的核心课程，还是作为社会工作实务的重要方法，均需要我们不断地更新内容，迎接新形势下的新挑战，为此我们重新修订了《小组工作》教材。

本教材共分十二章。第一章概括了小组工作的含义、小组工作的功能与类型、小组工作的发展，以及小组工作的价值观和职业伦理，帮助学生了解小组工作的基本概念、产生和发展历史，并探讨在中国开展小组工作应该遵守的价值观和职业伦理。第二、三章分别介绍了小组工作的基本模式和小组的动力。通过系统介绍社会目标模式、互惠模式、治疗模式和发展模式四大小组工作常用模式，分析小组动力及其理论基础，帮助学生夯实小组工作的理论基础，为下一步技巧的学习做好准备。第四章到第十一章均与小组工作的技巧有关。包括小组领导的要求和技巧、进行小组沟通和处理小组冲突的技巧、小组的筹备和计划、小组的发展过程及各阶段的实务技巧、小组的评估等等。通过基本技巧的训练，让学生了解小组工作的全过程，掌握小组工作过程中的常用技巧，使学生在专业实习阶段能够独立筹备计划并带领小组。最后一章通过介绍小组工作在不同人群中的应用以及在中国的发展趋势，探索小组工作本土化问题。

本书主要特色在于：其一，重视对学生的价值观培养和专业基础训练。通过形式多样的“学习活动”“知识窗”“批判性思考问题”“案例”，帮助学生理解小组工作的基本概念、伦理原则、理论运用、实务方法，引导学生树立团体意识，夯实学生专业基础。其二，关注本土化的社会工作实务需求和理论探索。结合我国现阶段的社会问题和社会需求，引导学生正确认识小组工作价值观和职业伦理，并具体分析不同类型和不同性质的小组开展的具体方法，让学生能够学以致用，解决现实问题。其三，示例小组工作的计划书及活动方案、小组领导者训练流程及领导技巧量表等各种样表和实施方案，方便学生根据示范学习，增强操作性，以便学生举一反三、事半功倍。

本书是武汉大学、华中科技大学、仲恺农业工程学院、华中农业大学四所高校小组工作主讲教师积自己多年教学、科研和实践经验写作而成，希望能对诸君有所裨益。在本书的写作和修订过程中，曾永泉、李娜、周雄兵几位老师为本书的修订统稿付出了大量的心血。几位老师通力合作，分头更新校对了教材内容、增补了小组工作各发展阶段的最新经典案例，最后由万江红统编全书。书中的肤浅疏漏之处还请大家包涵。本书在修订过程中，得到了中国人民大学出版社盛杰老师的大力支持和帮助，特此致谢。

万江红

2021 年 2 月 28 日于华中农业大学社会工作系

目录

第十章

小组后期

第十一章

小组评估

第十二章

小组工作的运用和反思

第一章

小组工作概述

本章要点

- 小组工作是社会工作的专业方法之一，具有其鲜明的特征。
- 小组工作具有社会、学习、矫治以及预防等功能，其类型也是多种多样的。
- 小组工作起源于 19 世纪末期的英美国家，是为了解决当时社会面临的一些问题而产生的，随着时代的发展，小组工作也在不断完善，在不同的发展阶段有其不同的特征，并在中国开始发展。
- 小组工作有其专业的价值观和伦理守则，在社会工作实务中，社会工作者应严格遵守。

关键概念

小组；小组工作；价值观；伦理守则；实务原则

小组工作是应时代的要求而产生的，现如今，小组工作作为一种专业的社会工作方法，通过小组组员之间的互动，发挥其各自的潜能，最终达到改变的目的，具有很强的现实意义。当然，小组工作也有其专业的价值观和伦理守则，这是社会工作者开展小组工作的依据。

第一节　小组工作的含义

我们每一个人都是依靠群体而生存的，脱离群体我们将无法正常生活。每一个人都是社会化的人，从小到大，我们都生活在各种各样的群体当中，比如：在家里，我们是家庭中的一员；在学校，我们是同学中的一员；在社区，我们是社区中的一员；在工作单位，我们是同事中的一员；等等。

当然，并不是任何个人组成的群体都能称为小组。在社会工作实务中，小组是社会工作者帮助个人成长和发展的主要工具，小组工作则是一种运用小组发展个人潜能和技巧的方法。因此，一个专业的社会工作者必须掌握小组的一般知识，了解不同小组的特质，从而利用不同的小组，使之更好地服务于个人和社会。

一、小组

（一）小组的定义

关于“小组”有多种解释，以下介绍几种有代表性的定义。

在《国际社会科学百科全书》中，“小组”的定义为：有两个或两个以上的人，这些人感到有整体意识，而且这个整体将会维持一段时间；组员互相影响；有控制其组员相互影响的明确规范或规则；组员中存在一套角色。

勒温对小组的描述是：区分小组与一群人不同之处的重点在于他们有共同的命运经历。

综合上述观点，小组是指由两个或两个以上的人组成，组员之间相互依存、相互影响，在一定的规范下为达到共同目标而联系在一起进行活动的群体。

（二）小组的特征

马温在 1977 年的一本书中认为，小组可以拥有以下一个或多个特征：

（1）小组组员的观感和认知。小组是由多于一个的独立有机体（媒介）组成的单位，他们对自己的统一性有一个整体的观感，也有能力以统一的行动或态度去面对环境。

（2）动力和需求的满足。小组是由一群有机体结合而成的，它的存在是满足个人需要的必要条件。

（3）小组目标。小组由两个或两个以上的人组成，他们走到一起是为了一个目标，而联系在一起对他们来说是有意义的。

（4）小组组织。小组是由一群人组成的社会单位，他们彼此之间有明确的地位角色关系。他们也拥有一套属于他们自己而且能够规范小组组员的价值或准则。

（5）小组组员相互依存。小组由一群共同承担命运的个人组成，他们相互依赖，一个组员的体验很可能会影响其他全部组员。

（6）相互影响。相互影响指小组中的几个人（而不会有太多人）在一段时间内能充分地与所有小组组员沟通，这些沟通是面对面的，不需要通过其他人。

香港理工大学的何洁云等人在 2002 年提出小组具有的特征包括：两个人以上，形成关系，有共同的目标和利益，成员间相互影响，地位与角色会发生演变，成员有归属感，小组有发展阶段，小组有一定的规范，小组有一定的文化与气氛。

通过分析以上观点，可以发现小组通常具有下列特征：

（1）由两个或两个以上的人组成；

（2）组员间通过相互交往形成关系；

（3）有相同的目标或利益；

（4）组员间彼此依赖，相互影响；

（5）组员有特殊的责任、地位和角色体系；

（6）组员对小组有认同感和归属感；

（7）有一定的规范、准则等社会控制；

（8）有不同的发展阶段；

（9）有小组文化与气氛；

（10）有相当程度的凝聚力。①

学习活动：

以下哪些可以被认为是小组？为什么？

（1）在教室一起上课的同学；

（2）一起逛街的朋友；

（3）乘坐的汽车突发事故，大家一起努力，脱离困境；

（4）社区的二胡兴趣班。

二、小组工作

（一）小组工作的定义

小组社会工作是由英文 social group work 或 social work with group 翻译而来的，我们习惯性地称其为小组工作。由于历史的发展和社会的进步，小组工作的内容和形式不断改变，其范围和意义也不断地扩展。不同学者的理论出发点以及侧重点有所不同，对小组工作的定义也形成了不同的看法。

1. 小组工作是一种团体活动或经验

最早的小组工作活动始于欧美各种性质的社会服务机构，早期从事小组工作研究的学者认为，具有小组活动的性质、提供小组经验、满足个人及社会需要的活动便是小组工作。如柯义尔于 1935 年对小组工作下的定义为："小组工作的主要目的是以经验为媒介，去满足个人的社会兴趣和需要，这种小组经验具有个人自我发展与社会价值的双重目的。"

纽斯泰特也指出："小组工作是运用个人意志结合小组的方法，以促进个人发展与社会关系的调适及其他有益于社会的目标的达成。"

美国小组工作者协会认为："社会小组工作就是由小组工作者指导各种小组从事各种小组活动，使这些活动有助于个人的发展和社会目的的实施。"

我国台湾社会学者言心哲认为："小组工作富有社会和教育的意义，通常是利用闲暇时间，在小组领袖指导下，协助个人获得知识与技能，发展个人人格与社会化态度之经验。"

---

① 何洁云，谢万恒．社会工作实践：小组工作．香港：香港理工大学应用社会科学系，2002：3－5.

2. 小组工作是一种过程或方法

柯义尔于1937年指出："小组工作是一种教育的过程，通常由各种志愿结合的小组，在小组工作者的协助下，在闲暇时间内实施。其目的是在团体中通过个人人格的互动，以促进个人成长；以及通过小组成员互助合作的集体行动，以创造小组的情境。"

美国社会学家沙利文认为："小组工作是一种帮助个人人格发展的方法，在这种目的之下，小组本身被当作一种主要的工具。"

美国社会小组工作专家威尔逊与赖兰也指出："小组工作是一种过程和方法，工作者通过小组的影响，有计划地领导小组中的互动过程，以达成民主社会的理想目标。"

在过去的一段时期内，小组工作还不被认为是一种社会工作的方法，而是被当成了一种教育或休闲活动的过程，其目的在于达成个人的成长以及社会职责等目标。

3. 小组工作是一种社会工作方法

柯义尔还曾提出："小组工作和个案工作、社区工作一样，是基本的社会工作方法。它运用小组工作经验的社会关系，促使个人成长和发展，培养具有社会意识的公民，以实行民主社会的理想。"

1959年美国社会工作教育委员会（Council on Social Work Education）发表的由墨菲主持的"课程研究"指出："小组工作是社会工作的方法之一，它通过有目的的小组经验来增进人们的社会性功能。"

克那普卡在回顾了小组工作的发展之后，认为："小组工作是社会工作的方法之一，它通过有目的的小组经验，协助个人增强其社会功能，以及更有效地处理个人、小组或社区问题。"

另外，美国社会工作者协会1965年出版的《社会工作百科全书》认为："小组工作是一种在面对面的小组内为个人提供服务，以促使参与小组活动的成员达成预期的变迁的方法。"

如图1-1所示，崔克尔整理了众多意见之后明确提出："小组工作是一种工作方法。小组工作者协助引导个人根据其能力与兴趣在小组活动中互动，促使他们彼此之间建立关系并获得成长的经验，以促进个人、小组与社区的发展。"

由此可见，不同学者对小组工作的定义有所不同，但也有共同点。综合以上观点，我们将小组工作定义为：小组工作是社会工作的方法之一，是社会工作者按照一定的目标组织活动，通过小组过程和小组动力去影响组员的态度与行为，从而使他们获得行为的改变、社会功能的恢复与发展以及问题的解决的实务过程。

（二）小组工作的特征

1. 小组工作有明确的目标

小组得以建立的前提就是拥有共同的目标。无论什么类型的小组，都是为了其

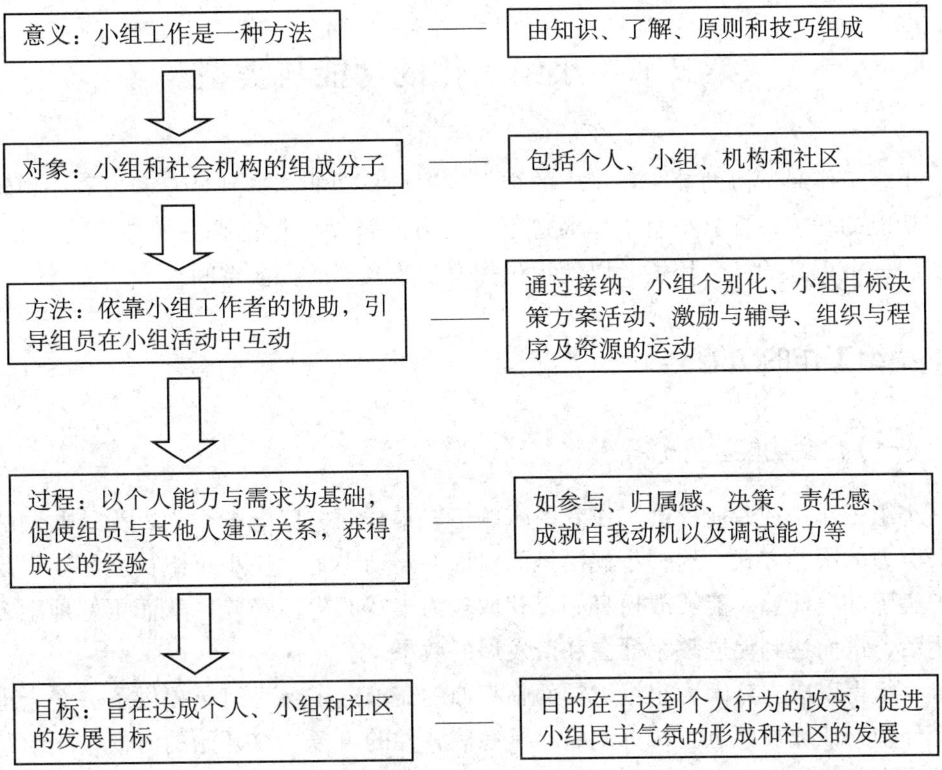

图 1－1　小组工作定义图

共同的目标而组织起来的。比如，成长小组是为了促进自我的发展，任务小组是为了解决遇到的问题，等等。而目标的制定是由小组工作者和小组成员共同完成的。

2. 小组工作者参与到小组活动中并进行指导

小组工作者是专业的社会工作者，掌握专业的知识与技能，在小组活动中能够扮演多种角色，如领导者、组织者、引导者、促进者和资源提供者等，这能够使小组更好地满足个人的需要，从而达成小组的整体目标。因此，专业的小组工作需要专业的人士提供服务。

3. 小组工作在小组情境与小组组员互动的过程中达到小组目标

在小组工作中，小组工作者并不是小组的主要改变力量，改变的力量更多地来自小组组员之间的分享、支持、治疗等，这是促使组员态度和行为发生改变的力量源泉。社会工作者只是媒介，是环境的催化者，在发展和治疗中起主要作用的是小组本身的情境与小组组员之间的互动。小组工作者应用团体动力学的知识与原理，运用专业知识与技巧指导小组活动，从而使小组的功能得到最大限度的发挥。

批判性思考问题：

小组工作与个案工作有何异同？

第二节 小组工作的功能与类型

小组工作通过协助社会环境中的个人发挥自我功能，达到恢复和发展小组组员社会功能的基本目标。小组工作通过互动的方式帮助组员挖掘并释放自身的能量，创造出一个正义的社会环境，以使组员拥有自我实现的社会空间。

一、小组工作的功能

（一）社会功能

小组工作是在专业社会工作者的带领下，集合两个以上的个人，为了共同的目标而努力的服务方式。这种小规模且面对面的互动小组，使小组组员能够获得足够的安全感和信任感，能够放松身心，获取较为丰富的生活经验，从而更好地融入现实生活，进而达到促进整个社会和谐发展的效果。

小组得以成立是因为小组组员面临相似的需求。小组为组员提供了一个合理的安全环境，让成员愿意尝试诉说原本具有威胁性的事务。在开始的时候，小组组员会认为自己的事务具有独特性，与其他人的不同，但是，当把这些问题放在小组中共同讨论的时候，小组组员就会发现，其他人也面临着相似的问题。他们通过对彼此共同问题的分享，找到解决的办法，从而减少或消除烦恼，增进满足个人社会功能的需求。这种方式容易在组员中形成信任、接纳和温暖的群体氛围，有助于提高组员解决问题的能力。

小组是社会的缩影，与社会具有一定的同一性。小组工作者因为时间和精力的限制，不可能面对很多人，如果只面对一个小组组员，其工作范围就变得狭窄。但是采用小组工作的方式，同时通过个体和群体培养组员的生活能力，就可以使小组组员通过互相学习的方式来解决自己的问题，不仅仅能节省人力物力，更能有效地促进整个社会的发展。

（二）学习功能

社会心理学研究表明，人在团体中的行为与其单独一人时的行为有很大不同，并且随着所在团体的不同，其行为也会发生很大的改变。小组能为组员提供一种个人不曾体验过的社会环境和生活经历，使组员在小组中学会共同思考，获得新的技能与经验，从而成功地适应社会环境，提高个人适应环境的能力。

（三）矫治功能

小组针对有问题的个人，还具有矫治的功能。小组能为组员营造一种信任、互助的环境，使组员有机会了解并改善自己的人际关系、扭曲的观念以及不能被社会认可接受的行为。在小组矫治的过程中，社会工作者要有强烈的价值意识，时刻提醒自己坚持正确的社会工作价值标准，从认识观念到工作方式，都要符合社会工作的价值追求，这样才能使矫治工作取得应有的效果。在矫治组员偏差行为之前，社会工作者首先要做到接纳和尊重矫治对象；其次，社会工作者面对矫治对象要保持诚恳的态度；最后，社会工作者要坚持矫治对象自决原则并给予其希望。

（四）预防功能

预防是指对可能遇到的困难进行预测。小组的预防功能主要是指通过小组的经验分享和学习，使组员获得自我发展和解决问题的能力，增强自身的社会功能。这种能力使组员在未来遇到问题时也能够很好地解决，有效地避免其陷入困境，从而防患于未然。

案　例

有这样4个大学生，2男2女，年龄均为20～22岁。他们性格内向，习惯于封闭自己，不善交往；自我观念差，言行犹豫徘徊，瞻前顾后；从初中到高中，顺应应试教育，在种种压力环境中，唯分数是从，忽视或压抑其他方面的学习、锻炼、培养、体验。请问，你认为针对他们的情况应选择个案工作还是小组工作？

二、小组工作的类型

小组工作的种类相当复杂，本书是参考香港理工大学何洁云等人2002年的分类标准进行划分的（见表1-1）[①]。

（一）按照小组的形成方式，分为组成小组和自然小组

组成小组是通过外部的影响和干预而组建起来的，这种小组一般具有较强的结构性和目的性，比如工作委员会、任务小组等。

自然小组是人们自然而然聚在一起形成的小组。人们由于一些自然事件、成员间的互相吸引或感觉需要等组成小组，这些小组通常具有较低的组织结构，比如家庭、朋辈小组、街头玩伴群体等。

（二）按组员的参与意愿，分为自愿小组和非自愿小组

自愿小组是基于成员自身动机和主动性而形成的。自愿小组中所有成员都是自愿参加的，比如志愿者小组、家长技巧训练小组等。

非自愿小组不是因为成员自身动机和主动性组成的，是具有强制参与性的小

① 何洁云，谢万恒．社会工作实践：小组工作．香港：香港理工大学应用社会科学系，2002.

组，比如戒毒小组等。

（三）按照成员间的联系，分为基本小组和次层小组

基本小组的成员具有较高的互动频率和紧密的联系。基本小组都是很小型的，小到成员可以用面对面的方式与任何一个人互相交流。它也是成员间有约定承诺的小组，小组成员相互表达感情，不论是积极的还是消极的，都可以清楚地表达出来。最典型的基本小组就是家庭，有些互动性小组（比如成长小组等）也会有这样的效果。

次层小组成员之间相互联系较少，而且关系不甚密切，例如同事等。

（四）按照小组的结构，分为正式小组和非正式小组

正式小组具有正式的小组结构、确定的角色和地位。在通常情况下，正式小组有特定的规范用以指导成员的行为。任务小组、行动小组、教育小组等都属于这种小组。

非正式小组不具有正式的结构。在通常情况下，小组没有明确的目标，成员自然地聚拢在一起，通过互动达到交往和满足个人需求的目的，比如同学小组、街头玩伴群体等。

（五）按照成员的界限，分为封闭小组和开放小组

封闭小组从小组聚会开始到结束都由相同的成员组成，不会随时间的变化而增加或减少成员。一般具有深入的互动关系和一些特殊的治疗关系的小组都是封闭小组，比如夏令营。

开放小组在小组过程中的任何时间都允许成员加入和离开。一般社会目标模式都具有很高的开放度。小组工作者会不断遇到新的问题和冲突，工作难度较大，比如戒毒所等。

（六）按照小组的性质和目的，分为任务小组、教育性小组、社交小组、教化小组、服务或志愿者小组、兴趣小组、意识提升小组、成长小组、治疗小组、社会化小组、自助与互助小组以及社会行动小组

任务小组有明确的任务（工作）取向和结构，比如社区中心管理委员会、艾滋病公共宣传小组以及环保小组等。

教育性小组用小组的方式帮助组员学习与自己相关的各方面知识，帮助人们获取更多的知识及学习更复杂的技术，并通过小组的互动和讨论来增强成员的态度和能力，提高他们的自信心，比如知识传授小组和技能训练小组等。这类小组的领导者通常是专家或学者。

社交小组的目标是成员的关系改善和互动。小组活动围绕着提升成员的社会交往能力开展。这种小组在我国的学校和社区青少年活动中心等有许多。

教化小组有明确的角色指引和行为规范引导。小组领导者通过小组工作的教化，训练小组成员的意志品质、行为、纪律规范等，提升他们的自觉意识和各种能力，比如青少年野外拓展训练等。

服务或志愿者小组通过小组开展义务服务工作，培养成员的责任意识和服务意识，并在过程中实现成员自我价值、提升个人能力，比如大学生青年志愿者协会等。

兴趣小组通过小组发展和培养成员的各种兴趣爱好和能力，陶冶个人情操，比如象棋小组、绘画小组等。

意识提升小组致力于对组员的增能，提高他们对自身以及社会的整体意识，比如农民工技能培训小组等。

成长小组的目标是为组员提供一定的机会，促进个人的正常发展或行为改变，协助个人适应和完成人生正常的发展阶段。其重点并不在于治疗病态的主体，而在于诸如人际交往、问题解决、沟通、价值观等成长性的主题①，比如大学生成长小组、青少年成长小组等。

治疗小组通过小组互动，在一个信任和接纳的环境中，协助有“问题”的成员改变其态度、情绪、人格上的障碍，以及不为社会所接受的行为，处理和解决成员的个人问题，恢复其社会功能。治疗小组要求社会工作者具有较高的专业素养，以面对多变的情况，比如戒毒小组、偏差青少年行为矫治小组等。

社会化小组借助有意图的程序活动、结构性练习和角色扮演等，帮助组员改变或发展其行为或态度，学习社会行为方式和适应技巧，增强其应对社会压力以及人际交往方面的能力，使他们的行为能够被社会接受，从而获得正常的社会生活的能力，比如提高青少年自信心小组等。

自助与互助小组由具有相似问题或关心共同问题的组员组成。这类小组以自身资源作为支撑，通过组员的互相支持达到态度或行为的改变，使组员在互动过程中增加知识，提升技能，获得生活的信心，从而解决自身的问题。因此此类小组不需要甚至反对专业社会工作者的介入，一般由朋辈群体组成，重在社会支持网络的建立和社会资本的重建，比如受虐妻子支持小组、单亲母亲小组等。

社会行动小组工作的目的是利用小组资源，集结社会力量，达到社会的改变，维护小组成员或社区的整体利益。这类小组已经趋向于社区工作的方法。各种类型的社会行动小组通过群体组织的方式来进行社区倡导或社区建设等活动，比如环境保护小组。

表 1-1 小组工作类型表

分类标准	社会工作小组
形成方式	组成小组 自然小组

① 黄丽华．团体社会工作．上海：华东理工大学出版社，2003：110.

续表

分类标准	社会工作小组
参与意愿	自愿小组 非自愿小组
联系	基本小组 次层小组
结构	正式小组 非正式小组
成员的界限	封闭小组 开放小组
性质/目的	任务小组 教育性小组 社交小组 教化小组 服务或志愿者小组 兴趣小组 意识提升小组 成长小组 治疗小组 社会化小组 自助与互助小组 社会行动小组

第三节　小组工作的发展

小组工作是为了解决当时社会面临的一些问题而产生的，随着时代的发展，小组工作也在不断发展和完善。

一、小组工作的起源

小组工作起源于19世纪末期的英美国家，它的出现是为了满足社会发展的需要，解决工业化快速发展带来的一些社会问题。小组工作正式成为一门专业被接纳则是在20世纪30年代，尽管历史较为短暂，但在一百多年的发展历程中却经历了从萌芽到逐渐发展成熟的过程，服务人群逐渐增多，应用领域不断扩展，相应的理论研究不断充实，服务内容也不断完善。正确把握小组工作发展的独特脉络有助于加深我们对小组工作的了解，对于我们将小组工作引入中国并深入进行本土化研究具有一定的借鉴意义。

（一）社会历史条件

小组工作是为回应特定社会历史条件的需要而产生的。它出现的条件可归结为工业革命的负面结果、人本主义及宗教的影响，以及非营利组织的发展。

1. 工业革命的负面结果

工业革命带动了经济的迅速发展，工厂纷纷建立，需要大量廉价劳动力来满足不断增加的订单，这时许多农村人口涌入城市成为工厂工人，这些工人由于缺乏生产资料和工具，只能出卖自己的劳动力，导致在经济上完全依靠资本家的工资，如果资本家提供的工作减少，他们就完全没有其他的收入来源，因此为了维持基本生活，他们在工厂里拿着最低工资、生活在最差的环境中、从事着最危险的工作。而这些资本家为了获取最大的剩余价值，不断剥削工人，最终导致社会贫富差距拉大，贫困问题凸显。

另外，大量农村人口向城市迁移，也引发了如住房、公共卫生、社会治安、社会信任、教育、犯罪率等方面的严重社会问题。为了解决上述问题，不同行业和群体发动了许多社会运动。解决这些问题的尝试催生了社会工作。

2. 人本主义及宗教的影响

19 世纪末，大部分参与社会福利行动的人来自上层富裕家庭，受过良好教育且具有强烈的宗教热忱。他们受当时的新教思想影响，认为人是一种社会动物，作为社会一分子，他们必须为社会的福利从事劳动，并在其能力范围以内为社会做善事，尤其是要为教会和公共福利行善。他们把坚持行善当作拯救世界的一种手段，将积极献身公益服务作为对上帝最大的服务，同时把自己看成是城市新增贫困人口的兄弟姐妹和监护人，认为自己有责任为他们谋求更好的居住空间和生活质量。为此，这些宗教取向的慈善团体开始为贫困家庭和个人提供生活所必需的钱和食品，并成立了许多社会团体、机构和俱乐部，依托这些机构为他人提供服务，如在西欧和美国成立的“犹太中心”。宗教慈善组织利用类似小组工作的方法来帮助移民、儿童、青年人等，而这些活动均推动了小组工作的产生。

3. 非营利组织的发展

除了宗教伦理思想为小组工作的出现提供了必要的助人精神和实践外，社会上还出现了很多针对特定群体发展起来的非营利组织，这些组织在帮助人的过程中开始发展出小组工作方法，如早期的工会、童子军、青年会、睦邻组织等，这些经济独立的组织注重民主、公民意识和契约精神，具有独立的社会功能，它们的发展进一步推动了小组工作发展。

（二）专业发展背景

小组工作的专业发展主要受到基督教青年会、儿童服务机构以及睦邻组织三方面的影响。

1. 基督教青年会

小组工作作为一种社会服务的形式首先出现于教会机构中，如 19 世纪的基督教青年会和女青年会。基督教青年会是由英国人乔治·威廉姆斯在 1844 年创立的具有教会背景的青年组织。此青年会开始创建时的目的是以小组为单位，通过开展诵经小组来拯救那些沾染很多恶习的青年人，改善他们的精神生活。后来，随着小组规模的壮大，在 1844 年，14 个类似的诵经小组结合起来组成基督教青年会，青年会的活动也由原来的读经转变为开展娱乐活动和康乐活动，丰富青年人的生活。1888 年伦敦的基督教青年会还在教室以外建造图书馆和体育馆，进一步推动了小组工作的专业化。

英国伦敦的女青年在 1877 年也开始仿效基督教青年会，成立基督教女青年会，为那些从农村来到城市却没有固定工作和住处的女孩和妇女提供住处和读经机会，同时针对她们在劳动力市场中因缺乏技能而处于弱势地位的情况，为她们开设了内容广泛的培训班，在烹饪、缝纫、打字等方面提供技能培训，提高她们的生存状况。

后来，美国受到英国基督教青年会的影响，于 1851 年在波士顿成立基督教青年会，并于 1854 年成立美国基督教青年会全国协会。1859 年，美国基督教女青年会也正式成立。这些青年会都是通过小组活动、小组经验等方式来为青年提供休闲娱乐和课程知识的。

2. 儿童服务机构

在美国，城市化得到快速发展，但都市中的儿童并没有适当的户外活动和游戏场所。另外，一些童工由于长时间在工厂里做工又缺乏必要的健康保障，身心受到严重损害。因此，波士顿第一教会在 1868 年利用公立学校的校园成立了第一个儿童假期乐园。芝加哥在 1876 年也开始利用公园来领导各种有组织的游戏和体育活动，在 1885 年发起了儿童乐园运动，并得到教会团体、私立学校、社区的热烈欢迎。这些活动由最初的仅为假期而设，逐渐发展为常见的有计划的设置，极大丰富了儿童的休闲娱乐生活。

1907 年，英国的罗伯特·贝登堡将军创立了社会教育团体，只招收男童军。该团体以制服、户外活动、野营和徽章为标识，通过开展登山、行军、山地生活、田径运动和露营等活动培养他们的冒险精神，增强他们的爱国主义精神、身体素质和独立人格的发展。男童军和英国军方有密切的关系，其领导者大多为退役的将领，男童军的制服也由军人的旧制服修改而成，他们穿着这些旧制服组成小组并开展各种户外训练。

1910 年，美国也成立了男童军，两年后成立了女童军（Girl Guides），目的是通过为女孩提供农艺、手工艺、社区生活、户外活动、家务、戏剧、音乐、舞蹈、野营实践和训练机会，鼓励女孩拥有独立人格、爱国精神和服务精神。1911 年，美国成立了女童军营火会（The Camp Fire Girls），活动内容除了郊游和远足外，还包括研讨会和相关教育文化专题。

3. 睦邻组织

为了解决城市越来越多的移民问题所带来的负面影响，改善贫民区穷人的生活状况，沙莫尔·巴涅特牧师夫妇于1884年在英国伦敦建立了汤恩比馆（Toynbee Hall），这是第一个社区睦邻服务中心，标志着睦邻组织运动的开始。巴涅特夫妇邀请剑桥的大学生团体一起入住贫民区，与穷人们一起生活，了解穷人们的社会环境和遇到的问题，并通过发动穷人们互助合作，创办图片展、成人教育班和康乐服务等方式，改善穷人们的生活状况，培养穷人们的健康人格。

在美国，芝加哥的简·亚当斯在参观了汤恩比馆后，于1889年仿效汤恩比馆成立了著名的赫尔馆（Hull House），此后此种服务形式逐渐推广到全美国。

上述这些不同形式的组织都是为了适应工业化发展的需要而成立的，服务的目的都是改善贫民的物质生活、丰富他们的精神世界；服务领域不断扩展，形式由以提供娱乐为主逐渐转变为提供教育、文化等；服务对象多为移民、儿童、青少年。这一时期的小组工作虽然在活动内容上有较大范围的扩展，但是缺乏专业方法和理论的指导；从事小组工作的人员拥有不同的教育背景，且大都没有经过专业训练，小组工作者多是本着宗教热情和助人精神开展服务的，虽然在服务中适当融入了小组工作方法，但缺乏一定的专业认同度，小组工作者之间也没有其专业归属；小组工作与社会工作之间并未形成联系。但不管怎样，这一时期的小组工作都在帮助服务对象改善生活状况、解决贫困问题、培养互助意识和社会责任感方面发挥了积极的作用，这些实践活动也为下一阶段小组工作的专业化奠定了实践基础。

二、小组工作的成长

（一）历史条件

自20世纪20年代到60年代，小组工作取得了长远的发展，主要受以下几个大事件的影响：第一次世界大战以后，社会各方面经历了巨大的社会变迁，社会急需重建，人们要求民主的呼声越来越强烈；与此同时，妇女独立运动要求改变家庭关系、促进民主平等，希望通过小组活动和社区决策过程推进民主化发展，而这些变化极大促进了小组工作的发展；1929年美国经济危机造成大量工厂倒闭，工人失业，为了解决失业造成的影响，政府和慈善组织除了给予经济救助外，还开设训练班教授新技艺，促进居民就业，另外也通过多种形式的小组活动丰富他们的业余生活；第二次世界大战以后，人们开始社会的重建，大批工人开始进入工厂工作，而儿童却无人管教，他们在外惹是生非，为了解决这种问题，一些热心人士开始安排儿童课外活动及日托服务，减少父母的担忧。

上述因素均促进小组工作朝专业化方向发展，专业化特征表现在：一是不同的高校开始出现越来越多的小组工作课程，通过借鉴相关学科的理论和方法，出版相关书籍，逐渐确立自己的专业权威；二是小组工作的实务领域不断扩展。

（二）专业成长

小组工作在19世纪中叶以前一直被认为是一种机构性质，而不被视为一种方法或实务工作手法。而在19世纪中叶，越来越多的专业开始形成其归属意识，小组工作也逐渐确立自己的专业属性。小组工作开始成为社会工作的课程是在1923年，当时美国俄亥俄州的西方储备大学（Western Reserve University）开始讲授小组工作课程，目的是训练小组领导者运用小组的方法和原则，带领小组成员寻找生活的方向，课程中加入了当时一些著名理论家的理论，如约翰·杜威、乔治·赫伯特·米德的理论。1927年，威尔伯·纽斯泰特开创了小组工作课程。1935年，美国全国社会工作会议增设小组工作分会被公认为小组工作加入社会工作的重要里程碑。1936年全美小组工作研究协会（National Association for the Study of Group Work）成立，但小组工作正式被纳入社会工作专业则是在1946年。

在其专业性方面，小组工作在发展过程中吸收了社会学、教育学、心理学等相关学科理论的知识，丰富了小组工作理论并指导实务发展。具体体现在，小组动力学家勒温强调小组动力在小组目标达成、成员行为等方面对小组的积极作用；教育学家杜威提出学校教育需要从个人、家庭、社会等不同层面分析对小组成员的影响，并注重满足成员个人的发展需要。心理分析学、精神病学、心理卫生的发展，使其研究内容不断扩展，逐渐由发展性转为治疗性，这进一步充实了小组工作理论及技巧。

这一时期出现了许多小组工作的著作和研究，如美国社会工作者协会在1939年出版的《在教育、娱乐和社会工作中的小组》（*The Group in Education, Recreation and Social Work*）、纽斯泰特的《小组调适》（*Group Adjustment: A Study in Experimental Sociology*）、威尔森的《小组社会工作实务》（*Social Group Work Practice*）、崔克尔的《小组社会工作》（*Social Group Work*）以及勒温的小组动力学等著作和研究都推动了小组工作向专业化方向发展。

这一时期的小组工作的特点是理论发展具有系统性，实务模式倾向于治疗性，社区发展与社会行动并存。

三、小组工作的发展

（一）历史条件

小组工作在20世纪60年代呈现多元化发展趋势，原因是20世纪六七十年代开始的女权运动、民权运动、反贫困运动使社会发生重大变迁，男女平等、自由、民主等逐渐得到人们的认可，这对小组工作者在开展活动时的价值观产生了很大影响，它要求社会工作者以新观点、新思路来思考问题进而解决问题，因而很多社会工作者开始尝试采用多种手法去介入小组活动。这一时期小组工作呈现的特点主要有：应用范围扩大，理论和实务进一步发展。

（二）多元化发展

1. 小组工作的应用领域不断扩大

以前，小组工作的应用领域多为娱乐、教育、移民、宗教等方面，但是随着经济、政治、社会的发展以及社会工作和社会福利机构的发展，小组工作开始被应用于心理、医疗卫生、家庭、学校以及社区发展等领域。例如，在第二次世界大战期间对身心失调的军人采取小组治疗的方法，为他们提供心理治疗；在劳资关系和工业企业管理方面面临问题的企业，通过开展小组工作可以缓解紧张的人际关系，促进人与人之间的沟通与紧张情绪的疏导，进而提高生产效率和质量；在学校教育、管理以及学生关系与课外活动等方面，小组工作均发挥了积极的作用；在社区发展过程中，人们更是将社区组织的委员会、理事会以及各种有关社会建设和社区发展的组织看作一个团体，并运用小组工作方法和原理促进成员间关系发展、培养小组领袖、加强团队精神。另外，小组工作的范围还延伸至成人教育、工人教育、成人俱乐部、联合委员会以及公共住宅，并开始注重老人的身心健康。总之，在现代社会中，小组工作在调节社会关系，加强人与人、人与社会的关系等方面发挥了积极作用。

2. 小组工作受到不同理论和理论家的影响

霍曼斯、鲍尔斯和怀特的互动理论，勒温的场域理论，米勒的系统理论，以及斯特克和赛林的行为分析理论等，丰富了小组工作的内容，扩展了小组工作的技巧。另外一些理论学者比较关注小组工作模式的研究。1966 年，柏贝尔和罗斯曼发表的关于小组社会工作三大模式（社会目标模式、治疗模式、互动模式）的论文，为小组工作实务的发展做出了巨大贡献。1967 年，罗伯特·温特在密歇根大学建立了治疗模式，注重改变个人的偏差行为，增强个人社会功能；同年，史沃兹创立了协调模式，利用人本心理学、存在心理学和开放体系理论，模拟人和团体的关系，并通过工作者的专业引导和团体成员间的互动，使个人在团体中获得成长。伯恩斯坦于 1965 年工作发展出了发展模式，特罗普在 1968 年把发展模式推向整合方向。而一些小组工作的理论家如诺森、克莱恩、亨利·索里等不断发展更为细致的小组工作理论，这时小组工作的理论也逐渐完善，它受到一般系统理论、社会制度理论、社会角色理论以及行为主义、交互分析、格式塔治疗、危机介入等观点的影响。

总之，这一时期的小组工作理论更加丰富，其介入领域也在理论指导下不断扩大，介入模式也趋向多元化。

3. 专业社会工作方法整合

这一时期的学者们提出从生态系统理论出发，从不同面向如个人、夫妻、家庭等来解决社会问题。一些学者将社会工作实务方法分为微观和宏观，其中把个案、家庭、小组和个案管理归为微观实务，将社区、组织和政策归为宏观实务。一些学者开始整合早期的小组工作模式，并称其为主流模式，注重小组成员的积极参与、共同目标的制定以及角色扮演与沟通。

4. 小组工作的关注点转变

以前，小组工作者多从案主的缺点和不足入手为案主解决问题，不利于发挥组员积极性以及他们问题的解决。鉴于上述缺陷的存在，一些学者开始转变视角，提倡优势视角，注重个体、小组和社区的优势，并通过发动他们自身的资源和潜能，帮助他们达到目标、解决其存在问题并增强他们自身面对挫折解决问题的能力。

四、小组工作在中国

（一）历史条件

中国历史上并没有社会工作这一专业，因而小组工作更无从提起。中国小组工作主要受到西方国家的影响而产生并逐渐走向本土化。由于中国特殊的经济基础和社会结构，小组工作在中国相对而言是整个社会工作专业中起步最晚、发展最慢的一部分。

中国在封建社会时期就产生了一些救济性互助性小组，如在 1885 年创建的青年会，但是这些团体多带有宗教性而并不具备专业性质。解放战争后，香港成立了社会福利联合会，主要为解决内地移民涌入香港产生的一些问题。在香港社会福利署和高校的努力下，香港开始开设小组工作专业课程，并不断推进其专业化。台湾地区的小组工作则是到了 20 世纪 70 年代才开始开设专业课程，培养专业人才，并被应用于实践。而祖国大陆的社会工作专业在 20 世纪 30 年代初就开始发展了，但在 1952 年随院系调整而被撤销，到 20 世纪 90 年代初才又开始在高校发展起来。

知识窗

我国的社会工作教育是在 20 世纪 30 年代初开始的，傅愫东先生写的《燕京大学卅年》中说明了燕京大学于 1930 年开始有“社会行政组”的设置，并开设了“个案工作”“精神健康社会工作”“团体社会工作”“社会行政”等 14 门课程。

（二）小组工作在香港的发展

香港地区的社会工作发展始于 20 世纪 50 年代，但是在 20 年代左右就产生了小组工作，主要源自基督教男、女青年会。初期，男、女青年会的成员是一些中上层热心公益事业的人士，他们为中下层青年劳工补习文化知识，并为他们提供住所，后来推广到团体活动和参加社会运动，为青年争取合理的劳工制度。战后，青年会开始关注青少年工作，但当时并没有专业社会工作者指导，还不具有专业特性。

1948 年中国内战接近尾声，内地大量难民涌入香港，他们的生活极其艰辛，急需社会帮助，为此，香港成立了许多以救济为主的志愿福利机构，目的是帮助这些有困难的人。当时的救济工作主要以物质救济为主，并不注重社会工作专业方法的运用。但这些救济机构中有部分来自外国派驻香港的服务机构，机构内的一些工作人员受到本国社会工作观念影响，另一部分则受过社会工作专业训练，他们将社会工作方法引入服务，引起了人们对此种专业方法的重视。

为解决内地人口猛增带来的社会问题，香港社会福利署制定了一系列规划，在1950年要求香港大学开设专业社会工作者课程。当时由于难民子女教育问题较为严重，因而小组工作服务以儿童教育为主，开设儿童识字班，组织儿童开展识字学习及游戏。

1962年，香港大学与香港中文大学开始开设正式的小组工作课程。

20世纪60年代以后，香港地区的社会经济逐渐好转，一些问题也随之出现，社会工作作为一种有效解决社会问题的方法逐渐受到重视。香港大学和香港中文大学同期成立了社会工作这个独立的学科体系，从此小组工作便成为社会工作的主要课程之一。

1966年，香港天星小轮事件爆发，部分原因是青少年缺乏参与社会活动的机会，因而借社会事件发泄他们的不满。这时小组工作被认为是一种可以疏导人们不满情绪的方法，因而受到社会的重视。

20世纪70年代中期，随着青少年犯罪成为社会的关注点，香港政府提供了包括校长工作在内的各种服务，并于1979年正式推出家庭生活教育、学校社会工作及外展社会工作，服务方式主要有成长小组、教育小组和辅导小组，服务方法也朝专业化迈进。

20世纪80年代至今，香港地区发生了较大变化，开始步入老龄社会，另外1997年香港回归，出现新问题。社会中离婚问题、老年人问题、人际关系紧张问题等相继出现。香港的社会服务机构为解决复杂的社会问题，改变了传统工作模式，出现了个案、小组、社区三大方法的渗透与融合，内容趋向整合性、治疗性和发展性，目的是促进个人发展与转变，使之进一步参与融入社会。

（三）小组工作在台湾地区的发展

我国台湾地区的小组工作相较香港地区发展较晚，其小组工作在社会工作方法中也是发展得较为迟缓的一种方法。

台湾地区早期的小组工作主要是受基督教男、女青年会的影响而发展起来的。小组工作一直被认为与小组娱乐或小组活动相似，在实务方面则较少被使用，因此导致台湾地区的小组工作发展较缓慢。

1961年台湾东海大学开设小组工作课程，1970年台湾研究中心成立，开始培养社区领导者，这标志着台湾小组工作专业化的开始。20世纪80年代，小组工作方法在实务领域得到普遍运用，涉及的机构有医疗卫生机构、学校教育机构、司法机构、工业机构、一般社会福利机构等。台湾地区的小组工作的方法和理论大都从国外学习而来，社会工作者在实践中不断探索适合其地区发展的模式和方法。

（四）小组工作在祖国大陆的发展

虽然祖国大陆专业的小组工作是近些年来才发展起来的，但小组活动的形式却古已有之，在中国封建时期就有一些救济性、互助性的团体。20 世纪 20 年代初，国外社会工作专业传入我国，30 年代成立了一些社会工作机构，当时的社会救济福利机构有五种类型：一是私人开办的社会救济福利机构；二是官方办的社会救济福利机构；三是宗法性的社会救济福利机构；四是宗教性的社会救济福利机构；五是外国人办的社会救济福利机构。这五种类型的福利机构有一些交叉，例如外国人在华私人开办的社会救济福利机构往往是宗教性的社会救济福利机构，私人开办的和宗法性的社会救济福利机构也大多合为一体。

新中国成立以后，中国人民救济总会（前身为解放区救济总会）统一接受、整顿、改造了旧社会遗留下来的救济福利机构，把它们纳入了政府的统一领导。另外，我国建立了许多群众性的小组，如中华全国总工会、中华全国青年联合会、中国残疾人联合会、中国红十字会等，这些机构各自担负起了向不同人群提供服务的责任，运用不同的方法帮助困难人群解决困难。同时，在政府部门和民间成立了针对不同行业、职业、兴趣的小组或社团，如兴趣小组、舞蹈小组、康复小组、体育小组、联谊小组等，目的是丰富人们的生活、建立相互支持体系，但这些小组缺乏专业人员的指导，基本上都是自愿组织起来的。

祖国大陆专业的社会工作是在 20 世纪 80 年代发展起来的，1979 年我国决定恢复停滞了 28 年的社会学专业，社会工作作为应用社会学也在四所大学（北京大学、复旦大学、南开大学、中山大学）重建，但是社会工作未被重视。

1987 年，国家教委决定在北京大学等高校设立社会工作与管理专业。据中国社会工作教育协会的不完全统计，目前中国含有社会工作专业或社会工作系的高等院校近 200 所，小组工作也在社会工作的专业发展下得到了进一步发展。

祖国大陆的小组工作大多借鉴西方国家和港台地区的经验，在实践方面，大陆的实务工作者和学者正在探索一条适合中国本土化的工作方法和理论。当前，小组工作的服务对象主要有妇女、儿童、青少年、老年人、残疾人。其目标主要是发挥人的潜能，解决他们面临的问题，促进社会的进步。

第四节　小组工作的价值观和职业伦理

小组工作有其独特的价值观和职业伦理，社会工作者在开展小组活动的过程中要严格遵守，以使小组工作顺利开展。

一、小组工作的价值观

(一)社会工作基本价值观

社会工作中的价值观更倾向于哲学范畴的概念。价值观是人们判断事物是非、善恶、美丑、意义大小的标准。社会工作价值观是社会工作者通过理论学习以及社会实践等途径形成的一整套被社会工作者普遍认同和接受的价值体系，并被运用到社会工作的具体实践中去。它是社会工作者行为的依据，并指导着社会工作者助人的过程。

国际社会工作者协会曾明确指出社会工作价值观的基本内容："社会工作产生于人文主义和民主的理想，社会工作价值观建立在尊重人人平等、尊重人的尊严和尊重人的价值的基础之上。社会工作自其产生以来已经有一百多年的历史了，社会工作的实践一直强调满足人类的基本需求，发掘个人潜能、维护人权和社会公正成为社会工作实践的主要奋斗目标和推动力。通过与弱势群体团结一致，社会工作者致力于消除贫困、解除对弱势群体的压迫、实现社会融合。"

由此，我们可以分五个方面对社会工作价值观进行理解：一是社会工作者要把服务对象看成是与自己有平等价值的人，对服务对象要持有接纳和尊重的态度；二是社会工作者要坚持专业的立场，坚持助人自助的原则；三是社会工作者要注重公平正义的原则，优先满足最弱势人群的需要；四是社会工作者要运用专业的知识和技巧，使服务对象的能力得到提升；五是社会工作者要对未来抱有积极的态度，用发展的眼光看待社会，相信社会发展的美好未来，并愿意付出持续的努力。

(二)小组工作价值观

社会工作价值观是如何在小组工作中得到体现的呢？西方学者克那普卡、特斯兰德和利瓦斯提出了不同的观点。[①]

克那普卡提出，小组工作的价值观应包括：小组中来自不同种族、国家、社会阶层和不同年纪、性别的人，应该积极参与小组活动，建立一种积极的、平等的关系；在小组工作中，始终强调合作和互惠性的决策过程，充分体现民主参与的原则；强调个人在小组中的创造性和主动性；尊重组员参与的自由，这些自由包括有权对小组和组员有关的问题发表看法、有权参与小组的决策过程等；强调小组中高度个别化原则，关注小组中每个组员的特定需要。

特斯兰德和利瓦斯则认为，小组工作的价值观最重要的是以下三点：

(1) 重视组员具有相互帮助的能力。在小组中建立的关系，能够帮助组员成长和改变，帮助他们建立归属感，满足基本需要，因此，在小组工作中，要特别强调组员之间的互助关系，弱化社会工作者作为小组主持人的领导作用。

(2) 重视小组能够使组员的能力得到提升，实现赋权。小组可以帮助组员提高

---

① 刘梦．小组工作．北京：高等教育出版社，2003：20－21.

自信心，帮助他们意识到自己有能力改变自己的生活和整个社区的状况。

（3）重视小组有能力促进来自不同背景的组员之间的理解和融合。随着小组的不断发展，组员之间的尊重和欣赏也会不断增强，因此，小组能够帮助弥补现代社会中不同社会地位人群之间的差距，增进社会整合。

综合以上学者的观点，我们总结出小组工作的价值观应包括：

（1）和谐的人际关系的原则。小组工作是社会工作的基本方法之一，由小组工作者协助组员进行互动，从而发挥个人潜能，最终达到发展和改变的目的。和谐的人际关系既包括小组工作者与组员之间关系和谐，也包括组员与组员之间关系和谐。融洽的小组氛围是活动得以顺利开展的前提，和谐的人际关系有利于小组内部凝聚力的提升，从而发展社会责任感，增强社会的稳定与和谐。

（2）互助与互惠的原则。这一原则包括两方面的内容：一是小组工作者与组员之间是互助互惠的。在开展小组活动的过程中，小组工作者利用自身的专业知识和技能为组员提供服务，使组员的能力得到恢复；同时，组员在小组活动过程中所描述的丰富的生活经验，对于小组工作者而言也是弥足珍贵的财富，有益于社会工作者的成长。二是组员与组员之间是互助互惠的。小组工作的核心概念就是互助，小组工作者只起协助和指导的作用，组员之间的互助才是使个人得到改变的根源。

（3）增能的原则。小组工作不仅解决组员在态度或行为等方面存在的问题，而且通过教育或技能的培训使组员的能力得到恢复或培养，从而提高组员的自信心。增能既是一个动态的过程，同时也是发展工作多要达到的目标。小组工作者通过促进组员个人以及整个小组的自治来实现增能的原则，进而促进组员的成长。

（4）参与自由的原则。小组工作者必须接受一个事实，即每个组员有其独特的需要、能力、情绪等，每一个个体都是独特的，小组工作者要正确面对这些差异。同时，在小组活动中，小组工作者不能代替组员做出决策，小组组员具有参与决策与否的自由，这在某种程度上也体现了组员自决的原则。

（5）高度个别化的原则。小组工作者在开展活动的过程中，要注意到组员的差异性，不能将一种工作模式应用于所有成员身上，而应该具体问题具体分析，分别对待。在制定具体的目标时，要因人而异，了解每位组员的切身需求，接受其特殊性和独特性，有针对性地设计活动方案。同时，在活动开展过程中，也要注意到每位组员在不同阶段的变化，依据组员的实际情况适当地调整干预方案。

案　例

在一个女性成长小组中，组员小丽是一个性格比较霸道的女生，经常用言语攻击其他组员，小组工作者多次劝说无果，其他组员无法忍受小丽的性格，集体表示：如果小丽继续留在小组中，那么他们将一起退组。他们认为小丽不适合在这个小组中，会影响到其他组员的关系和内部凝聚力，而且小丽不听劝告，一意孤行，让人无法忍受。如果你是这个小组的工作者，那么你会怎么处理呢？

二、小组工作的伦理守则

小组工作伦理是小组社会工作者依据其哲学信念和价值取向发展而成的一套伦理实施原则，是小组社会工作者用来表明专业特征并指导其行为的道德标准或原则。小组社会工作者依据它来引导和规范助人活动。

（一）小组工作的专业伦理标准

西方学者特斯兰德和利瓦斯于 1995 年提出了如下小组工作的专业伦理标准。

（1）小组组员拥有明确的知情权。在小组工作开始阶段，工作者有责任告诉每个组员小组的目的和目标是什么、参与小组可能的危险是什么，以及时间安排、每次活动的长度、参与是否是自愿的、整个小组的活动安排等。

（2）明确保密的原则和措施。

（3）从事小组工作的社会工作者必须经过一定的培训和专业教育，具备一定的经验，才可以带领一个小组。

（4）在特定的情况下，工作者在带领小组工作的过程中遇到问题时，可接受督导和咨询。

（5）经过筛选决定小组组员，形成小组后要确保小组组员的需求能够在小组中得到满足。

（6）工作者有责任协助小组组员达到治疗目标。

（7）小组组员在小组中必须得到保护，避免受到身体伤害、威胁、被迫接受别人的价值观、胁迫、其他形式的压力和来自小组组员的压力。

（8）工作者应平等、公正地对待每个小组组员。

（9）工作者不能利用小组组员来达到个人目的。

（10）工作者有责任对小组组员及时进行评估和跟进，以保证他们的需要得到满足。

（二）小组工作伦理守则的本土化

小组工作是从西方国家引进来的，受西方文化、价值观的影响较深，特别是与基督教伦理有着重要关联，尤其是小组工作在 20 世纪初期传入我国沿海一些城市时，大多受助于具有基督教背景的民间社会福利机构。但随着小组工作在我国的深入发展，如何进行小组工作本土化，建立具有中国特色和国际视野的社会工作伦理价值，最终发展出既能满足案主需求又具有专业特色的伦理体系，需要我们不断进行理论和实践的探讨。

中国的文化伦理价值原则具有独特性。不同于西方文化强调个人自由主义，中国文化强调集体观念，注重人际关系的和谐、人与自然的和谐，注重亲情、爱情和无私奉献、集体至上等观念。而这些社会伦理、个人伦理可能与小组工作专业伦理发生冲突，具体体现在：

（1）隐私权与保密权的冲突。

小组工作者在实践中有责任和义务保护组员的隐私，未经组员同意或允许，小组工作者不得向第三方透露涉及组员个人身份的资料及其他可能危害组员的隐私信息。在实务工作中，小组工作者还会面临一些特殊情况而不能做到为组员绝对保密，如保护第三者、应法庭要求出庭作证、征询同事咨询、家庭成员及监护人进行有关未成年子女的询问等伦理困境，这时小组工作者就面临是为组员保密还是违反对组员的承诺的两难困境。因此在开展活动前，小组工作者应对组员说明保密原则的相对性。

案　例

小江是一家乡镇社会工作站的社工。村里的两名妇女红姐和翠姐都是小江主持的“妇女手工艺小组”的组员。在一次小组活动中，红姐和翠姐吵了起来，因为红姐怀疑翠姐私自卖掉了手工艺小组的作品，但是翠姐拒不承认。事实上，翠姐此前已经向小江坦白了此事并要求小江为她保密，所以小江没有当众揭穿她。不料小组活动开始后，红姐和翠姐打了起来，并且闹到了派出所。红姐给小江打电话，希望小江能为其作证。

小江处于矛盾之中，不知道是否应该继续为翠姐保密。

（2）个人利益与社会利益的冲突。

我国的伦理价值观提倡集体利益至上，以社会利益为优先原则，但是在实际工作中也常会出现个人利益与社会利益的冲突。

（3）价值中立与价值介入的冲突。

价值中立是指小组工作者在工作中须以客观态度对待案主的问题，对案主的价值观不应加以评论。而价值介入是指小组工作者应在维护案主权益的前提下劝说或主动影响案主接受工作者的价值观。在实践中，小组工作者虽然注重社会公平和公正，但是也往往会碰到抉择困难。

（4）人情与法制的冲突。

中国是一个人情社会，注重人与人之间的礼尚往来，但是在实务过程中，小组工作者在处理组员内部矛盾、组员与外界环境的矛盾时往往会遇到情、理、法的冲突。如小组工作结束后要求解除工作者与案主建立的专业关系，但是很多案主提出想进一步发展与工作者的私人关系。

当面临两难的伦理抉择时，小组工作者应在符合我国当前政治、经济、社会和伦理价值观的基础上遵循下列原则，这些原则依顺序有一定的优先次序，即先满足高一级原则的要求，再满足低一级原则的要求。

（1）保护生命原则。

应保护组员和其他人的生命。

（2）平等与差别平等原则。

即在条件相同的情况下，所有人应得到相同的对待；当出现不平等情况时，可区别对待。

（3）自主与自由原则。

小组工作者在实际工作中应当培养组员的自决、自主、独立性，但是不能超越个人或他人的生命权或生存权。

（4）最小伤害原则。

当面临对组员造成伤害的可能性时，小组工作者应避免或防止；但当此种伤害不可避免时，小组工作者应选择造成最小伤害的方案。

（5）保密和隐私原则。

小组工作者有责任在尽可能与法律要求和当事人意愿保持一致的情况下保护组员的隐私。但是当披露的资料能防止对他人的暴力伤害时，保密原则就不是绝对的了。

（6）真诚和毫无保留地公开信息原则。

小组工作者在帮助组员的过程中，需要向他们披露所有相关信息。能帮助组员把可想到的所有可能性都考虑进去，以期帮助组员更好地做出抉择。

案　例

王明参加了一个矫正小组的工作项目，这个项目对刚出狱的罪犯开展社区适应小组工作。作为一名社会工作者，你在日常小组活动中与王明建立了积极的关系，一天晚上，王明告诉你多年前他在一起抢劫案中意外打伤了一名工作人员，他没被警察抓到，但是另一个人被顶罪判刑，现在还在监狱里服刑。你花了好几天的时间劝说王明把这件事告诉警察，不要冤枉无辜的人，但是王明对你的劝解置之不理，还对你说希望你对此事保密，你该怎么做？

三、小组工作的实务原则及对小组工作者的素质要求

（一）小组工作的实务原则

小组工作的实务原则是在社会工作价值观以及小组工作价值观的基础上发展而来的，小组工作的实务原则有利于指导小组工作实务的顺利开展。它促使小组工作者将小组工作价值观和伦理落实到实际行动中。但是原则不是绝对的，小组工作者需要用其认知、经验、价值观、道德规范等来判断什么时候、如何以及在何种程度上应用这些价值观。目前，我国的小组工作实务还没有一个明确的伦理实务原则，因而我们根据著名社会工作学者克那普卡建议的用于指导小组工作的实务原则，认为小组工作的实务原则应归纳为以下内容。

1. 认识个体差异性

这是小组内的个别化原则。小组工作者应清楚了解每个组员的独特个性以及不同的需要和问题，并以此针对小组内各不同需要采取适合个人的介入方法，并制订

有针对性的工作目标及计划。

2. 认可小组的独特性

这是小组外的个别化原则。小组工作者认可小组的多样性，各小组具有不同的小组组员、需要和互动模式等，并针对不同小组制订不同的小组工作目标和计划。

3. 接纳独特个体的优点和缺点

小组工作者要真诚对待每个组员，在小组工作过程中保持自己价值观的中立，不对小组组员的行为和品行表示赞同与否，而应该相信"天生我材必有用"，完整地接纳每个小组组员，包括其长处和不足。

4. 建立目的性的助人关系

小组工作者应建立小组工作者与组员之间意图性的专业援助关系，以利于促进小组发生转变，并进而达到小组工作目标。

5. 促进小组组员间的合作

小组工作者应鼓励、促进小组组员之间建立良好的合作关系，并加强实现这种良好关系的积极意义，以促使小组组员发生转变。

6. 对小组过程做必要的修改

小组工作者应熟悉小组活动的发展阶段及能有效识别小组工作过程，根据小组工作的实际开展情况，对小组目标和过程适当给予修正，创建有助于促进小组组员转变的支持性环境。

7. 鼓励小组组员的参与，提升小组组员的能力

小组工作者真诚接纳小组组员的差异性，鼓励小组组员根据自己目前的能力积极参与小组活动，并运用可调动的个人、小组、社区、社会的资源，提供有助于小组组员能力提升的援助。

8. 小组组员参与问题的解决

小组工作者不应居高临下、高高在上，而应将自己置于增强小组组员解决问题的能力的位置上，促使小组组员投入到参与解决问题的过程中。

9. 协助小组组员在解决冲突中成长

小组工作者应该协助小组组员以积极的心态去面对他们所遭遇的冲突，鼓励他们学习用不同的技巧或方法去化解冲突。

10. 为组员提供学习和获得成就感的经验

小组工作者要为小组组员提供各种学习机会，使其通过不同的小组活动经验来发现自己的潜能，提高自己解决问题的能力，培养妥善处理人际关系的技巧，体验在小组活动中的收获和成就感，增强自信心。

11. 真诚、热情、人道、严于律己

小组工作者要热爱小组工作，具有高度的社会责任感和敬业精神，尊重人、关心人、帮助人，清正廉洁，严于律己，不以公谋私。

学习活动：

请识别下面个案中社会工作者运用或违反的原则：

（1）在一个篮球兴趣小组中，每个成员被要求投球十次，作为小组新成员，小明只被允许投球五次。

（2）志愿者小组的成员尝试去计划一项社区服务。尽管他们第一次组织这样的活动，缺乏一定经验，但社会工作者还是积极鼓励他们去实施自己的计划，并且在必要时指点他们。

（3）一个关于大学生的适应性小组因顺利实现了小组的目标而结束，社会工作者看到小组那么成功，便复制了小组活动内容给其他小组。可是，结果并不像以前那样成功。新的成员在分享会议中没有很开放地参与，使分享内容流于形式，没有达到预期目标。

（二）对小组工作者的素质要求

要想使小组工作朝着专业性方面发展，除了制定属于本专业的价值观和伦理准则外，更主要的是需要培养具有较高职业素养的小组工作者。小组工作者的职业素养是指一个人胜任小组工作所需具备的条件，包括思想品德、专业素质、心理素质等。小组工作者职业素质的高低直接影响着小组工作的成效。

我们认为，小组工作者的专业知识素质包括两个方面，即理论知识和实务知识。根据美国辅导员认证委员会对小组辅导员所需具备的知识背景的规定，结合我国小组工作的实际情况，可将小组工作者的专业知识素养界定为以下内容：

1. 理论背景知识训练方面

（1）人文社会科学理论背景训练，包括社会学、心理学、逻辑学、职业伦理等。

（2）相关理论背景训练，包括心理学咨询理论、需要理论、人类行为理论、生命历程理论、人格理论、学习理论、资源理论等。

（3）助人关系、助人过程的哲学基础。

（4）小组动力和小组辅导理论。

（5）生活方式研究。

2. 实务背景训练方面

（1）研究与评估技巧。如作为研究方法的小组过程评估、小组结果评估及作为工作方法的小组前计划评估、小组需求评估、小组过程的监测评估、小组效果评估等各种评估技巧、方法及设计，小组工作者应了然于心。

（2）个体需要评估技巧。

（3）个案工作方法、小组工作方法等辅导技巧。

（4）实习操作经验不少于200小时。

3. 小组工作者的个人品质要求

（1）忠于职守，维持专业的诚信，具有高度的责任感和敬业精神。

（2）具有奉献精神，全心全意为人民服务。

（3）追求卓越，不断进取。

（4）清正廉洁，不以权谋私、以公肥私。

（5）对待服务对象平易近人，热情谦和，善于沟通。

（6）对待同行相互尊重，公平竞争，取长补短，共同提高；业务上诚意合作，互相探讨。

4. 小组工作者的心理素质要求

（1）富有弹性。

（2）具备良好的认同感。

（3）保持饱满的情绪。

（4）具备坚强的意志。

（5）富有创造力及想象力。

（6）具备敏锐的直觉力及聪明才智，以对个人及小组的复杂情况做出分析评价。

复习思考题

1. 简述小组工作的功能及其类型。
2. 试述小组工作各个发展阶段的基本特征。
3. 小组工作本土化有哪些重要意义？
4. 简述小组工作的价值观以及伦理守则。

推荐阅读书目

1. 范克新，肖萍．团体社会工作．北京：社会科学文献出版社，2001.
2. 刘梦．小组工作．北京：高等教育出版社，2003.
3. 黄丽华．团体社会工作．上海：华东理工大学出版社，2003.
4. 张洪英．小组工作．济南：山东人民出版社，2012.
5. 洛温伯格．社会工作伦理实务工作指南．北京：中国人民大学出版社，2005.
6. 何洁云，谢万恒．社会工作实践：小组工作．香港：香港理工大学应用社会科学系，2002.

第二章

小组工作模式

本章要点

- 系统了解社会目标模式、互惠模式、治疗模式和发展模式的理论基础、主要内容、优势及其局限性。
- 社会目标模式是通过在小组中强调参与、意识的提升及任务的完成，来促进小组社会工作中的个人自主地改变其行为模式，培养小组成员的社会责任感、社会意识和社会良知，从而形成共同的行为目标，促进社会的进步与发展。
- 互惠模式又称为中介模式、互动模式或交互模式，此模式关注个人与社会之间的关系，强调小组工作者运用小组来克服危机和压力，促成社会功能的实现，进而使个人获得“独立”。
- 治疗模式又常被称为处置模式、临床模式或预防与康复模式。治疗模式是一种将小组工作与个案工作有机地结合起来的小组工作方法，它通过给具有不同需要的个体提供服务，利用小组的经验来克服成员的个人心理、社会与文化的适应问题等，协助个人康复，获得最佳的社会功能。
- 发展模式又称过程模式，它强调“时间、过程、小组发展阶段以及小组成员与发展的关系”。

关键概念

小组工作模式；社会目标模式；互惠模式；治疗模式；发展模式

小组工作作为一种工作方法，并非单纯地致力于个人心理层面的治疗和改善，而是侧重于社会问题的解决和社会的变革，因此必须有坚实的理论基础做后盾。其理论来源包括两个部分，一是来自其他学科的外借理论，即从社会学、心理学、医学、行为学、教育学、管理学等领域移植过来的理论；二是在小组工作的发展过程中形成的实务理论，即上述理论在实践过程中转化成的技术性的实施原则。

由于不同类型的小组工作目标不同，介入领域、理论背景、实施原则和方法不同，小组工作在长期实践过程中形成了各种不同的实施模式。这些模式作为分析现象的工具和建构更高层次理论的基础，对于引导实施行为具有重要作用。本章主要从小组工作最基本的四种实施模式，即社会目标模式、互惠模式、治疗模式和发展模式入手，具体分析它们建立的理论基础、主要内容、适用范围、优势和局限性，以期更好地引导小组工作者根据小组的不同情况，有针对性地采取不同的小组工作模式，解决实际问题。

第一节　社会目标模式

社会目标模式是源于小组工作的早期实践而逐步发展起来的。早期的社会工作学者柯义尔、凯瑟、克那普卡、克根等人最早提出了这一模式的概念框架和主张，其模式目标是通过在小组中强调参与、意识的提升及任务的完成，来促进小组社会工作中的个人自主地改变其行为模式，培养小组成员的社会责任感、社会意识和社会良知，从而形成共同的行为目标，促进社会的进步与发展。这一模式较多地运用在社会政治小组和组织小组中。

一、社会目标模式的理论基础

社会目标模式来源于小组工作的早期实践，其理论基础主要有社会学中的社会变迁理论、系统论以及互动论，强调个人与个人、个人与群体之间的相互作用、相互影响。社会系统的功能是否正常，直接影响着个人与群体间冲突的产生及化解，而个人与群体行为正常与否又直接影响着社会系统的正常运转，因此，既可以通过社会制度的改革和完善来化解社会互动中产生的冲突和问题，也可以通过社会互动关系的改善来推动社会结构及社会过程的变迁。

因此，社会目标模式的理论基础主要包括以下几个方面：

（一）社会变迁理论

社会变迁理论中关于人的互动、发展与社会发展的关系的论述对社会目标模式具有建设性意义。所谓“社会变迁”，是指一切社会现象发生变化的动态过程及其结果。在社会学中，社会变迁这一概念比社会发展、社会进化具有更广泛的含义，包括一切方面和各种意义上的变化。社会学在研究整个人类社会变迁的同时，着重于对某一特定的社会整体结构的变化、特定社会结构要素或社会局部的变化的研究。社会变迁是社会的发展、进步、停滞、倒退等一切现象和过程的总和。社会变迁既包含社会的进步和退步，又包括社会的整合和解体。可见，在社会结构的变迁中，社会中的人及其相互关系与社会发展关系密切。社会发展受社会行为以及社会关系的影响和制约，同时社会互动又必然导致社会关系及社会结构的变迁，这一渐趋稳定的社会互动过程即制度化的过程又决定着社会结构变迁的本质和方向。

将社会变迁中关于人的发展与社会发展、社会变迁的关系运用于小组工作的社会目标模式中，就是旨在通过小组中成员的互动关系来促进成员的发展，进而达到社会制度的完善，促进社会变迁。

批判性思考问题:

如何从社会变迁的角度看待中国的城市化过程?

（二）系统功能理论

系统功能理论的核心概念包括“系统”“结构”“功能”等。互动的体系被称为“系统”。在社会系统的构成要素中，比较恒常的要素状态和要素间的关系被称为这种系统的“结构”。构成要素对其他要素和上、下级体系所产生的正、负影响或正、负结果，被称为这种构成要素的“功能”。在系统功能理论者眼中，整个社会就是一个系统，社会系统可以具有从微观到宏观的各个不同的水平层次。各个母系统都是由各子系统（或称次系统）构成的，根据分析层次的不同，构成系统层次的元素可以是个人、组织、社区、机构、社会等。在任何同一层次上，各构成要素之间相互联结，相互影响，并发挥着各自独特的功能，以保持整个系统内部结构的平衡与稳定，促使系统稳定地向前发展。因此，任何一个系统元素的行为变化都会对整个系统造成影响。并且，各个系统在保持自身独立性的同时，又是对外开放的，系统与系统之间不断进行着物质与能量的交换和渗透。

系统具有四个基本特点：(1) 系统的目的性。任何系统都具有一个总目标，围绕着总目标，存在一群子目标或称目标群，系统内的各项工作都必须朝着总目标的方向进行。(2) 系统的整体性。系统功能不是各个部分的简单相加，系统内各构成要素之间相互配合所产生的整体功能大于各个部分功能之和。同时，系统中任一构成要素一旦脱离系统整体，功能就会丧失。因此，系统的整体性要求发挥系统的整体功能。(3) 系统的层次性。系统具有层次，同时在纵向的各系统层次间又存在着横向的联系。(4) 系统的变动性。系统不是静止不变的，而是随着环境不断变化的。在动态的环境之下，系统只有不断调整其目标、原则、方法等，才能与外部社会环境协调适应，从而逐步发展前进。

将系统功能理论运用到小组工作中，我们可以知道：(1) 小组就是由不同的互动要素组成的系统，小组系统内部成员相互接纳，并发挥着各自的功能，以试图保证小组作为一个整体运行时始终处于稳定的平衡状态。(2) 小组作为一个整体，当各个成员都发挥各自功能的时候，小组功能就能实现最大化，促使小组内各成员的改变。(3) 小组工作者适当地制订小组的总目标和过程目标，并围绕着这些目标开展小组工作，是十分必要的。(4) 小组工作具有动态的特征，在小组工作的不同阶段，小组目标、方法、原则、技巧也要适时调整。(5) 小组系统与家庭、学校、机构、社区、社会等外部系统和小组内的子系统——成员间处于互动状态，小组应保持适当的开放度，以恰当地利用资源，促使小组成员发生改变。

（三）社会冲突论

社会冲突论以科塞、达伦多夫为代表，重点研究社会冲突的起因、形式、制约因素及影响，是作为对结构功能理论的反思和对立物而提出的。结构功能理论强调社会的稳定和整合，代表社会学保守派；社会冲突论强调社会冲突对于社会的巩固和发展起积极作用，代表社会学激进派。它强调社会冲突对社会巩固和发展的积极作用。冲突是指价值观、信仰以及稀少的地位、权力和资源分配上的斗争。帕克认为，在社会的生物秩序中，竞争导致了统治和继承的生态过程，这个过程具有积极作用，它是推动社会进化的基本力量，社会竞争、冲突等阶段的出现和存在都不过是对这种基本力量的反应。科塞认为，社会系统内各部分彼此关联，但由于各部分对社会系统的整合与适应程度不一致，因此必然会出现紧张、失调或利益冲突的现象。但如果冲突不直接涉及基本价值观或共同信念，其性质就不是破坏性的，而利于整个社会系统和群体原有结构的完善以及新规范的制定。他认为冲突“增强而不是减弱了特定社会关系或群体的适应或调整”。因此，其冲突论有两个基本观点：一是认为冲突是一种社会过程，它对于社会结构的形成、统一和维持可以起到一种手段作用；二是冲突可以激励社会革新，导致社会变迁。达伦多夫的辩证冲突理论认为，凡是有社会生活的地方就存在着冲突，冲突可以被疏导和控制，可以被暂时压制，但无法彻底消除。社会中的每一个要素都可能促进社会变迁，破坏社会整合。

<u>**批判性思考问题：**</u>

试着分析城市拆迁中的利益与冲突。

冲突论对于小组工作的指导意义在于，组成小组的各成员由于在某一特定方面对社会的整合或适应不足而产生冲突，只要这种冲突不是破坏性的，就可以通过参加小组活动将其疏导或控制，而不致产生小组成员的崩溃或对现存社会系统造成破坏。同时，小组中的每个成员都具有改变社会的潜能，小组活动可以集中发挥这些潜能，引导社会革新或变迁。

二、社会目标模式的主要内容

下面具体从适用范围、目标、小组、小组成员、小组工作者等几个方面逐一介绍社会目标模式小组工作的主要内容。

（一）适用范围

社会目标模式小组工作早期着眼于处理小组中的社会秩序和社会价值问题，在现代社会中它具有较强的适应性，可以被广泛地应用于各个领域。它偏重于社会事物，最频繁地应用在较大规模的社会结构层次（如社区）中，其工作主要在社区层面展开。它将机构视作社区的一部分，通过将各集体行动制度化，在社区共同利益的驱动下完成社区行动。

（二）目标

社会目标模式小组工作把目标定为促进社会行动，从而实现社会变迁。基于特定的理论基础和使用范围，社会目标模式小组工作成为促进社区发展的一个重要手段。何洁云等学者认为其总目标是培养小组成员的社区归属感，实现社会整合，具体包括：发展和提高小组成员的社会意识和潜能，同时也提高他们实现社会变迁的责任心；发展小组成员的社会能力，提高其应对社会环境方面的个人能力，增强自尊心和社会能力；培养当地的社区领袖，使其有意识和能力去带领、推动社会变迁。

（三）小组

社会目标模式认为可借助于制定和执行社会认可的行动方案来实现增强小组动力的目的，认可通过个人社会能力的集合来形成共同的社会责任感和社会意识，并通过完成一系列社会过程目标来推动社会变迁，同时通过将社会目标付诸社会行动来实现小组成员的自我发展。这必然要求小组作为一个行动整体，拥有共同的社会价值观及共同期待的社会目标。

知识窗

采取社会目标模式的小组常采用的方法包括：讨论，参与，达成共识，制定和实施小组任务，运用社区组织以及其他服务计划和行动技巧来协助小组成员获得社会行动、促进社区生活的改变所需要的工具性技术。

（四）小组成员

社会工作认可每一个心理健康的社会成员都有参与社会主流活动的权利，因此，小组工作的成员参与具有民主性和公平性。我们鼓励社会中的所有公民都参加进来，同时遵循小组成员来去自由的原则。由于小组成员具有共同的价值观、信念、目标和理想，因此，同一社区中具有同等社会阶层或相同处境（如失业、下岗、离婚等）的居民更易参与同一社会目标模式。

批判性思考问题：

运用社会目标模式，是否所有的社区小组成员之间都能够求同存异？

（五）小组工作者

在社会目标模式下的小组工作中，小组工作者是“小组中社会意识的耕耘者”，是能够与小组成员一路同行，影响和调动其他成员的积极性，促使大家共同行动起来的人。在小组过程的不同阶段，小组工作者扮演着不同的角色，他鼓励小组成员增强社会责任感，基于共同的社会目标参与同一小组，并以自身的积极行动为小组其他成员树立榜样，以工作者的身份，主动为小组成员设计小组活动程序，以及为策划小组活动提供有用信息、调动社会资源等，直到小组的各项目标达成。在整个小组过程中，小组工作者始终起着为个人与个人、个人与小组、个人与社会牵线搭桥的重要作用。

批判性思考问题：

举例说明在社会目标模式中社会工作者所扮演的三个角色。

知识窗

社会目标模式下的小组原则如参与、赋权、提升意识、恢复功能、社会变迁等对各种弱势群体有很强的适用性，特别是在能力建设和应对市场压力方面更需要群体的意识和智慧。这个模式目前被许多社区发展（社区组织）机构采用，从而有力地推动了社区发展工作。如 NGO 在“扶贫”中开展的以生计、教育、意识提升等为目标的小组，村民自组织的培育，单亲母亲自强小组，等等。

三、社会目标模式的优势和局限性

（一）优势

社会工作的基本价值观及理念强调社会公正、公平与社会关怀，社会目标模式小组工作将个人问题置于社会结构这一社会大环境中去考察，强调个人问题与社会结构、社会制度的变迁相关联，正体现了社会工作的最初追求。它通过强调小组成员的共识、参与来达到社会目标，有利于提升小组的凝聚力和目标层次。同时，小组工作者由专家领导者向民主领导者的转化以及公民民主参与的原则，都使得这一模式的小组工作具有极其旺盛的生命力。

（二）局限性

社会目标模式小组工作对意识形态过分依赖，理论基础的系统性有待加强；过分注重小组的需求，忽视小组中个人的独特需求，将个人置于小组之下，从而忽视了个人的动力；合格的小组工作者至关重要，一旦离开小组工作者，整个小组工作就将无法运转。

案　例

云南平寨村妇女很好地保留了当地传统文件中的手绣工艺。但由于平寨村地处山区，交通十分不便，与外界的交流很少，她们的手工艺品很少有机会能够拿出去挣钱。为了使这种传统手绣工艺传承下去，给平寨村妇女开创自力更生的机会，提高平寨村妇女的经济收入，2007 年年初，广东绿耕社会工作发展中心组织七名妇女组成了云南平寨妇女手工艺小组，带她们走出寨子，到城市、到省外参观学习，在绣品的材料和产品上加以改进，但仍然保留原有的传统手绣工艺。首先，她们通过对大自然的观察，在一张纸上随手剪出精美的图案，然后把图案附在裁剪好的布料上，亲手一针一线地绣出来，再经过轧、熨等多道工序制成不同样式的工艺品。

她们做出来的工艺品，款式朴实、精美，又具有传统的文化底蕴。同时，绣品通过中心的工作人员卖出，她们得到了合理的收入，提高了在家庭中的地位和自信。目前，小组的规模不断壮大，已经有十多个成员，并不断有年轻的妇女加入。她们制定了严格的规章，有了明确的分工，注重互相合作和绣品质量保障。①

该小组成员具有共同的信念和目标，即制作与传承手工艺，提高经济收入；同时面临相同的困境，即都居住在平寨村，交通不便，等等。小组工作者引导小组成员讨论、参与、达成共识，致力于传承手工艺，推动妇女意识和能力的提升，同时提高平寨村妇女的经济收入，并通过积极为小组提供有用信息、调动社会资源等协助小组成员参与社会活动、促进社区生活的改变。

第二节　互惠模式

互惠模式又称中介模式、互动模式或交互模式，代表人物是施瓦茨。此模式关注个人与社会之间的关系，强调小组工作者运用小组来克服危机和压力，促成社会功能的实现，进而使个人获得“独立”。因此，互惠模式将小组工作的注意力集中在小组成员间为满足共同需要而产生的互动过程。

一、互惠模式的理论基础

互惠模式强调小组成员与外部环境之间的关系，同时也关注小组成员之间的互动、沟通与协调。因此，它的理论基础主要包括社会系统论、场域论和符号互动论。另外，人格理论对此模式的构建也具有重要意义。

（一）社会系统论

批判性思考问题：

试用活动、互动、情感概念分析大学中的寝室群体。

社会系统论中关于个人与环境关系的观点对互惠模式意义重大。霍曼斯交换主义的系统理论强调了小群体研究的重要意义。他使用了“活动”“互动”“情感”三个基本概念。活动指群体成员具有的行为表现，其特点是逃避惩罚，追求报酬；互动指人们之间的交互行为；情感是人内部状态或外部行为的符号，指动机、情绪、感觉、态度，它可以从人们的活动或互动中来推论。活动、互动、情感构成一个相互联系的有机整体，它们在群体中的相互联系构成了群体的社会体系，这些相互关系的边界就是群体的边界，边界之外就是群体必须适应的环境。群体环境包括自然

① 案例摘自绿耕城乡互助社官方网站：http：//www.lvgeng.org/。

环境、人格模式、群体成员对群体所持的态度及在群体运行过程中较大的组织或文化背景。佩恩指出，每个系统都有三个可供选择的协助人生活的系统：非正式和自然的系统，如家庭、朋友、同事等；真实的系统，如社区等；社会系统，如医院、学校等。这些系统就是人所面临的环境系统，每个人一生都要与这些环境系统互动，既受其影响，又对其产生能动作用。

社会系统论的以上观点对小组工作的启发是，小组作为一个独立的系统，不可避免地要与它周围的环境系统如家庭、机构、学校、社区、社会等相互联系、相互影响。小组工作者应调解小组及小组中的个人与家庭、邻里、朋友、学校等关系中存在的问题。

（二）场域论

场域论是社会心理学的主要理论之一，是一种关于人类行为的概念模式。它起源于19世纪中叶的物理学概念，总体而言是指人的每一个行动均为行动所发生的场域所影响，而场域并非单指物理环境，也包括他人的行为以及与此相连的许多因素。场域论是由著名心理学家勒温创建的，勒温将物理学中的“力场”和数学中的“拓扑学”概念借用过来，分析人类行为与社会环境。勒温认为，人类行为是个体和个体所在的社会环境的函数，即个体行为是由包括遗传、能力、健康、人格、信仰、价值观等在内的个体因素及包括他人的存在与否、目标的阻力、社区的态度等在内的社会环境来决定的。场域论认为，个体行为的结果，个体自身未必能完全决定，人们每一个行为都受到行为所处环境的制约。这个环境不仅仅包括物理环境，社会环境的作用更不可忽视。

场域论的基本概念包括“生活空间”“紧张系统”“此时此地”。“生活空间”是场域的基本结构，指我们所经历的主观环境。它包括以下含义：构成生活空间的要素是人与环境这两个相互关联、相互依存的因素结合体，且环境只有同人的心理目标相依存，才能起到作用，生活空间才成立；生活空间具有吸引力和排斥力，在这两种力的作用下，个体越过重重壁垒，向心理目标前进并最终获得实现。“紧张系统”这一概念旨在说明行为的动力源自个体尚未被满足但已升起的心理需求所创造的一种未解决的紧张体系。未完成的目标由于心理紧张系统的存在，会对个体的思想和行为产生能动的影响，这种影响一直到任务完成时才会得到解除。“此时此地”这一概念说明的是行为或心理不受过去或未来事件的影响，而只受当前情景的影响，它是由当前的活动结构所决定的，因此场域论极强调此时此地的期待、自我评价和记忆等因素对当前心理或行为的综合作用。

场域论这三个基本概念及其相关命题，对小组工作思想和方法产生了重要影响。由于场域论强调行为的发生受外在环境的影响，这个环境不仅包括物理环境，也包括他人情绪、行为等与此相关的诸多因素，因此小组工作在强调小组成员自身能动作用的同时，也应关注个人、小组、社会之间的开放和相互影响。与未完成目标同在的心理“紧张系统”的存在，则启示小组工作者一方面要帮助小组成员利用

“紧张系统”尽快寻找完成任务的途径，达成个人潜能的发挥，另一方面也要帮助小组成员学会自我放松，消除或防止由过度紧张导致的身体不适反应。“此时此地”概念对小组工作的指导意义在于注意探求小组成员在当前小组活动过程中的心理和行为，而不仅仅从小组成员过去的生活经历中抽丝剥茧，寻找原因。

（三）符号互动论

符号互动论又称象征互动论，是一种主张从人们互动着的个体日常自然环境去研究人类群体生活的社会学和社会心理学理论，由美国社会学家米德创立，并由他的学生布鲁默于 1937 年正式提出。符号互动论基本原理的提出及后来理论的创立，应主要归功于库利、托马斯、米德、布鲁默等学者。

1. 库利的“镜中我”思想和初级群体研究

库利非常关注“精神”与“主观”，强调主观世界的重要性。他对于符号互动论的突出贡献是“镜中我”概念的提出。库利认为，个人的自我观念是在与他人的互动交往中产生的，人们对自己的认识和评价来源于他人关于自己的看法，自我观念总是在想象别人对自己的评价之中形成的。他的“镜中我”定义包括三个含义或称三个阶段：第一阶段是感觉阶段，即我们想象的我们在别人眼中的形象；第二阶段是解释或定义阶段，即我们想象的别人对这种形象的评价；第三阶段是自我反应阶段，即由这种想象的评价所产生的自豪、屈辱等自我感觉。库利认为“镜中我”概念的形成和发展最重要的来源是初级群体。初级群体是人们关系最密切的群体，人们最早的、最基本的社会生活经历都源自初级群体，这种面对面的互动和交流有助于个人社会性的形成，同时，初级群体也教会我们从他人的立场分析、评价问题，对他人的态度和行为迅速做出反应，促使个体走向成熟。

2. 托马斯的情景定义和情景分析的思想

托马斯认为，人们的行为出现在个体与个体、群体与群体的相互调适过程中，而人们相互调适的过程是由情景造成的，是个人或群体对所处客观环境的反应。情景定义处于客观环境与行为反应之间，是人们的主观经验因素。托马斯认为，如果个体认定有某种现象存在，他就会采取某种行动，虽然这种现象并不一定真的存在。托马斯认为情景定义是所有“自我决定的”行为之先导，因此必须将情景本身和情景定义结合起来才能研究人们的行为反应。

3. 米德的符号互动思想

米德的立场介于库利注重主观和涂尔干强调客观的立场之间，他既强调了外在的客观行为和客观世界的重要性，又强调了个人对客观世界的解释等主观思想的重要性。米德认为，人们的活动并不是对存在于这种活动之外的外部“刺激因素”的简单反应。人们根据环境中的客体来调整自己的行为，这些客体通过在人们的行为中发挥作用而成为刺激因素。米德认为，符号使人们预先知道和期待未来将发生的互动过程，并促使人们根据这种期待去调整或选择自己的行为。米德对“自我”的研究，在其思想中占有重要地位。米德认为，自我是对客观现实的主观解释，它存在于自我观察、自我反思的活动中，并在这种活动中逐步形成。米德由此区分了“主体我”（即“自然我”）与“客体我”（即“社会我”）。“主体我”是未经社会化的自然形成和存在的“我”，是人的本能的冲动；“客体我”是经过社会化之后的“我”。他认为，人类个体总是处在不断的自我反思和自我控制之中，这种活动的存在得益于人们参加了互动并掌握了互动中的重要工具——语言。由于掌握了语言符号，因此人们可以从他人的立场看自己，产生自我意识，并在这种符号和自我意识的支配下控制自己的行动。

4. 布鲁默对符号互动论的总结与发展

布鲁默探讨了社会中的符号互动现象，认为人类的互动不是简单地按照刺激—反应的模式进行的，人类总是在对对方的行为做出解释后才以此为依据互动的。布鲁默进一步研究了社会中的主体与客体之间的关系。所谓客体，是能够对之进行处理的事物，他认为客体不过是经验的产物，是想象的世界，并非客观世界本身。社会成员正是在对大多数情景的共同理解和定义的基础上才得以成功互动的。布鲁默归纳了符号互动论的主要思想，得出了几个基本论断：第一，人们对某一客体所产生的行为的依据是他们对客体所赋予的意义；第二，人们对客体所赋予的意义产生于人们的互动，一个人对某事物的定义来源于其他人对此事物的定义；第三，人们对事物的定义是在解释的过程中不断修正的，人们的行为也随这种定义的改变而加以修正。

符号互动论对小组工作的影响巨大。小组中成员的互动，可以促使成员通过扮演各种不同的角色而从他人的立场看问题，并接受小组其他成员的思想价值观念、建议、情感，从而积极塑造个体的行为，增强小组的凝聚力和归属感，促进小组成员自我调适、完善和发展。对于小组工作者来说，可以依据小组互动的方式调整小组结构，更好地协助小组成员在互动中实现目标。

二、互惠模式的主要内容

（一）适用范围

由于互惠模式注重利用群体互动的力量自助和助人，因此在目前的小组工作中应用十分广泛。它适合各个生命周期的个体，既可用于解决儿童、青少年在成长过程中遇到的问题，也可用于解决中年人工作、生活中的压力问题和老年人因年老孤独而难以适应晚年生活的问题，如打工姐妹情感支持小组、空巢家庭老人互助支持小组等。学者丁少华总结认为，符合以下几个条件的小组适合运用互惠模式小组工作。

（1）小组是一个集体，而小组成员均面对面地相互沟通。

（2）小组成员均有个人的需求，他们能够借助彼此之间互惠共存的条件去满足自己的需要。

（3）小组成员有共同的目标，并依靠每位成员的参与达到目标。

（4）由某个社会服务机构安排小组工作者协助推进小组工作。

（二）目标

互惠模式认为人与人之间是互惠共存的关系，并且每个人都与周围的环境形成部分与整体的关系，个体只有同其他个体互动互助、相互依靠才能实现自我。小组成员之间通过共同活动，分享情感，从而帮助个体形成健康、良好的人格，满足人们娱乐、情感、交往的需要，帮助有压力或有问题的人通过心理和行为上的学习和调适，化解个人危机。

（三）小组

小组被看作一个互助系统，这个系统的存在不是依据小组中存在的问题，而是把小组系统本身作为一个解决问题的外部环境。因此，小组工作中不存在事先由小组工作者制定好的治疗目标和方案，小组运作的方向是小组成员彼此互动共鸣的结果，成员在小组过程中体验、感受外围环境的作用，逐步达到个人的成长和改变。互惠模式小组工作要求小组必须提供成员间彼此认同和表达自己的机会，提供使多数人获得归属的温暖感和独立生活、学习的机会。只有如此，小组才能成为一个健康的互动体系。

（四）小组成员

施瓦茨曾说，互惠模式小组工作“使小组成员自己的需求感与小组任务的社会需求产生关联”。互惠模式的小组成员通过互识、互动相互沟通，分享彼此的意志、情感、价值观，对问题共同决策，并通过进一步的互助来达到目标。特别要强调的是，小组成员个人不是一个可随时供他人检验、治疗的客体，而是一个具有情感、潜能的人。小组成员个人的价值被看重，小组成员间是独立、平等、互助的关系。

（五）小组工作者

互惠模式的小组工作者在小组中是“中介者”，是小组成员之间以及小组与社会之间的调解者。他不设计方案，不是控制小组的先知，而是通过提供信息引导小组自主发展，促进小组成员的互动及为小组寻求外部资源，帮助小组成员通过彼此协商，使问题得以解决。小组工作者的工作为了案主，但又不针对案主，而是积极投入，给予案主情绪上的支持与承诺，并以热情、诚恳、启发、诱导的态度开展工作，从而帮助案主达成目标。小组工作始终要在工作中遵循两大价值观：尊重小组成员个人的价值观及确认小组成员间互惠共存的关系并给予协助。

三、互惠模式的优势和局限性

（一）优势

与社会目标模式小组工作忽视个体动力、强调小组的共同需求相反，互惠模式小组工作十分关注小组中的个人的独特价值及需求，注重小组成员个人潜能的开发，同时又积极利用小组成员间的互动互助达到个体的改变，突出了社会工作“助人自助”的理念。小组目标不由小组工作者独立确定，而是依赖小组成员的共同参与和协商讨论，有利于小组成员主观能动性的发挥和自决意识的培养。

（二）局限性

互惠模式小组工作缺乏对小组工作者与小组工作经验的重视和运用，把小组过程简单化了。小组工作者由于权力受限，因此难以利用自身权力顺利推进小组工作进程。

案　例

社会工作者寻求社区的帮助，掌握失去亲人的老年群体资料，在地域空间较近的社区内组建10人左右的失去亲人互惠模式老年小组。小组工作的开展可以划分为小组计划阶段、开始阶段、中间阶段和结束阶段。小组持续时间一般为半年到一年，每组活动两个小时左右。初期一个月内每周开展两次活动，以后每周活动一次。工作者认真评估失去亲人的老年人的需求，宣传小组工作理念和作用，耐心劝导失去亲人的老年人加入小组。小组的成员具有明显的同质性，主要表现在小组成员具有共同的问题，即缺乏生活信心、孤独和痛苦等，而不是共同的身份、社会地位等级特征。问题的共同性进一步导致了目标的共同性，这是小组重要的内在关联。一群有相同经历和困难的参加者，在小组中互相分忧和支持，能使老年人发现其他组员与自己面临着同样的问题，有着同样的情感与想法，这种一致性能使他（她）感到自己不是唯一的不幸者，从而有利于小组工作的开展。工作者在认真分析该老年群体的个性特点的基础上，在小组中注意探求老年人在小组活动过程中的心理和行为变化，结合老年人的生理心理特征，有针对性地开展工作，达到了增强个人和社会功能的目标。

第三节　治疗模式

治疗模式又常被称为处置模式、临床模式或预防与康复模式。治疗模式是将小组工作与个案工作有机结合起来的一种小组工作方法，它通过给具有不同需要的个体提供服务，利用小组的经验来克服成员的个人心理、社会与文化的适应问题等，协助个人康复，获得最佳的社会功能。

治疗模式小组工作的最早倡导者是利德尔，其后受克那普卡、斯罗根、费希和甘特纳等的影响，罗伯特·凡特进一步总结和发展了这一模式的理论和方法，成为这一模式的集大成者。他提出："个人的社会关系与适应能够通过小组的方式得到治疗。小组治疗应该被视为一种专门用于满足需求者的服务。"由此可见，治疗模式是一种"临床性的服务"，用来协助适应不良的个人恢复和增强其社会功能。

一、治疗模式的理论基础

治疗模式由于同个案社会工作具有紧密的联系，因此吸纳了精神医学、心理治疗的重要理论和技术，精神分析理论、人类行为发展理论成为治疗模式小组工作的主要理论基础。另外，小组动力学和社会角色理论对其也有重要贡献。

（一）精神分析理论

精神分析理论的鼻祖是弗洛伊德。他的心理结构理论和人格结构理论成为早期社会心理模式的主要理论依据。弗洛伊德有关人类意识的分析十分值得关注。他认为人的心理结构由意识、前意识、无意识三个系统组成。意识处于心理结构层次的最表面，感受和情感等无论是外部的还是内部的，一开始都是意识。无意识处于人心理结构的最深层次，是人的本能欲望等情感意向所在，本能冲动存在于无意识系统中，遵循着"快乐原则"。前意识是意识和无意识之间的过渡。与人的心理结构中无意识、意识、前意识三个层次相对应，个体的人格系统可以划分为本我、自我、超我三个领域。本我相当于无意识层面，是人的先天本质，它追求本能需要的满足，表现为原始的非理性冲动。自我相当于理性的意识系统，包括记忆、知觉、情绪、思考、动作等活动，它向本我提供外界信息，帮助本我满足本能需要。自我在受本我支配的同时，又遵循着现实的原则，具有审慎的理性。超我是人格系统中最高层次的部分，是社会的价值观念、道德规范、行为准则等在个体人格中内化后的结果和反映，是人性中的高级本性，代表"理想的我"。精神分析理论认为，个体只有保持本我、自我、超我三个系统相互作用的平衡，才能使人格健康发展。"焦虑"是精神分析理论的重要概念之一，它代表一种紧张的状态，它的产生是个体本我、自我、超我三者之间冲突的结果。焦虑有三种情况：现实性焦虑、神经质焦虑及道德性焦虑。不论是哪一种焦虑，当自我无法控制时，都会采取不实际的自我防御。

弗洛伊德尤其强调个体幼时或童年的经验对其成年后的影响。他指出，这种影响是一直存在的，它通过个体不能完全意识到并运用理性加以控制的前意识来实施，对个体成年后的思想、行为、生活方式等都有或大或小的作用。成年人的许多问题都来源于儿童期未满足的需要、未解决的心理冲突或心理创伤。不过，人们可以运用有效的心理治疗办法来消除个体过去经验的这种影响，从而从根本上改变个体的行为。

当精神分析理论运用于小组工作时，将个体作为工作的基础和焦点。在小组工作中运用精神分析法，可以使小组成员学会正确处理人际关系及其他问题的技巧和方法，增强适应环境及社会的自信心和能力。借助小组中的归属感及小组凝聚力使小组成员更自由、开放地表达自己的情感、需求、思想、情感等，有效地帮助他们改变病态或有问题的行为模式，达到治愈的目的。

知识窗

西格蒙德·弗洛伊德，奥地利犹太心理学家、精神病医师，精神分析学派创始人，现代心理学发展中最有影响、最重要的人物。主要著作有《梦的解析》(1900)、《日常生活的精神病理学》(1904)、《图腾与禁忌》(1913) 等。他一生中对心理学的最重大贡献是对人类无意识过程的揭示，提出了人格结构理论、人类的性本能理论以及心理防御机制理论。

（二）人类行为发展理论

人类行为是指人们为适应环境和满足自身需要所采取的活动或方式。在人们的内部生理因素、心理因素和外部环境因素的共同作用下，人们既表现出正常行为，也表现出偏差行为。研究人类行为发展的规律，探讨人类行为发展中与他人交互作用的特点，有利于发扬人类行为的优点，矫正偏差行为，避免社会问题的产生。

人类行为发展理论分为两类：一是从心理学视角出发，研究人类行为发展的阶段、特征和相关性的个人行为发展理论；二是从社会学视角出发，探寻人类行为发展过程中人与人之间相互作用的小组生活发展理论。

人类行为发展理论阐述了以下几个基本观点：

(1) 个体早期的生活经验对他们日后的人格形成和发展影响重大。儿童从出生开始，在适应环境的同时，也在不断积累社会经验，这些社会经验和生活背景成为他们日后行动的依据。

(2) 人类具有学习的潜能。随着个体的成长，学习、工作的深入，个体学习的潜能也在不断地被发掘，人的一生是个不断成长和改变的过程。

(3) 人类的行为除受意识动机影响之外，还受不可见的前意识、潜意识动机的影响，且这种前意识、潜意识的影响作用占大多数。

(4) 人类具有合理组织和发展本我、自我、超我三个部分间平衡的能力，但有时人的这种“自我的功能”出现弱化时，人的行为就会表现为失调或不适应。

(5) 人类在有目的的活动过程中，由目标引发的动机可能不止一个，若它们在性质上彼此排斥，且又不能同时得到满足，人类就会产生心理冲突。这种冲突包括三种：双趋冲突、双避冲突、趋避冲突。人们在处在这种相对境况中时，对同一人、同一物、同一事可能同时存在两种矛盾的情绪或反应。

（6）个体在日常生活中，会逐步学习和积累适应或应付挫折的方法，这些适应的方式、方法被称为防御机制。人类防御机制主要包括合理化、认同、代替和投射。它们不仅可以帮助个体保持自尊，同时也可能使个体退缩和躲避。

人类行为发展理论对小组工作的启示很多，包括：重视小组成员早期的生活经历，以便于了解小组成员现存问题的成因；通过小组生活，帮助促进小组成员潜能的开发和身心发展；在开展治疗性的小组活动时，重视小组成员的潜意识经验和不易被察觉的行为动机；通过小组活动的开展，协助成员恢复"自我的功能"；考虑小组成员间冲突时的利弊得失，解决现实问题；承认人类防御机制这种心理适应方式，并利用它来解决成员的问题，提高其社会适应能力。

小组生活与人类行为发展理论相结合产生的一个重要假设是，在人类行为发展过程中，需要有健全、适当的小组生活，且这种小组生活将伴随个体一生。这种健全、适当的小组生活应具备如下特征：

（1）在小组生活中，应有机会使小组成员接受其他成员的思想和价值观，并且使他们能够交流感情，交换意见，学习他人的正向行为。

（2）在小组生活中，应该有机会使小组成员与其他成员建立良好的关系，从而避免恐惧、焦虑，获得安全感。

（3）在小组生活中，小组向成员提供参加各种活动的机会，使他们能够在活动中逐步建立良好的人际关系。当某些成员不能和他人建立良好的关系，而自己又必须接纳他人的时候，这些成员应该能够负起使自己接纳对方的责任。

（4）小组应该根据小组成员的个体差异，适当开展有针对性的活动，使他们能够在活动中充分表现自我，显示自己与他人的不同。

（5）小组要提供有效的小组活动，使小组成员在展现个性的同时分享他人的独特性。

（6）小组认同成员独立性的存在，并通过活动向他们提供支持，对儿童和处于不良适应期的成年人，则应承认和接纳他们的依赖性。

人类行为发展理论启示小组工作者要积极创建健全的小组，使小组成员能够在小组活动中获得积极的生活经验，健康成长。

二、治疗模式的主要内容

（一）适用范围

治疗模式小组工作被广泛地应用于精神病治疗、心理治疗、青少年越轨行为或不良习惯的矫正等领域。如各医院精神卫生研究所为住院和门诊病人开设的小组治疗，戒毒研究所为毒瘾青年设立的戒毒小组，以及心理咨询小组、心理健康小组等都属于治疗模式小组工作类型。另外，治疗模式小组工作也可被用于提供社交技巧或新角色的适应方面。

批判性思考问题：

以小组的形式进行心理治疗相比于个案治疗有哪些优势？可能会遇到哪些问题？

（二）目标

治疗模式小组工作的目标在于通过小组经验来达到个人心理、社会、文化的适应。它关注怎样运用小组工作来改变人的功能丧失与行为偏差，协助个人社会功能的恢复和行为的矫治。具体来说，治疗模式小组工作的目标有两个：一是预防，二是改变。治疗模式小组工作的预防目标表现在，通过小组工作者对小组成员的协助，防止成员出现越轨行为或心理不适应；改变目标则表现为，协助已经出现越轨或不适应的小组成员解决问题，改变其思想和行为，使其能够重新适应生活。

（三）小组

治疗模式的小组既是一种治疗和变迁的工具，也是治疗的环境。因此，小组的形成不可能是自发的，小组成员也不可能是任意的。小组工作者需要对成员的个人状况进行评估，然后才能整合个人的需求于需求满足系统内，进而形成小组。小组组成的主要要素是使小组具有治疗的潜能。

知识窗

治疗模式中常用的方法包括结构化的练习、组内外的直接和间接的影响，以协助组员改变行为模式。

（四）小组成员

治疗模式的小组成员通常是精神异常、具有行为障碍或偏差的个体，入组之后常需要矫治性的治疗，而不仅仅是预防性或发展性的帮助和指导。这就决定了评估个体是否适宜参加某类治疗模式小组的工作尤为重要。一般来讲，具有严重精神疾病或人格问题的个体不宜入组。同时，由于治疗模式小组工作特定目标的存在，小组成员在小组过程中，并不能仅仅作为一个消极被动者存在于小组中，而是具有一定能动性的个体，小组成员在整个小组过程中要积极配合小组工作者的工作。特别是在小组工作的前期，小组成员应积极向小组工作者提供自身存在的行为或心理问题、生活经历、家庭背景、性格爱好、资质潜能、参与小组的动机、治疗的信心等资料，以利于小组工作者鉴定、审议案主，有针对性地制订合适的个人治疗计划和决定小组的成分及形式等。

（五）小组工作者

治疗模式小组工作的推进是以小组工作者为中心的，因此小组工作者在小组中的角色十分重要。在这一模式中，小组工作者是以专家、指导者的身份出现的。他不仅要有足够的能力根据个人不同的心理调适或行为适应困难来制定具体、恰当的治疗方案，而且要掌握和控制小组发展的方向和进度。小组工作者在小组工作中应注意以下几点：

（1）正确选择小组治疗目标。正确的小组治疗目标，直接关系到治疗模式小组工作运作的成功与否。小组工作者要以成员的现实行为和历史状况为依据，甚至需要与成员的家庭、医生、来源机构等小组之外的社会关系进行联络，以便更详尽地研究问题的成因，准确拟订具体治疗方案，然后综合个人治疗目标来确立恰当的小组目标。小组目标要用精确的术语表达，且具有可操作性和可测量性。

（2）小组工作者要在治疗过程中确立一套用于治疗的价值规范体系。小组工作者应根据小组目标，带领和引导小组成员参与小组活动，学习解决冲突的能力，改变自身价值观。

（3）小组工作者要充分利用外部社会环境的调适作用，详细分析各成员与外部社会环境之间的冲突，努力创造机会和条件使成员适应外部社会环境。

（4）小组工作者应相信权威性判断和专业化指导。小组工作者一般只具有社会工作专业知识背景，在对小组成员的行为问题的诊断和治疗过程中，这些知识是远远不够的，因此应咨询心理及行为问题方面的专家，以专家客观、准确的结论为依据进行小组工作。

（5）小组工作者需要与小组成员确立明确的契约关系。

批判性思考问题：

治疗模式中的社会工作者角色是否包括使能者？用已有知识解释原因。

三、治疗模式的优势和局限性

（一）优势

治疗模式小组工作相信权威的判断，强调小组工作者的能力和技巧。作为传统的社会小组工作方法之一，它能够兼收并蓄，采纳和运用心理学、精神病理学、行为学等理论和技术，使其治疗体系日益丰富。因此，只要正确评估小组各成员的状况，在小组发展过程的不同阶段灵活运用各种治疗手法，治疗模式小组工作的目标就一定能顺利达成。

（二）局限性

治疗模式小组工作具有两大局限。首先，治疗模式小组工作关注小组成员心理或行为问题的矫治，注重“医患关系”，而非小组成员间的互助或小组成员与小组工作者之间的平等互助关系，甚至认为小组不需要给予小组成员自主权，这在一定程度上限制了小组成员自身潜能的发挥，抑制了小组成员的主观能动性。其次，治疗模式小组工作的服务对象具有特殊性，小组工作的目标具有一定难度，这些都对小组工作者具有的能力和素质提出了较高的要求。

案 例

对于吸毒人员来说，在戒毒过程中情绪容易出现反常。Z机构禁毒社会工作者针对社区的8名戒毒人员开展戒毒治疗小组。小组工作者以专家和指导者的身份，运用心理学、行为学等理论技术，促进小组成员的改变。首先，小组工作者从心理学角度讲解介绍控制情绪的一些方法：当情绪发生波动，有吸毒冲动时，戒毒者往往强行控制内心吸毒的欲望，但这个控制只是暂时的，没有持续性；必须从认知上改变，深刻意识到吸毒对自己的身体、对家人及对社会的危害性，树立正确的核心信念，戒毒才能持久。在随后的小组互动环节中，小组工作者教授组员学习控制情绪的方法，持续戒毒。

第四节 发展模式

发展模式又称过程模式，它最先由波士顿大学的伯恩斯坦提出，自20世纪60年代以来被小组工作广泛采用，并不断发展完善。1977年《社会工作大百科全书》正式收录特罗普的文章《社会小组工作：发展模式》，标志着发展模式最终建立。发展模式强调“时间、过程、小组发展阶段以及小组成员与发展的关系”。发展模式认为，小组可被视为一个生命有机体，拥有一个生长、成熟、衰亡的运动过程，每一个运动阶段都有其特定的目标和任务。小组运动的前后阶段存在着一定关联。小组工作者应根据小组发展的不同阶段适时修正小组目标，观察小组成员在小组中的成长，促进小组成员与小组之间的关系，使小组成员随着小组的逐步成熟，不断激发和增强自身的能力，获得成长。

一、发展模式的理论基础

发展模式小组工作的理论基础包括生命周期理论、社会角色理论与存在主义。

（一）生命周期理论

美国社会学家帕森斯在阐述社会化理论时，将人类生命周期划分为七阶段：

（1）口腔依赖期（0～1岁）。母亲既是婴儿的养育者，也是婴儿接触的第一个成人，代表着成人社会的文化。小组中只存在母亲和婴儿这种一对一的关系。如果这种关系良好，婴儿就会有适当的行为；如果这种关系不好，就会导致婴儿今后成人生活中的人格失调。

（2）爱的情感依赖期（1～3岁）。幼儿开始学习语言和行走，对成人的感情依赖加深。父亲此时也进入幼儿的生活领域，小组的范围扩大。幼儿在父母的权威支配和情感支持下，开始培养良好的生活习惯。

（3）恋母情结（3～5 岁）。儿童与父母亲的关系加深，与兄弟姐妹间的关系也建立起来，小组的范围进一步扩大，儿童逐渐产生了性别意识。

（4）潜伏期（5 岁～青春期以前）。儿童开始进入学校接受学校教育，与同学等同辈群体接触，家庭对儿童的影响逐步削弱，儿童在小组中的互动更加频繁，角色分化更加明显。这一时期，小组工作要协助儿童学习和掌握社交技巧，建立良好的社会关系。

（5）青春期（又叫暴风雨时期）。青少年的生理发育日趋成熟，欲摆脱成人的保护，内心常充满矛盾。在这一时期，小组对个体的影响程度最深。

（6）成人时期。社会关系日趋稳定。为避免孤独感的产生，个体渴望在小组生活中满足安全需要和获得归属感，小组生活依然重要。

（7）老年时期。随着个体寿命的延长，老年人要面对随年老带来的一系列问题，同时排遣生活中的孤独寂寞，小组生活的重要性同样存在。

总之，在人类生命周期的各个阶段，都离不开小组生活。个人的一生都要归属于小组，在小组中表现自我，获得成就感与满足感。人类行为的发展是个持续不断的过程，在小组生活中的个人不仅不断地影响或改变着他人，也不断地被他人影响和改变。但人遇到挫折、困难或伤害时，小组生活可以协助个体战胜挫折，增强能力，发展自己。

生命周期理论强调个体具有成长的潜能，应用于小组工作中表现为：小组工作关注成员社会功能的提高，预防社会功能的失调，恢复和发展正常、和谐的社会功能，帮助成员有效扮演社会角色，正确处理社会关系。

（二）社会角色理论

人进行社会化的结果，从个体角度讲，是个体人格和自我意识的形成，从社会角度讲，是社会角色的承担和扮演。波曼 1968 年提出，“社会角色”概念有助于社会工作者理解人格及人们之间的社会关系。社会角色是指与人们的某种社会地位、身份等相一致的一整套包括权利、义务、规范的行为模式，是人们对具有特定身份的人的行为期望。美国社会学家米德和人类学家林顿最早把“角色”概念引入社会学研究。社会角色理论是论述人们之间彼此的角色期望及互动关系的理论。社会角色理论的主要概念和观点包括以下几个方面：

（1）社会角色既有社会地位结构的规定性的一面，又是一个社会行动的动态过程，且只有从动态的角色扮演过程来分析角色，建立系统的社会角色理论才是有意义的。

（2）一定的角色总是与特定的权利、义务、行为规范相适应。

（3）角色学习是角色行为或角色扮演的前提，角色学习包括两方面的内容，一是形成角色观念，二是学习角色技能。角色学习是在互动中进行的。

（4）角色扮演，亦即角色的实现。角色扮演的成功与否既取决于扮演者的角色技能，又取决于扮演者对他人角色预期的成功把握。

（5）角色失败。角色失败指个体由于种种原因，不能承担该角色。如一个金融财会知识非常欠缺的人由于种种原因被推上了财务主管的位置，该人可能因无法胜任这一职位而出现角色失败。

（6）角色冲突。角色冲突指角色扮演者在角色扮演情境中心理上、行为上的不适应、不协调状态，包括角色间冲突和角色内冲突。前者如婆媳争吵之时夹在中间的丈夫，后者如有的丈夫既希望妻子百依百顺，多操持家务，又盼望妻子事业上出人头地，业绩斐然。

社会角色理论对发展模式小组工作的启示是：小组工作者认可小组成员在现实社会生活或小组中都扮演着不同的社会角色，处理着不同的社会关系。当个体在角色扮演过程中遭遇困难、挑战、压力等导致产生角色冲突或角色失败时，有可能会引发一系列个体心理、行为或社会问题。小组工作者有责任通过适当的小组过程激发、挖掘个体的潜能，帮助个体形成正确的自我意识和角色观念，以利于个体承担社会角色，寻求自我发展。

（三）存在主义

存在主义的代表人物是萨特。在萨特的早期著作中，他将关注的焦点集中在个体水平上，尤其集中在个体自由这个主题上，他坚持认为人类并不屈从于或取决于任何社会规律。换句话说，“不能通过参照他自身之外的任何事情来为自己的行为寻求依据”。

萨特在《存在与虚无》（1943）一书中将讨论的焦点集中在自由的个体身上，并且采纳了“存在是被以及通过个人的行动来定义的……人就是他的所为”这样一种观点，他批判社会学家所提出的“人的行为完全由社会结构所决定”的看法，而认为人是自由的，他们应对自己所做的一切事情负责，如果他们做错了，那么他们没有任何理由推脱责任，宽恕自己。从某种意义上说，这是一种乐观主义的源泉——人们将自己的命运掌握在他们自己手中。他在后期的著作——《辩证理性批判》（1960）一书中，对社会结构给予了更多的注意，但即使在这里他也强调“人类要求超越，即超越既定状况的特权”，他批评各种过分强调社会结构的力量和作用的马克思主义者，认为“教条的马克思主义者已经消除了马克思原创观点中的人道主义因素”。

存在主义哲学理论对小组工作的重要启示是，个人在社会生活中具有不同的发展阶段和任务，人可以不完全受制于社会结构的束缚，从而利用自己所能利用的资源来对抗环境的压力，发挥自己的能动性，自我学习、自我教育，并达到自我实现的目的。

二、发展模式的主要内容

（一）适用范围

发展模式小组工作适合在各类人群中应用。它既可以是救助性的，帮助儿童、青少年、成人、老年人或一些在社会适应方面存在问题的人培养信心，协助个人适应社会生活；它同时也可以是发展性的，为个人、群体和社区的功能进一步完善提供服务，达到锦上添花的目的。

（二）目标

发展模式小组工作的目标包括：

（1）要充分地或适当地接纳小组成员的内心感受，包括愤怒、恐惧、罪恶感等，以促进小组成员对小组生活的积极态度。

（2）要使小组成员获得充分的自尊心，通过不断地为小组成员提供心理支持、接纳和关切，来激发小组成员的潜能，促使其对小组积极地做出贡献。

（3）要培养小组成员把握现实的能力，引导小组成员察觉他人如何在同样的生活境遇中表现和把握自己，引导小组成员认清他人对自己的看法。

（4）要增进小组成员重新评估自己的能力，即协助小组成员确认自己和他人的角色，获取改善处理生活困境的方法，以增进其做出正确判断的能力。

总之，发展模式小组工作一方面通过小组生活的实践以协助人们较充分地实现其潜能，增进个人的生活适应能力和对社会的责任感，另一方面发挥小组生活的积极功能，以促进社会的安定、进步和繁荣。

发展模式小组工作的目标实现需要具备以下条件：

（1）让组员有宣泄的机会。发展模式小组工作的小组活动要使个体组员能够将自己内心深处的感受在其他成员面前充分表现，以消除他们在感情方面的问题和障碍，有效实现个人社会化。

（2）支持作用。小组对小组成员的接纳、爱护和认同，可使小组成员对小组产生归属感，获得自尊。

（3）全面认识自我。通过小组活动，使小组成员观察其他成员对其的看法和评价，获得更清晰和全面的自我认识。

（4）方法重构。通过小组活动，小组成员有机会了解他人，学习他人，获得经验，提高能力。小组成员可以以此为基础重新调整自己的方法架构，以更为有效的方法处世、待人。

（三）小组工作者

在发展模式小组工作的整个实施过程中，小组工作者具有重要的作用。小组工作者的工作主要是致力于成员个体的自我实现及小组目标的实现。小组工作者可依如下程序推动发展模式小组工作：

（1）在小组初期，小组工作者接纳愿意接受服务的个体进入小组，同小组成员共同拟订小组发展的目标取向、工作计划及行动规划。

（2）在小组中期，通过组织小组活动，引导小组成员建立对小组的归属感，同小组成员共同处理小组计划，保持小组向初定目标靠近。

（3）在小组后期，帮助个别小组成员完成其未完成的目标，化解小组解散前成员的失落感，并客观、全面评价此次小组工作。

小组工作者在工作过程中要始终遵循如下价值理念：

（1）任何一位小组成员都具有潜能，小组工作者有职责帮助小组成员在其支持下全面发掘这种潜能。

（2）成员个体通过经历困难和挫折可获得心智的健康成长。小组工作者可以在小组活动中设置困难情境，并协助小组成员一起面对困难，克服困难，使其获得成长。

（3）承认个别化。小组工作承认每位成员都具有独特的需要和权利，要以平等的身份对待他们，同时保证他们有自决的权利。

（4）集体决断。小组工作者对小组的工作计划、发展目标及小组过程的完结与否等方面的决断，不可依赖自己或任何小组成员的主观臆断，而应依赖小组成员的集体决断。

知识窗

发展模式小组工作应用广泛，常被用于提高自信心，培养领导才能，解决成长过程中的问题。如面向学生的自我成长小组、面向老年人的退休适应小组等。

三、发展模式的优势和局限性

（一）优势

发展模式小组工作具有以下优势：

（1）充分体现了社会工作的“促进人的发展”的核心原则。

（2）具有广泛的适用性，可用于不同状况的小组。

（3）小组成员在小组中自由、开放，没有压力。

（二）局限性

发展模式小组工作强调一种成长的信念，但成长本身难以测量，导致这个模式缺乏公认的科学性。

复习思考题

1. 小组工作模式有哪些？各自的优势和局限性如何？
2. 对小组工作四大模式进行比较，分析其在小组工作中的不同取向。
3. 小组工作者在四大模式中扮演了什么样的角色？有何不同？

案 例

社会工作服务机构Y机构在暑期以社区中的儿童群体为对象，接纳10名愿意进入小组的儿童开展“共成长，同快乐”儿童发展小组，与组员一起制订工作计划，目的是使组员增加自信心，全面认识自己，同时，提升他们的沟通交流、互帮互助等能力，促进组员的健康成长与发展。小组活动一共分为五节，每周开展一次活动。在小组初期，首先通过一些活动建立起组员对小组的归属感，然后设置一些困难情境，通过不同主题的游戏互动和分享等环节，使组员一起面对困难与挫折，激发组员面对困难与挫折的勇气和能力，从而推动组员的健康成长。

推荐阅读书目

1. 佳文．社会小组工作．台北：洪叶文化事业有限公司，1997.

2. 何洁云，谢万恒．社会工作实践：小组工作．香港：香港理工大学应用社会科学系，2002.

3. 何雪松．社会工作理论．上海：上海人民出版社，2007.

4. 吴梦珍，等．小组工作．香港：香港社会工作人员协会，1992.

5. 刘梦．小组工作．北京：高等教育出版社，2003.

6. PAYN M. 社会工作理论．上海：华东理工大学出版社，2005.

7. REID K E. Social work practice with groups：a clinical perspective. 2nd ed. Pacific Grove. CA：Brooks/Cole Publishing Co.，1997.

第三章

小组的动力

本章要点

- 在小组工作实务中，小组动力学、社会学习理论、相互作用分析理论、需要理论、“镜中我”理论等理论成为小组动力的理论基础。
- 小组动力是指影响小组发展过程的各种心理、行为因素及其相互作用的方式。
- 小组动力主要来源的三种代表性观点。
- 小组动力基本模式的三种代表性观点。

关键概念

小组动力；小组动力学；社会学习理论；相互作用分析理论

在社会工作中，小组工作者注重运用小组工作技巧，尤其是互动技巧，来促进小组成员适应人际生活及促进小组成员个体人格健康，顺利成长。小组工作的最大魅力就是通过小组成员的互动和小组自身的成长，明显看到和感受到个体及小组的成长。那么，小组工作过程中的影响因素分别是哪些？其发挥作用的理论基础是什么？它们在小组工作中是如何体现的？对于小组工作具有什么重要意义？小组动力理论就是专门描述小组过程中的各种影响因素及其力量、作用模式的理论。下面，我们就来专门学习有关小组动力的知识。

第一节　小组动力的理论基础

在小组工作实务中，小组动力学、社会学习理论、相互作用分析理论、需要理论、“镜中我”理论等理论成为小组动力的理论基础。在此，我们重点介绍小组动力学、社会学习理论及相互作用分析理论。

一、小组动力学

（一）小组动力学的相关研究及理论基础

小组动力学又叫群体动力学。它是一门探讨小组结构及其成员间相互关系的科学。小组动力学关注小组凝聚力、次小组、小组压力、小组目标、小组结构、小组冲突等内容。心理学对小组动力的研究开始于20世纪30年代的美国，其代表人物是著名社会心理学家库尔特·勒温。他于1939年在一篇关于“社会空间实验”的论文中，首次使用了“小组动力学”的概念，并用此概念表示小组中的各种动力的交互作用、小组对其成员的吸引及小组成员间的相互联系与相互作用。

早期对小组现象的研究大多是从理论思辨的角度进行的，这种研究趋势的代表人物有涂尔干、弗洛伊德和列蓬等。但是，自从1945年库尔特·勒温在美国麻省理工学院创建了“小组动力学研究中心”并带领一批致力于小组动力学研究的学者开始对小组心理和小组动力进行研究后，小组研究的方法和思路发生了巨大的转变，开始了以科学实验研究为主的走向。他们在其小组动力学研究中心成立之初的短短五年间，就发表了一百多项关于小组动力的实验研究成果及报告。当代著名的小组动力学家阿尔文·赞德博士与卡特莱特共同主编的《团体动力学：理论与研究》一书全面回顾了当时有关小组动力的研究报告或论文成果，其中较著名的有著名心理学家费斯汀格的《小组吸引力与小组成员》、廷伯格的《关于社会底层小组内聚力的实验报告》以及弗兰茨的《小组的破裂与凝聚》等。

小组内聚力是小组动力学的核心。目前，关于小组内聚力的研究已引起了学术界及社会的关注，许多学科如社会心理学、社会学、组织行为学及许多国家的政府部门都从各自不同的角度对这一问题进行了探索。社会的健全依赖于小组作用的发挥，科学的研究与适当的小组工作方法则有助于小组生活的改善，这也因此成为小组动力学及小组内聚力学说的理论前提和研究基础。

（二）小组动力学的基本观点

关于小组动力的理论研究，汇总前后几十年众多学者的研究成果，可将小组动力学的基本理论观点归纳为以下几个方面：（1）小组凝聚力。小组凝聚力是吸引、组织与影响小组成员的最重要的力量。它被看作小组的精髓，能营造一种小组成员甘心归属于小组的动力与气氛。小组凝聚力本身包含两个重要的因素：一个因素是小组的吸引力，即从小组性质角度影响小组凝聚力的因素，包括小组的目标、计划、活动方式、组织特色和社会地位等；另一个因素是小组成员的动机，诸如小组成员追求交往、认同、尊重、安全的需要，以及参加小组之初希望从小组中获得的利益的愿望等。小组凝聚力的强弱直接影响小组成员的士气，关系到小组的生存与发展状况。小组如果具有较强的凝聚力，就会吸引小组成员为它努力工作。小组凝聚力具有以下作用：鼓励小组成员积极工作，迎难而上，引发其主动为小组负责的“责任性行为”；使小组成员乐于倾听和接纳其他成员的建议；保持小组价值的一致性；发展安全感。（2）小组压力。为了使小组成员在态度和行为方面保持一致性，小组“求同的压力”会对小组成员个人施加影响，小组成员能感受到这种适度压力的存在。同时，为了保持小组的活力，在小组成员接受小组目标的前提下，小组成员可以求同存异，持有己见。（3）小组目标与成员个体动机。小组目标与小组成员个体目标间具有紧密的联系。小组目标若被成员全心全意接受，可使成员表现出一种需求上的紧张，并努力工作；若成员对小组目标仅是默许甚至反对，则个人动机微弱。（4）小组结构。当小组成员间拥有一种较稳定的关系时，小组就具有了结构。小组分工、个体动机和能力、小组环境三因素影响小组结构的产生。（5）次小组。小组内次小组的存在既具有积极作用，也具有消极作用。次小组既可能提高小组的整体性，加强小组的力量，促进小组的成长，也可能分化小组成员，增加小组合作的难度，瓦解小组。（6）小组冲突。小组内问题未得到解决，或出现成员不满、不安、敌对等情绪，都可能引起冲突。小组拥有适当地解决冲突的方法：退却、压制、多数原则、妥协、整合。

批判性思考问题：

以一个社会工作小组为例，试分析其小组凝聚力。

批判性思考问题：

试举例说明小组压力对小组成员可能的影响。

批判性思考问题：

举例说明次小组的积极作用。

小组动力学认为，社会中的每一个人都有其活动的范围且个人间的行为相互依赖。凝聚力是小组存在的基础之一。社会学者把社会小组分为自然小组和组成小组两种。自然小组是成员自发形成的，组成小组是由成员之外的第三者促成的。自然小组一开始就有某种程度的凝聚力，组成小组起初缺乏凝聚力，通过小组成员的相互作用才能形成归属感。没有凝聚力的小组不能长期存在；当凝聚力过强而妨碍小组外的人际关系时，也是有害的。没有冲突的小组不会有生命力；而一个经常处于冲突之中，却不去寻找化解冲突的方法，对冲突束手无策的小组，也是不健康的。

批判性思考问题：

小组凝聚力过强时对小组规范、组际沟通等可能产生哪些负面影响？

（三）小组动力学对小组工作的贡献

小组动力最初是勒温等人适应社会的需要来设计实验进行研究的，由此产生的理论和研究成果被充分应用到社会现实中。有关小组动力学的理论，一开始就被广泛地应用到了政府、社团、学校以及企业的组织管理中，并发挥了重要的积极作用。

具体来说，小组动力学运用于小组工作，具有以下作用：

（1）小组动力学运用于小组工作，可启发小组工作者认识到人们需要各种不同的小组经验，小组工作者有责任给予个人不同的小组经验，满足其需求。因此，小组工作者可协助小组成员参与冲突的解决与决策的制定，使个体从中享受快乐，增强自信，以此推进小组成员个人人格和态度获得成长和改变。

（2）关于小组动力学中小组凝聚力的研究告诉我们，如果小组凝聚力高，成员互动时就会充满希望，心情愉悦地去努力工作，勇于承担责任，并以积极乐观的心态去影响他人和接受他人的影响。相反，如果小组的凝聚力低，成员互动时就容易产生分歧或冲突，相互之间情感上感到压抑，造成小组工作消极被动，成员间互相推诿责任，严重时还会导致小组解散。因此，提升小组凝聚力就成为小组工作者的核心任务之一。小组工作者可借助小组共同活动这个中介来增进小组凝聚力，通过具体的指导小组工作的理念、技巧和方法来实现成员间的积极互动，促进成员间思想和情感的交流，从而相互支持，相互认同，促进成员间的互相信赖，提高小组对其成员的吸引，增强小组凝聚力。

二、社会学习理论

（一）社会学习理论的相关实验研究及结果

社会学习理论的主要代表人物是美国著名心理学家阿尔伯特·班杜拉。班杜拉认为，心理学家应当“把临床现象用经过实验验证的方式加以概念化”，心理学研究应当在实验中进行，以控制决定行为的因素。班杜拉进行的社会学习理论的主要实验有以下两个：

实验一：

让儿童们目睹电影里一位成人模特殴打一个名叫“波波玩偶”的塑料小丑，“模特用棒槌敲打它的头部，把它朝下猛摔，坐在它上面，反复地打它的鼻子，把它抛到空中”。看完电影录像后，儿童们被放在一间有好玩的玩具的房间里，但他们不能动玩具。儿童们表现出愤怒和沮丧。然后，把这些儿童领到一间放着和录像中同样玩具的房间。班杜拉和许多其他研究人员发现88%的儿童模仿攻击行为。八个月后，仍有40%的儿童重演“波波玩偶”实验中观察到的暴力行为。

实验二：

把4～6岁的儿童随机分成两组。两组儿童在电影中都看到了一个成年男子对一个充气人演示四种不同的攻击性行为，但在影片快结束时，甲组儿童看到这个成人示范者受到奖励，乙组儿童看到的则是这个成人示范者受到惩罚。接下来，让儿童进入一间游戏室，里面放有一个同样的充气人及成人示范者使用过的其他物件。结果甲组儿童比乙组儿童表现出更多的攻击性行为。再组织两组儿童看完电影，回到游戏室后以糖果作为奖励，要求儿童尽可能回想示范行为，并付诸行动。结果两组儿童的表现无任何差异。

（二）社会学习理论的基本观点

班杜拉的社会学习理论以行为主义理论为基础，在强调人类行为的习得性即教育和环境对人类行为的重要作用的基础上，认为人的行为、思想、情感反应方式不仅受到直接经验的影响，同时也受到间接经验的影响；行为与环境具有交互作用；观察与模仿是学习的重要过程；人在学习中具有特殊的自我调节过程。具体地说，社会学习理论的主要观点如下：

1. 交互决定论

为解释说明人类的行为，班杜拉对以前心理学家提出的环境决定论和个人决定论提出了批判，并提出了交互决定论。

环境决定论认为人类行为受作用于有机体的环境刺激，个人决定论则认为环境取决于个体如何对其产生作用。班杜拉认为环境与个体的影响是双向的，环境刺激或内在素质并非单向地引发有机体的行为。他指出，行为、个体（主要是指认知和其他个人的因素）和环境是“你中有我，我中有你”的，不能把某一种因素放在其他因素之上，尽管在某些情境中，某一个因素可能起支配作用。他把这种观点称为“交互决定论”。交互决定论是一种复杂的、综合性的人类行为理论，它关注人的功能，注意到各种外部事物与内部事物的相互联系。

2. 观察学习的过程

观察学习是班杜拉社会学习理论的一个核心概念，指行为者通过观察别人的行为及其结果而进行的学习。根据社会学习理论的观点，人类的大多数行为是通过榜样的作用习得的；个体通过观察他人的行为形成从事新行为的观念，并在以后用这种编码信息指导其行动。因此，观察者获得的实质上是榜样活动的符号表征，并以此作为以后适当进行行为表现的指南。班杜拉认为，观察学习包括注意、保持、动作再现及动机等心理过程。（1）注意。人们除非觉察和注意到了示范者行为的显著特征，否则是无法学到这种行为的。注意行为决定了个体在众多榜样作用影响时有选择地观察哪些方面。注意过程与示范刺激的本身特征及观察者的特点有关。（2）保持（又叫记忆）。为了重演示范者的行为，个人必须把信息编码成长期记忆。人们通过符号的形式对示范行为表象化进行保持，榜样的示范行为再通过符号这一媒介被保持在长时记忆中。班杜拉认为，观察学习主要依赖于两种表征系统：映像表征系统和言语表征系统。（3）动作再现。动作再现就是个体把符号表征转变为适当的行动。班杜拉将这一过程分解为反应的认知组织、反应的发起、反应的监控以及根据信息反馈矫正反应。（4）动机（又叫强化）。班杜拉的社会学习理论对“习得”和“表现”做了区分，因为人们并不会实施他们学到的每一件事情。首先，如果榜样的行为导致有价值的结果，而不具有无奖励或惩罚的结果，人们就倾向于展示这种行为，这是一种外部强化。其次，观察到的榜样行为的后果，与自己直接体验到的后果，是以同样方式影响榜样行为表现的。也就是说，学习者的行为表现是受替代强化影响的，在通过观察习得的无数反应中，看到他人获得积极效果的那些行为，比看到他人获得消极效果的那些行为更容易表现出来。班杜拉把人们通过观察他人的某种行为受到赞赏或惩罚而得到的强化称作替代强化。最后，人们对自己行为产生的自我评价反应，也会调节人们做出那些通过观察学到的反应。他们倾向于做出使自己感到自我满足的反应，拒绝做出自己不赞成的行为，这实质是一种自我强化。所谓自我强化是指个体已经建立了自己内部的行为准则，当他的行为符合这个准则时，就会自己奖励自己，违反这个准则时，就会自己责备自己。

（三）社会学习理论对小组工作的贡献

第一，由班杜拉提出的社会学习理论强调，人们可以通过观察和模仿周围角色的行为范例，获得自身行为的调节与改变，形成新的行为表现。在小组活动过程中，每个小组成员都是一个宝贵的资源库，每个人都会在小组活动中表现出某种适应性和非适应性的行为，同时每个小组成员处在小组中既是自觉或不自觉的行为观察者，又是自觉或不自觉的被观察学习者。这样，每位成员都可结合自身特点，从丰富的思想交流和行为表现中寻找榜样，对此行为示范者进行观察学习，从而增强个人的社会适应性，促进个体成长。

第二，行为的强化不仅可以通过自我强化来实现，而且可以通过替代强化来实现。小组成员在小组的共同活动中，不仅是其他成员活动的见证者，也是其他成员行为结果的见证者。因此，小组成员可以在分享彼此经历、经验的过程中，学习前人，并为了得到与他人同样的受表扬的结果而去从事一些积极行为，为避免受到与他人相类似的惩罚而不去实施同样的消极行为，从而发挥替代强化的作用。

第三，社会学习理论强调在学习过程中认知的重要性。这个重要观点启示小组工作者，小组成员并不总是机械地对环境做出反应，相反，成员会仔细观察其他人，并且不断解释周围的符号和线索。因此，大多数成员的行为是有意识选择的结果。这种意图性使得小组工作者有必要考察一下团体激励中目标设置的作用。这个广泛使用的激励方式为小组成员提供了有关“什么对小组的发展是重要的”的信号，并且提示小组及其成员的行为向期望的方向发展。

三、相互作用分析理论

相互作用分析是美国心理学家柏恩所创立的一种以精神分析为基础的心理治疗理论和方法。柏恩认为：“社会交往就是相互影响的过程。当两三个人或更多的人相互碰在一起的时候，迟早有人要说话，或者向其他人致意，这就叫作相互作用刺激。另外的人会说一些或做一些与这种刺激有某种联系的话或事情，这就叫作相互作用反应。”相互作用分析理论的哲学基础是反决定论的，承认人有战胜早期或现实的经验和环境的能力。它能促进人们进行自我改变，建立自我控制与自我引导，同时帮助人们分析在我们的人际交往过程中双方关系的优劣，是相辅的、互补的还是矛盾的、冲突的，帮助人们了解自己与他人互动的本质，对人际交往获得深刻领悟，从而促使人们改变生活态度与价值观，建立更加成熟、和谐的人际关系。

知识窗

反决定论，又称非决定论，泛指与决定论相对立的观点，心理学中用它来解释人类行为的原因。持此观点的心理学家否认自然界和人类社会普遍存在着客观规律和必然的因果联系，认为人在各种情境下所展现的各种行为，并非物质或精神等多种因素的作用结果，而主要出自人所具有的自由意志所做出的自由选择，因此同样的情境，不同的人会有不同的行为。

（一）相互作用分析理论的基本内容

相互作用分析可以被概括为以下四种分析：

1. 结构分析——分析个体的人格组成

心理分析源于弗洛伊德的精神分析学派，弗洛伊德把人格结构分为三个组成部分：本我、自我和超我。柏恩也建立了一个三部分的人格结构模式，他的人格结构分为三个组成部分：家长自我状态（parent ego state，简称 P），成人自我状态（adult ego state，简称 A）和儿童自我状态（child ego state，简称 C）。柏恩认为：“家长自我状态、成人自我状态和儿童自我状态不像超我、自我和本我这样的概念，而是现象学中的真实存在。”每个人身上都存在着 P、A、C 这三种不同的自我状态。

2. 交往分析——分析个人与他人交往的方式

相互作用分析理论把人与人之间的交往剖析为人的三种不同自我状态之间的交往。当一个人以某种自我状态向对方发送一个刺激时，如果接受的一方以发送的一方所期待的自我状态做出反应，相互作用就能够继续进行，这种相互作用叫作互补性相互作用；如果发送刺激的一方或接受刺激的一方或者双方都没有得到期待的反应，就会引发不适当的自我状态，相互作用的线路就会出现交错，这种相互作用叫作交错性相互作用；如果一个人以某种自我状态向对方发送一个刺激，而用另一种自我状态间接地表达另一种含义，就会引发双重的相互作用，这种相互作用叫作暧昧性相互作用。

批判性思考问题：

试以职场中的上下级关系为例进行交往分析。

3. 游戏分析——分析人际交往中的心理游戏

心理游戏是相互作用分析理论的一个特有概念。柏恩给游戏下的定义是：“游戏是一系列不断发展的、互补的暧昧性相互作用，它将会引出具有明确含义的预想结果。可以把游戏描述为一套原地转圈的相互关系，它们经常是重复的，表面上好像很有道理，实际上有着隐蔽的动机，或者说得更加通俗一点，就是设置圈套或机关的一系列活动，它具有以下两个特点：隐蔽性和惩罚性。”心理游戏就是通过扮演“惩罚者”“受害者”和“拯救者”等心理角色而进行的一种钩心斗角的活动，它对人际交往有破坏作用。

4. 脚本分析——分析人们潜意识中的生活脚本

人们常常反复地扮演自己偏爱的心理角色，人们的生活仿佛是一次又一次地按照预先写好的“脚本”反复上演的戏剧。这个“脚本”就是人潜意识中的“生活计划”，它规定了一个人生活的主题，规定了他在现实生活舞台上所要扮演的角色，也规定了他周围的人所要扮演的角色。人们的人生态度与其生活脚本有关，人们在心理游戏中的角色偏爱也与其生活脚本有关。一个人要从根本上改变自己的生活，就必须深入地分析并改写自己的“生活脚本”。

（二）相互作用分析理论在人际交往分析中的运用

1. 三种自我状态与人际交往

人际交往是人与人之间发生相互作用并产生相互影响的过程，它必然受个体人格特征的影响。相互作用分析理论认为，每个人的人格结构都是由家长自我状态、儿童自我状态和成人自我状态构成的。每个人在家庭生活和社会生活中都要分别充当几种不同的角色，在每一个人的人格结构中，都同时具有这三种不同的心理状态。在与不同人就不同问题互动的过程中，随着角色的转换或商谈内容的变化，这几种心理状态交替占据主导地位。只不过在特定场合，在某一特定的时段内，只有其中某一种心理状态占优势。

家长自我状态（P）是被传授的生活经验，这盘“磁带”上记录了家长的各种形式的沟通。无论这些说教是否正确，它们都被永久性地记载到了“P”这盘“磁带”上。这些训导和指令内化为我们的大脑意识，成为我们的行为准则，在我们的一生中不断再现，对我们的一生产生巨大的影响。家长自我状态可以分为威严的家长自我状态和慈爱的家长自我状态。前者如家长所灌输的关于宗教、政治、道德、文化、传统、生活方式、性别角色等各方面的规范和准则，这些规范和准则既有合理的也有不合理的。后者如家长的关怀、爱抚等抚育性行为，人们在与他人交往时，也会重复童年时期学自父母的一些慈爱行为。

儿童自我状态（C）是童年时期所体验的自然冲动、情感反应、态度、感觉、经验等，当孩子成年以后遇到类似的生活事件时，就会再现童年时的经历，重温童年时的感情。儿童自我状态可分为自然的儿童自我状态和顺应的儿童自我状态。其中，自然的儿童自我状态包括天真的儿童自我状态和任性的儿童自我状态。顺应的儿童自我状态的特征是：缺乏自信、害羞、胆怯、退缩、沮丧、服从。

成人自我状态（A）发端于儿童在成长过程中发现的自己在实际生活中所领悟

到的经验与家长自我状态中传授的生活观念和儿童自我状态中体验的生活观念之间的差异。它是一套独立的感觉、态度和行为方式，其主要功能是将外界资料转化为知识，再以过去的经验为根基，把这些知识处理、分类；同时，它以独立收集资料、处理资料以及评价概率等为行动的基础。成人自我状态是有组织、有适应力、有理解力的自我状态，以独立探测为根基，与外界保持客观关系。因此，其特征是理性的、客观的、思考的。

在人际交往中，我们应该根据内容、对象和环境的不同而选择不同的自我状态。但是我们要让面对现实的成人自我状态在自己的行为决策中起主导作用，而不是任性地让感情用事的儿童自我状态或自以为是的家长自我状态来主宰我们的行为，只有这样，我们才能在人际交往中从自己可能采取的多种行为中选择出最恰当的行为来做出反应。

2. 四种人生态度与人际交往

自我状态在人际交往中的影响是短暂的，而人生态度在人际交往中的影响是长期的。相互作用分析理论认为，人生态度是我们对待自己和他人的一般看法，在人际交往中，人们会表现出四种不同的人生态度，即“我不行，你行”“我不行，你也不行”“我行，你不行”“我行，你也行”，拥有不同的人生态度就会拥有不同的人际关系。

“我不行，你行”是儿童最早形成的一种人生态度，这是儿童在最初人生阶段的处境中得出的结论。成人以后若还抱着这种人生态度，就会导致缺乏自信，不胜任感强烈，需要得到别人的帮助，容易听从他人的摆布，做事不容易成功，常常体现的是顺应的儿童自我状态。

“我不行，你也不行”是严重精神紊乱或厌世者的态度。持这种人生态度的人既不喜欢自己，也不喜欢他人；既不满意自己，也不满意他人；既不相信自己，也不相信他人。他总是一概拒绝别人的关怀和帮助，而不管别人是否真诚。这种人生态度体现了人在顺应的儿童自我状态和威严的家长自我状态间的徘徊。

“我行，你不行”是一种怀疑和独断的人生态度。持这种人生态度的个体拒绝认识自己的内心，无法客观地对待周围的事物与自己的关系，总是认为自己做的都是无可指责的，而从不信任别人，认为别人做的都是错误的。持这种人生态度的人体现的是威严的家长自我状态。

“我行，你也行”的人生态度是一种健康、正确的人生态度。抱着这种人生态度的人，既喜欢自己也喜欢别人，既信任自己也信任别人。他们常常通过表现慈爱的家长自我状态来帮助别人，通过表现自然的儿童自我状态来享受生活，也常常会运用自己的成人自我状态来进行决策和行动。他们只有在面对非常大的压力和身体健康状态不佳的情况下才会表现出威严的家长自我状态或顺应的儿童自我状态。

相互作用分析理论认为，人际交往中交往状态的失调是导致心理失调的主要原因。因此在人际交往中，我们要主动调整人际交往的态度，使自己保持“我行，你也行”的人生态度，做一个拥有自豪感、平等心的健康个体。

（三）相互作用分析对小组工作的贡献

（1）相互作用分析理论中关于个人三种自我状态的描述与分析，可以帮助小组工作者或小组成员认识其互动交流过程中所呈现出来的人格特点，保持交流的顺畅和小组活动的顺利进展。

（2）相互作用分析理论着重描述和分析的是人际互动、沟通的特点，因此为小组工作者提供了一个了解行为与团体过程的分析方法论，特别适用于治疗型模式的小组工作和发展型模式的小组工作。

（3）相互作用分析理论中关于人生态度的理论分析，启示小组工作者关注小组成员早年的生活状态，小组成员现实的生活态度、生活方式、性格与价值取向中的非社会适应性可能与早年的生活状态有关，这为小组工作者了解和把握小组成员的资料，进而促成小组成员的改变提供了一个突破口。

第二节 小组动力分析

小组动力涵盖的范畴相当广泛，本节将介绍小组动力的含义、小组动力的主要来源及小组动力的基本模式三部分内容。

一、小组动力的含义

“小组动力”一词是美国心理学家勒温在其从事了大量小组工作的研究之后，于 1944 年在一篇社会心理学的相关论文中提出的。此后，许多学者如柏恩、布莱德福特和李皮特等人相继加入小组动力的研究队伍中来，小组动力研究因此于第二次世界大战后的十年中得到迅速发展，一系列关于小组动力研究的成果也相继问世。20 世纪 60 年代后，小组动力研究更加繁盛，有关小组动力的研究成果也被广泛地运用于工业、教育、社会工作、心理健康与治疗、政府机构等各种领域。

那么，到底应如何理解小组动力的含义呢？

依据国内外相关学者的研究结果可知，他们对“小组动力”的含义虽各有看法，但基本观点大致相同。

美国学者瑞德认为，“小组动力”这个名词是指小组在达成目的的过程中，所产生的复杂且互动式的动力。

潘正德在总结阐释小组动力的含义时，指出“小组动力”至少应包括以下四个方面：

（1）小组动力是指在任何时间内发生在小组中的被觉察到的或未被觉察到的所有心理的和行为的内容。这些内容是运作和支持小组持续下去的原因。一般小组都普遍存在静态和动态两方面的内容。静态方面包括小组名称、组织结构、目标等，动态方面包括小组的运作及成员的改变、互动、反应等。小组的运作和方向，是由各种力量和因素决定的。小组的动力就由这些力量的互动作用及其在小组中产生的影响效果组成，是综合力量自发产生的现象，而非个人的发明或创造。

（2）小组动力是用来进行科学研究和管理服务的工具。它提供了社会科学研究的一些原理原则，包括社会心理学、临床心理学、精神病学、社会学、人类学和教育学等。它也具体应用和服务于各个领域，如工业小组、军队、教育机构、志愿者组织、社会福利机构和社区。

（3）小组动力是用来说明小组行为的一套基本知识，用来解释小组内各类行为的转化、演变和相互影响。

（4）小组动力也是一套正在兴起的适用性的专业技术。

我国台湾地区学者李郁文在总结国外及国内部分学者的观点后认为，小组动力有以下几个方面的重要含义：

（1）小组动力被用来描述及探讨小组中或小组与小组之间的各种行为现象，如小组的形成、发展、运作、互动、吸引、排斥、反应或改变等，并研究其相互之间的影响关系。

（2）小组动力被归类于社会科学的研究领域，因此适合用相当严谨的科学方法来研究小组中（间）的各种行为现象。

（3）小组动力是一套用来了解小组行为的基本知识和技巧，而这些知识和技巧是经由过去的研究、发展和无数的经验积累而成的。

（4）小组动力强调研究成果的实际应用，亦即主张将小组动力的理论与原则变成实际的生活技能。

学者刘梦、张和清等认为，小组动力用于描述小组在实现目标的过程中，参与小组生命发展的各种复杂力量及其交互作用和交互方式，这个过程包括小组的形成、启动、发展、成熟、落幕、结束、跟进等所有过程。

综合以上各位学者的观点，我们认为，小组动力是指影响小组发展过程的各种心理、行为因素及其相互作用的方式。

二、小组动力的主要来源

小组过程是一个充满动力的运作过程，熟悉小组动力的主要来源，有助于小组工作者更好地带领小组完成小组目标。那么，小组动力的主要来源究竟是什么呢？不同学者见解不一。

希普认为小组动力的研究范围应包括：小组形成，小组发展，区分与整合，沟通，互动，小组结构。

福斯诗认为小组动力的研究范围应该进一步拓展，应包括：

（1）导论与方法。探讨的主题应包括小组动力这门学科及小组方面的研究。

（2）小组的形成与发展。探讨的主题应包括小组的形成、小组的发展与社会化、小组的结构。

（3）影响与互动。探讨的主题应包括一致性和影响力、权力、领导。

（4）小组表现。探讨的主题应包括小组表现、小组决策。

（5）与之相关的问题与应用。探讨的主题应包括环境与小组的冲突、小组之间的冲突、小组与集体行为、小组与改变。

刘梦、张和清等认为，小组动力的主要影响因素应包括静态和动态两方面的内容。静态方面包括机构、小组特性、领导者个人特性、小组成员四个部分；动态方面包括小组的领导方式与形态、小组气氛与凝聚力、成员的参与、沟通模式、冲突和冲突的解决模式、小组的成文和不成文的规范、小组的决策过程和问题解决过程。

我们先来分析静态方面。

（1）机构方面的影响。机构是有目标、有组织体制和拥有资源的实体，包括学校、医院、青少年服务中心、老人服务机构、妇女服务机构以及政府或民间的各种组织。机构对小组的影响体现在两个方面。首先，机构对小组具有决定性的影响。机构的性质、服务对象、服务理念、物质资源决定了在此机构中的小组工作的性质。如学校中的小组通常是学习小组、青春期教育小组；妇女服务机构提供的小组大多是针对女性和家庭的需要而设置的，如离异妇女小组、遭受家庭暴力的妇女小组、家庭治疗小组等；老人服务机构则可能针对老人的需要开办诸如死亡教育小组、圆融人生小组等。其次，机构对小组过程也具有影响。机构通过对小组工作者的影响对小组间接产生影响，小组工作者是机构与小组间的桥梁。工作者在开始小组工作前，需要先对机构情况有所认识和了解。机构也应该通过管理和监督等途径让工作者熟悉这些情况，并且使工作者和小组都能参与到机构整体的设想、建设和发展中去。工作者应该向机构解释小组的需要或向小组解释机构的目的与功能、机构的各种情况以及机构内的政策等，尤其是收费、时间的安排等方面。总之，工作者就是机构的代言人，他不是小组的一分子，而是利用机构满足小组全部或部分需要的帮助者，他所用的技巧应该是机构所认可的工作方法与技巧。

（2）小组特性。小组的诸多特性都影响小组动力，如小组的类型、小组的对象、小组的原理、小组的目标、小组的名称、小组的主题、小组的规模、小组的结构、小组的时限、小组的形式、小组的空间安排、小组的时间安排、小组的契约形式。

（3）小组领导者的影响。小组领导者是小组动力的重要影响因素之一。通常，小组要求小组领导者具有这样的技能：建立目的性关系的技能、分析小组情况的技能、参与小组的技能、处理小组情感的技能、发展和组织小组活动的技能、调动与应用机构及社区资源的技能、评估小组的技能。小组领导者的能力及技能状况，直接影响着小组的运作情况和效果。

（4）小组成员的特性。这些参与小组并最终将从小组中获益的小组成员是小组工作的对象，是小组过程中最基本的动力因素，他们的改变是小组工作的出发点和最终目的所在。因此在组建小组之初，需要对小组的工作对象情况进行特别的考虑，进行小组成员的筛选。具体地说，小组成员的特性，如年龄、性别、人格特征、社会背景等会影响小组的进程。

再来看动态方面。小组的动态过程内容涉及很多方面，这里主要是指小组领导方式与形态、小组的沟通和冲突、小组发展的阶段特点和任务，以及小组的评估。

三、小组动力的基本模式

小组动力的各种影响因素整合在一起，共同影响小组的运作过程。一个成功的小组工作者应该熟悉小组过程的流程并能熟知小组各个阶段的影响因素起作用的方式。针对小组动力的运作模式，各个学者也提出了不同的看法。

杨极东认为，小组动力的基本模式如图 3－1 所示。

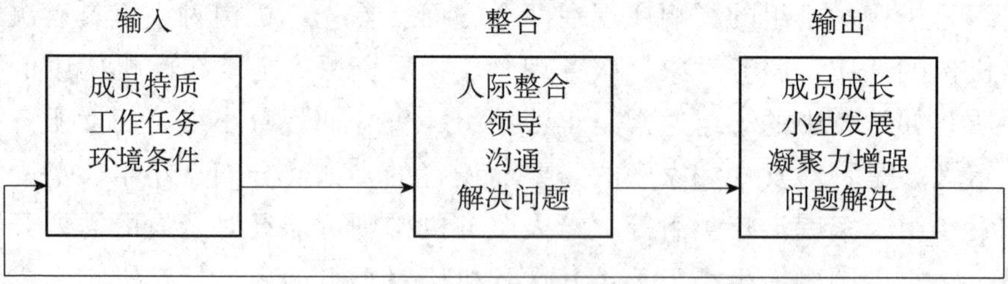

图 3－1　杨极东的小组动力模式分析

这个模式是输入因素经过小组的人际整合、领导、沟通、解决问题等环节达到小组整合，最后达到成员成长、小组发展、凝聚力增强、问题解决的结果。同时，小组过程也是一个循环的过程，这些结果又会变成新的输入因素重新开始下一轮的小组过程，最终实现小组的终端目标。

（1）输入变项。

第一，成员特质。具体包括了解成员的基本需求，并给予适度的激励与满足；了解成员天生的动机层次，使其超越角色需要而表现出创新、支持的行为；了解成员的实际能力与潜在能力，使成员的能力得到适度的肯定，并予以有效发挥；了解成员对社会环境中的人、事、物所持有的行为倾向，如他们的社会责任感、社会参与态度等；了解成员独特的价值观，然后在小组过程中通过跟其他成员的分享、回馈，慢慢修正，最后形成一致的小组文化，并使其有助于小组的成长和运作。第二，工作任务。协助成员了解小组工作任务的性质和类型，然后采取必要的策略和方法达成小组目标；了解小组工作任务的分派是否恰当，成员是否拥有牺牲小我、成全大我的精神，促使小组不断地进步与发展。第三，环境条件。应考虑小组的生态环境条件，如小组大小、成员距离、小组与其他小组的互动关系等；应考虑小组的心理环境条件，如社会参与、认知差距、从众行为等心态；应考虑小组的社会文化环境条件，如社会变迁、价值观、社会规范等因素。

（2）整合变项。

第一，人际整合。在小组过程中，应建立互动的人际关系，避免大家对小组冷漠、应付或敌对、冲突，能调整或增进小组所有成员之间的关系。第二，领导。新的领导观念强调领导者与被领导者之间相互的影响关系、领导者的领导形态、人格特质、领导技能及小组气氛之培养等过程变项均影响小组的运作状况。第三，沟通。这是一种讯息传递过程，发话者与受话者之间讯息传递要很清楚，且有相互回应，才是有效的沟通。其中发话者与受话者之间彼此观念的沟通、良好关系的建立、文字语言与非文字语言的正确使用、肢体语言的表达技巧等均影响沟通的效果。第四，解决问题。小组过程中意见出现分歧或产生问题是自然的现象或结果，这种现象只是将小组中的紧张或挫折予以表面化，使之呈现出来。如果小组工作者能够对事不对人、创造双赢局面，小组中的这些阻力就可能成为小组互动的有效助力。

（3）输出变项。

第一，成员成长。个人加入小组之后，最显著的收获就是个人的成长，如：学习放开自己，与他人分享自己的感觉、经验；能得到成员的支持、鼓励、接纳与认同；获得内心的洗涤；发掘自己内在的潜能；等等。第二，小组发展。小组是个人的集合体，小组随着个人的成长自然得到顺利发展，成员们彼此鼓励，相互支持，小组发展更加坚实。第三，凝聚力增强。如果小组发展成功，小组成员就会对小组产生强烈的认同，形成一股强大的向心力和归属感。第四，问题解决。小组的问题、冲突、分歧如果能在第二个阶段即整合阶段得到很好的解决，就将得到圆满解决。

批判性思考问题：

参照小组动力的影响因素，思考杨极东提出的基本模式可能存在哪些不足。

知识窗

罗纳德和罗伯特提出以下实务原则以利于增强小组凝聚力：

- 高水平的开放式互动会促进凝聚力的产生，工作者可以运用小组讨论和小组活动来鼓励组员间的开放式互动。
- 如果小组能够满足组员的需要，组员就会继续参与小组的活动，因此，工作者要帮助组员不断确定自己的需要，不断发现自己的哪些需要得到了满足。
- 小组目标的实现会提高小组对组员的吸引力。工作者要协调组员聚焦在小组目标的实现上。
- 组内需要营造一种非竞争性的关系，这样能够确保组员表达自己的观点和想法，增强小组的凝聚力。工作者要协助组员互相合作，反对互相竞争。
- 组内的竞争关系可以帮助组员明确自己的身份和目标，提升组员的凝聚力。工作者可以利用组内自然出现的竞争关系，来建立组内组员间的联系。
- 小组规模过大会降低小组对组员的吸引力，影响他们的全面参与。工作者在小组建立初期，就要确保组员有机会充分参与。

● 如果能够充分理解并满足组员的愿望，组员就会感到自己是小组的一分子。工作者需要帮助组员明确自己的期望，努力在组员期望与小组目标之间寻找一种平衡。

● 小组可以为组员提供奖励、资源、地位，提高他们的期望，而这些都是组员在组外无法得到的。因此，工作者要设法协助小组为组员提供上述奖励性资源。

● 让组员感到自己作为小组一员是值得自豪的，这会增强小组的凝聚力。工作者要协助组员增强自豪感。

埃利斯和费希尔提出，小组动力的运作模式如图 3－2 所示。他们认为，小组动力的影响因素可以分为三大变项，即输入因素、过程因素和输出结果。同样，这三大变项也交替循环，相互作用，相互影响，小组会因环境的不断变化而做出适度的调适。

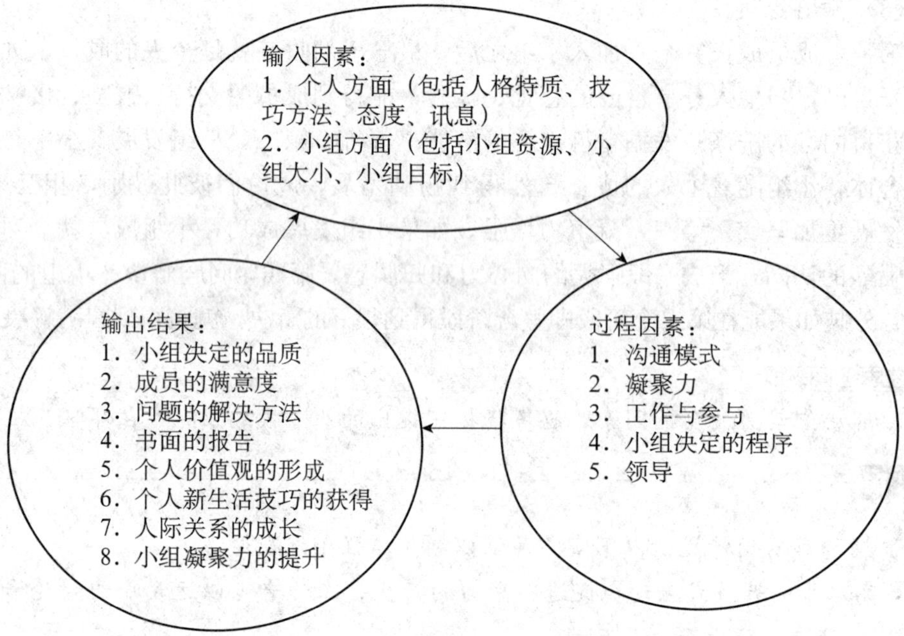

图 3－2　埃利斯和费希尔关于小组动力的运作模式

（1）输入因素。

输入因素是指所有能帮助建构小组的因素、条件及资源。具体来说包括个人方面及小组方面。第一，个人方面。包括个人的人格特质、使用的技巧方法、处理事情的态度及所拥有的一切讯息。第二，小组方面。一是小组所拥有的有形资源（如财力、设备等）和无形资源（如活力、精力、好意等）。二是小组大小。原则上，规模为 5～7 人的小组最合适。如果人数少于 5 人，则在进行意见交换时，无法体现多样性，不利于小组决策的形成；假如人数过多，则无法面对面地交谈，且容易被一些较武断、固执的成员操纵，使小组决策被控制或极端化。三是小组目标。小组目标的明确与否是影响小组走向的一个重要的输入因素，清晰的小组目标是小组成功的重要条件。

（2）过程因素。

过程因素主要指小组动力过程中哪些实际活动会对小组产生影响。具体来说，小组的实际活动包括：第一，沟通模式。沟通是整个小组过程的核心，如果没有沟通，那么小组成员势必无法相互影响。沟通能够催化上面所说的小组个人特质并决定他们是否会受到影响。例如，某个小组中有个成员的侵犯性很强，那他将会是小组中问题的潜在来源。但在小组的互动过程中，由于某些原因，该成员没有使用侵犯性的态度跟别人沟通，那他输入因素的影响力则是零。第二，凝聚力。小组发展出来的凝聚力的强弱是小组过程的重要变项之一。如果小组的凝聚力强，小组的向心力就强，反之小组的向心力就弱。第三，工作与参与。好的领导者应该善于针对每个小组成员的个性特点来引导小组过程。另外，积极的参与也常被用在小组过程中去影响其他因素。第四，小组决定的程序。小组的决定可以从好的批评或建设性的批判中受益。因此，如果小组动力过程的一部分能包含一些对不同意见甚至反对意见的尊重，那么小组决定的质量会更高。第五，领导。好的小组工作者应懂得如何运用良性的小组规范来带领小组，如允许批评性意见的存在，尊重不同意见的发表，鼓励积极的参与，使之对小组的运作产生好的影响。

（3）输出结果。

输出结果指的是小组运作的产物和达到的成果。这些成果既包括有形的书面报告、备忘录及各种不同类型的文件等，也包括一些无形的成果，如个人在小组中新的人际关系的形成、个人在生活中新技巧的形成和获得、小组凝聚力的增强、小组成员满意度的提高、小组决定品质的提升等。

徐西森研究了小组动力因素及其流程模式。在整个模式中，主要包括以下五个变项：一是小组成员特性，即什么样的人来参加小组；二是小组情境，即这是一个什么性质的小组；三是小组的运作过程，即这个小组如何运作；四是成员的改变，即小组运作之后个人发生的变化；五是小组的发展，即经过小组运作过程后，小组发生的变化。而个人、小组两方面的变化，又将影响小组的成员和小组的情境（见图3-3）。

这个模式不仅对小组动力的因素变项做了更细致的区分，也更精确地描述了各个因素变项之间的关系，如小组成员特性与小组情境之间的关系。小组成员特性决定了小组的性质，而这两部分又都是小组运作过程中的主要动力因素。领导者在利用小组挖掘组员的资源、带领组员沟通的过程中，实现了组员的改变和小组功能的改善。而组员的改变和小组功能的改善又给小组成员特性和小组情境带来影响。如此往复，实现小组的不断推进和成长。

通过以上对小组工作动力模式的描述与分析，小组工作者可以指导小组运作的整体轮廓，这对带领小组、把握小组运作的各种影响因素，从而顺利实现小组目标具有莫大的帮助。

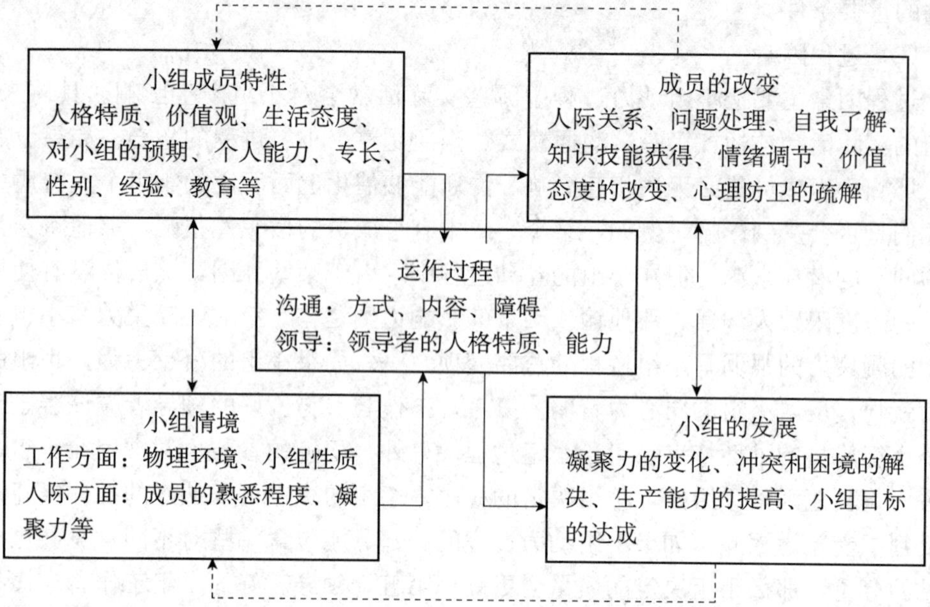

图 3-3　徐西森的小组动力因素及流程模式

案　例

吉姆是一位社区精神健康服务计划的社会工作者。他在一个法医门诊计划中提供个案和小组咨询，他的服务对象都有严重犯罪的记录，其中大部分人在监狱服刑。这个服务计划的目的是协助服务对象处理自己的精神健康问题和滥用药物问题，而这些问题是导致他们犯罪的主要原因。

吉姆带过一个有严重暴力行为的女犯人小组。小组有 10 名组员，吉姆则希望自己的小组只有 8 名组员。尽管这些组员是在司法机关的强制要求下来参加小组治疗的，但是还是常常有组员缺席。这个小组之前开展过 5 次活动，是一个开放式小组，当然，真正的组员流失率是比较低的。很多时候，只有 5～7 名妇女参加小组活动，有 4 名核心组员参加了之前的每次活动。

在每个星期开始小组活动时，吉姆都会问问这些妇女的情况怎么样，是否有人愿意谈谈自己上个星期的情况。他相信，这样会协助组员培养自己对小组治疗的控制感。在最后的两个星期中，针对他的提问，组员们都避而不答。他觉得卡罗尔想发言，但是欲言又止。他想起来几个星期之前，当卡罗尔谈到自己的乱伦经历时，讲到一半她突然闭嘴了。当她闭嘴时，她避而不看小组的左边，而那边正好有个组员正微笑着瞪眼看着她，吉姆觉得这非常奇怪。

吉姆决定让组员们一起来回顾她们的行为，分享一些信息，以减少小组聚会时的紧张。吉姆决定首先从自己开始，最后由吉尔结束，吉尔就是那个对卡罗尔瞪眼的妇女。吉姆给了组员一个 1～10 分的量表，请组员根据自己的感受和表现来打分。10 分是最棒，1 分是最糟糕。小组中大部分妇女给自己的评分为 3～6 分，非裔美国妇女托米卡患上了双相情感障碍，她给自己打了 2 分。吉尔给自己打了 9

分。等一轮组员汇报结束后，吉姆问托米卡，她是否愿意跟大家说一说自己为什么给自己打这么低的分。吉姆注意到有几名组员都看着吉尔，并且她们都不安地坐在椅子上。在决定是否要跟大家分享自己的感受之前，托米卡好像也看着吉尔。吉尔马上说："哦，我想我们最好不要问人们过去一周经历的糟糕事件，我是说，我上个星期很愉快，我想我可以跟大家谈谈。我们为什么总是把注意力放在'垃圾'上呢？我是说，我也经历过很糟糕的事件，但生活就是这样的。我们为什么总是要喋喋不休地谈论这些不开心的事呢？你也是知道的。"吉姆感谢了吉尔首先发言，并告诉她自己理解她对讨论负面事件的感受，这会很痛苦，但他相信，有时候人们也需要把垃圾情绪发泄出来，或者可以听取他人的建议和反馈，这样大家才有机会改变。年轻的非裔美国妇女贝兹曾经遭受过性侵犯，这时她突然失控大笑。她说，上个星期自己经历了最可笑的事件，刚才吉尔的话让她想起了这件事。她从椅子上站起来，然后模仿了自己的一个朋友。接着卡罗尔开始哭泣。吉尔站了起来，离开了小组。于是，吉姆要求其他组员站起来，放松了几分钟。他说，他感到小组正在经历一个艰难时期，非常有必要弄清楚到底发生了什么事。他问小组成员，是否可以花几分钟的时间来静坐，清理一下自己的思绪。吉尔和贝兹坐了下来，整个小组陷入了沉默。（案例摘自《小组工作导论学生手册》，里奇·福尔曼编，2010）

请运用本章介绍的小组动力模式中的任一种分析该小组，并思考如果你是吉姆，你将会怎么做？

复习思考题

1. 了解小组动力重要的相关理论。
2. 小组动力的含义和作用是什么？
3. 小组的主要动力因素是什么？这些因素如何相互作用形成小组的动力过程？
4. 小组动力的来源包括哪些？
5. 杨极东的小组动力基本模式是什么？

推荐阅读书目

1. COREY G，等．团体技巧．台北：扬智文化事业股份有限公司，1998.
2. 黄慧慧．团体辅导工作概论．台北：张老师文化事业股份有限公司，2001.
3. 李郁文．小组动力学：小组动力理论、实务与研究．台北：桂冠图书公司，2001.
4. 刘梦．小组工作．北京：高等教育出版社，2003.
5. 吕新萍，等．小组工作．北京：中国人民大学出版社，2005.
6. TOSELAND R W，RIVAS R F. 小组工作导论．5 版．北京：中国人民大学出版社，2010.

第四章

小组领导

本章要点

- 小组领导是一个互动、交换、转变的过程。在此过程中，有人被允许去影响、激励其他人，以促进小组及个人目标的达成。
- 从任务角度来看，小组领导者是小组工作的启动者，协调者，摘要说明者，信息意见的征询者、给予者与诊断者。从过程角度讲，领导者扮演着气氛的缓和者、鼓励者、时间的调配者、沟通的促进者、执行者、过程的观察者、调停者等角色。
- 小组领导方式分为专权式、民主式和放任式三种。其中，民主式与社会工作的基本价值接近，是小组工作最广泛采用的领导方式。
- 领导者为了达成小组目标，发展小组动力，促进成员互动，提升学习效率，必须适当运用各种技巧，包括初级层次和高级层次的技巧。
- 小组领导者的专业训练应采取实务型专家训练模式，包括理论学习、实务经验和个人成长三个方面。

关键概念

小组领导；领导角色；领导方式；领导技巧；小组领导训练模式

领导者的角色是小组结构中最重要的角色之一。小组的效能在很大程度上取决于成员如何被带领及小组如何被导向目标。如果没人在小组里引导、整合成员的各种活动和行为，有效的小组行动就很难产生。而这个人往往就是小组的领导者。小组工作的领导者常被称为小组长、组织者、工作员、训练员、负责人、治疗师、咨询员等。尽管不同形式、不同目标的小组工作对领导者的要求不同，但从总体上看，领导者在小组工作中始终起着组织和指导的核心作用。基于此，本章将重点介绍小组领导者的基本功能和角色、专业伦理、领导方式和素质、领导技巧及成为合格领导者所需的专业训练。

第一节　小组领导概述

一、小组领导的含义

要严谨地定义小组领导并不是件容易的事，并且不同的学者、专家各有不同的定义，它们既可能有重叠、相同的部分，也有彼此差异之处。例如，史托迪尔认为："所谓领导，是指影响一个组织团体活动的过程或行动，这些行动促使整个小组建立共同追求的目标，并完成小组的成就。"[①] 依照这个定义，每一个小组成员都具有或多或少的领导功能，只是在一个小组里，成员的相互影响程度各不相同，有的只能影响少数的人，有的却能影响小组中的全体成员，而所谓的领导者就是在小组中影响力最大者。

汉非尔和科斯在俄亥俄州领导研究中提出了九项领导行为的基本向度：(1) 具有主动精神；(2) 具有小组成员身份；(3) 要有代表性；(4) 要有整合小组的能力；(5) 要能通过组织运作来策划工作项目；(6) 要有支配的能力；(7) 提供讯息的沟通；(8) 必须获得小组成员的认可；(9) 要能提高小组的工作效率[②]。

而杨格认为，只要有被人认可的领袖品质，且在一般水准之上，就都有可能成为领袖。其实，个人并不因具有某种特质而自然成为领导者，领导者所具备的特质一定要配合小组一般成员的特点、活动及目标才行。[③]

本书采用多纳森的定义。他把"小组领导"定义为一个互动（reciprocal）、交换（transactional）、转变（transformational）的过程。在此过程中，有人被允许去影响（influence）、激励（motivate）其他人，以促进小组及个人目标的达成。[④] 这个定义揭示了小组领导的五个重要特征：

(1) 小组领导是相互的过程。小组的三个重要层面即领导者、成员和小组环境，三者互相影响。领导者的领导会影响成员的参与、小组的气氛；成员的行为动机也会影响领导者的行为。因此，小组领导是一个流动的动力过程，包含了上述三个元素间的不断调整和适应。

(2) 小组领导是一个交换的过程。领导者和成员付出他们的时间、精力，以获得财物、社会和精神上的报酬。

(3) 小组领导是一个转变的过程。领导者在小组中激励成员的动机和信心，使成员由缺乏动机、缺乏信心变得自我肯定、自动自发；同时，领导者在小组工作过

---

① STOGDILL R. Handbook of leadership. New York：The Free Press，1974.

② 宋镇照．团体动力学．台北：五南图书出版公司，2000：204.

③ 同②.

④ FORSYTH D R. An introduction to group dynamics. Pacific Grove. CA：Brooks/Cole Publishing Co.，1983.

程中改变成员的观念、价值与想法等。

（4）小组领导是合法影响的合作过程。在大部分情况下，小组领导的权力是小组中的某些或全部成员自愿赋予领导者的。当然，在很多机构或学校所办的小组中，领导者是事先由主办单位授予权力的，基本上都具有合法的身份。

（5）小组领导是目标追寻的过程。领导者组织、运作小组，激发成员的能力，努力地向个人及小组的目标前进。

此外，多纳森的定义是从两个视角，即“小组领导是一个过程”和“小组领导是一个主体”，来理解小组领导的含义的。这符合通常意义上人们对小组领导的理解。其实，人们在使用“小组领导”这个概念时，通常有两个含义。一是“小组领导者”（leader），即在小组运作过程中，负责组织、带领和引导小组成员走向和达到小组目标的那个人。二是“小组领导”（leadership），指小组的领导过程，如采用特定的组织方式，使用一定的小组带领技巧来催化小组趋向小组目标的进程等。

批判性思考问题：

领导才能是极少的人才具有的特殊才能吗？

二、小组领导的权力

虽然领导和权力经常被联系在一起，但它们并不是同一事物。“权力”是影响他人的潜能。小组中拥有权力的人不一定是小组的领导者，除非他用权力影响他人。不是所有有权力的人都会选择成为领导者，但所有的领导者都必须有权力基础。

批判性思考问题：

领导是控制他人的权力吗？社会工作者作为领导者，其权力来自哪里？

社会工作者的权力来自两种途径。①

一是被赋予的权力。社会工作者的权力可能是小组成员或社会工作者的同事、上级、机构以及小组外更大的社会系统所赋予的，这种赋予基于对社会工作者能力的肯定。有很多因素会影响别人对社会工作者能力的看法，包括：

（1）专业地位和在组织中的位置；

（2）经验；

（3）界定角色；

（4）服务费；

（5）资源的渠道；

（6）认为小组的成功或失败是小组领导的结果。

二是实际的权力。社会工作者可能用自己的资源去影响人们改变小组内部或外

---

① 何洁云，谢万恒．社会工作实践：小组工作．香港：香港理工大学应用社会科学系，2002：72-73.

部的条件，其实际的权力来自：

（1）与有影响的人联系；

（2）知识和技巧；

（3）能接触到别人认为有价值的信息；

（4）因他的位置而赋予的权力；

（5）个人品质；

（6）奖赏和惩罚的运用等。

社会工作者在小组内外使用权力。在小组内部，社会工作者会引导小组动力和个别成员的改变。例如，可以利用面谈或其他方法，给小组成员提供有关小组、领导者或者小组以前的成功经验等信息。当小组逐步发展，工作者成功使成员个人和小组达到目标时，就增加了他的实际权力。在小组之外，工作者可以为了给小组争取更多资源而努力影响机构或社区。但权力使用不当会造成不良后果，如强迫学生参加某些活动会带来敌意、反抗和不出席小组会议等。

学习活动：

这个活动将使你增加被赋予的权力。

假设你是一个小组工作者。小组的目标是帮助青少年解决与家长的冲突。在小组前期或小组的第一次聚会上，你怎样介绍自己？你解决这个问题的个人经验，以及成功解决问题的可能性是怎样的？

三、领导者的角色

根据哈佛大学社会学家贝尔斯的观察与研究，小组需要领导者，主要有两个理由：一是指挥分配各种任务，并且监督工作的进行；二是支持小组成员的和谐关系，维持小组发展进程[①]。前者注重以指挥达到目标，称为“任务导向领导”，又称“工具导向领导”。后者是为了维持有助益的人际或小组气氛，注重小组过程的维持，称为“社会情感导向领导”。事实上，这两种类型正是小组领导者所扮演的两大最重要的角色。

（一）从任务角度看

从任务角度来看，小组领导者是小组工作的启动者，协调者，摘要说明者，信息意见的征询者、给予者与诊断者。

1. 启动者

小组领导者的首要任务就是扮演启动者的角色，规划小组的发展方向。作为启动者，其具体任务是正确地规划小组的目标，提出小组的任务及实现目标的方法和

① BALES R F. Interaction process analysis：a method for the study of small groups. MA：Addison-Wesley，1950.

手段。

2. 协调者

作为协调者，小组领导者的主要任务就是及时地处理与调整小组工作的各个方面，以更好地实现小组目标。领导者要协调各方面的利益，畅通信息沟通渠道，使上下同心，保持行动上的一致性，减少工作失误，提高领导活动的效率。

3. 摘要说明者

当小组目标和任务确定后，小组领导者要对其工作的性质及各项具体方案给予摘要和说明，使小组成员能正确地认识和把握整个小组目标，自觉地调整自己的行为。

4. 信息意见的征询者、给予者与诊断者

小组领导者不仅要积极主动地收集和征询各种意见和信息，还应通过向小组成员提供有效的事实和意见来提高小组工作的有效性。

（二）从过程角度看

领导过程即领导者制订计划、实施计划和实现小组目标的过程。小组内发生的很多过程会影响小组工作的有效性。从过程角度讲，领导者扮演许多不同的角色，如气氛的缓和者、鼓励者、时间的调配者、沟通的促进者、执行者、过程的观察者、调停者等。

1. 气氛的缓和者

在许多场合中，领导者都起着缓和气氛的作用，以避免极端行为的发生。当小组共同面对棘手的问题或一项重大决策，每个人都感觉到紧张不安时，如果领导者能富有激情地鼓励大家一起面对困难，激发起所有成员的自信心，就能缓和或消除紧张的氛围，产生集体安全感。当小组成员之间因为某种原因发生争执或者处于僵持状态时，领导者适时地出现往往能使矛盾得到缓解。比如关切的询问、适当的调停，甚至是严厉的批评和警告，都可以让小组成员感觉到领导者的关心与关注，敦促其以正确的自我意识来调节自己的行为，使小组成员之间的紧张氛围得到缓和。

2. 鼓励者

领导者的鼓励是一个小组达到目标的关键推动力。如果没有领导者的鼓励，那么一个小组会因失去动力而偏离方向，小组成员的积极性会难以提高，小组目标的实现同样会受到影响。作为鼓励者，领导者无论是对组员还是在组织工作过程中都起着不可或缺的作用。

3. 时间的调配者

小组的领导者需要对小组工作时间的分配及进度进行综合考虑并做出恰当的安排。为了提高工作效率，在时间的调配上，领导者可以集中精力做小组内最重要的事情，减少不必要的会议和书面报告，合理地制订工作计划并认真实施，将许多工作程序标准化。

4. 沟通的促进者

首先，在沟通的过程中，领导者要给人一种平和、友好、自信的感觉，消除组员与自己沟通的紧张感与窘迫感，起到真正的促进作用。其次，用一些非语言方式，如自然诚恳地使用眼神、手势、姿态等身体语言，去鼓励组员畅所欲言。最后，以积极的姿态倾听也会促进沟通的进行。

5. 执行者

领导者要对整个小组的工作进行客观把握，对偏离小组目标的行为或活动进行控制与监督，并加以适当的引导，以保证小组在实现目标的过程中能良好地运行，从而高效率地实现小组目标。

6. 过程的观察者

领导者应对小组工作中出现的各种情况加以洞察并分析，及时地找出小组工作中出现的各种问题，以便做出正确的调整。

7. 调停者

领导者有时也扮演调停者的角色，对小组工作过程中出现的各种纠纷或冲突进行调停，这里不做赘述。

学习活动：

了解小组领导的任务与过程角色：

1. 确认你目前参与的小组，简述此小组及其目标。
2. 回顾一系列的任务领导行为与角色，叙述你对小组的任务贡献。
3. 回顾一系列的过程领导行为与角色，叙述你对小组的过程贡献。
4. 哪些地方你还可以做得更好？

四、有效的小组领导者特质

虽然不能说哪一种类的人最适合做小组领导者，但具有某些心理-行为倾向的人，会更能发挥其角色功能。学者们一致认为，在小组工作中，最重要的并不是领导者的学位、资历、理论和技巧的纯熟程度，而是领导者本身的人格特征和修养，这些直接对小组的形态产生影响（见表 4-1）。

批判性思考问题：

一个好的领导者，应该是一个怎样的人呢？只有各方面都很优秀的人，才能做好领导者吗？

表 4-1　小组领导者的人格特质与小组形态的关系

小组领导者的人格特质	与小组形态的关系
成就动机	正向影响
适应性	正向影响

续表

小组领导者的人格特质	与小组形态的关系
敏捷度	正向影响
专业权威	正向影响
有吸引力	正向影响
外向	正向影响
自信心	正向影响
善与人相处	正向影响
情绪平衡	不确定
有朝气	不确定
能照顾人	不确定
反应快	不确定
支配性	负向影响

资料来源：吴秀碧．团体辅导的理论与实务．台北：品高图书出版社，2000：243.

肯尼思认为小组领导者的个性呈现八个显著的特征：勇气、诚实、创造力、自我了解、理解、行动取向、热心、人性化①。

林孟平提出成功的小组领导者需具备 11 项特征：（1）认识自己、接纳自己，拥有自爱和自信；（2）具有敏锐的自觉；（3）具有自我的肯定；（4）投入并参与；（5）个人协调一致，表里如一；（6）愿意做典范；（7）愿意接触和面对自己的需要；（8）清楚了解自己的价值观；（9）信任小组过程的功能；（10）保重自己，不断更新成长；（11）具有个人力量与勇敢。

宋镇照认为领导者必须具备领导的多面特质。在“人格特质”上，如忠诚、热忱、警觉、精力旺盛、有荣誉感、聪明、有小组精神、可信度高、自信、正直、勇敢、果断、有进取心、有创造力、有毅力、有决心等。在“社会特质”上，如老练、有同情心、有耐性、有威信、有权威、顺从、信任他人与自己。在“生理特质”上，如身高、体重、长相、穿着、血型等。②

黄惠惠认为小组领导者应具备：（1）对人关怀、有兴趣；（2）社会性高，即亲和度、助人性、社交性要高；（3）具备自我觉察能力；（4）具备敏锐的观察力；（5）具备个人的力量，即自信及勇气；（6）具备真诚的态度；（7）具备弹性，即不僵化，能以开放、包容的态度面对和接纳成员，并协助其发挥各自的效能；（8）具备沟通、协调能力。③

刘梦认为，领导者的个人特质包括：（1）自我觉察，自我了解；（2）自我接纳，自爱自信；（3）真诚，愿意自省；（4）敏感，能做出及时的回应；（5）温暖，具备关怀与尊重他人的能力；（6）信任小组过程与功能；（7）放松和幽默；（8）具

① REID K E. 社会团体工作．台北：扬智文化事业股份有限公司，1998：170－172.

② 宋镇照．团体动力学．台北：五南图书出版公司，2000：220.

③ 黄惠惠．团体辅导工作概论．成都：四川大学出版社，2006：104－105.

备勇气和个人的力量。[①]

现代社会是复杂多变的，并不是具备了上面的素质就一定能成为优秀的小组领导者。小组领导是一个富有挑战性而又生动现实的行为过程，要想成为真正的领导者，还需要领导者在具体的实践工作中不断地学习、总结和自我调整。

学习活动：

思考小组领导者应该具备的特质：

1. 每名学生写下三位你认为有领导特质的人的名字，可以是企业家、政治领导者、宗教领导者、教师、亲朋、认识的人等。同时，写下他们的领导特质。

2. 进一步思考三位领导者有哪三项相同的特质。

3. 与其他成员讨论。

（1）领导者有哪些特质？

（2）领导特质是天生的吗？

（3）你最欣赏哪些特质？

五、小组领导方式

小组领导方式，是指领导者在进行领导活动时对待成员的态度和行为表现。由于小组性质不同，领导者个人习惯不同、人格特质不同、辅导理念不同，往往会出现不同的领导方式。勒温、怀特和李比特认为可以把小组领导分为专权式、民主式和放任式三种。[②]

专权式（autocratic）的小组领导方式是指，小组领导者以"权威""专家"自居，将推动小组的主要责任扛在自己身上，小组的动力大都围绕小组领导者产生。这种风格的领导者在小组初期似乎能够降低小组的焦虑，但始终如此，常常会损害小组成员的互动，限制组员的参与和共享。

民主式（democratic）的小组领导方式是指，小组领导者尽量承担推动小组的责任，鼓励组员参与和各尽所能去分担和完成小组的任务。这种风格的领导者将自己视为小组发展和组员成长过程的促进者，因此，他会更多地使用澄清、综合、反映和过程分析等技巧，帮助小组向着共同制定的目标前进。由于这种风格与社会工作的基本工作价值接近，因此，它也是小组工作最广泛采用的领导方式。

放任式（laissez-faire，free-rein）的小组领导方式是指，小组给予每一位组员最大限度的自由去决定小组的目标和方向，小组领导者是其中的一员，其权力、责任和参与度与其他组员没有区别。此种方式最大限度地赋予组员权力，但是，其风险在于可能会导致组员无所适从，小组失去目标和方向，从而造成效率低下，甚至有解体的危险。

---

① 刘梦．小组工作．2版．北京：高等教育出版社，2005：77－79.

② LEWIN K，LIPPITT R，WHITE R K. Patterns of aggressive behavior in experimentally created social climates. Joural of social psychology，1939（5）.

勒温系统地研究了这三种领导方式。他通过实验比较了三种领导方式在行为表现和工作效率上的差别：

首先，在行为表现上，专权式的领导方式导致成员敌意行为的发生次数远多于民主式的领导方式；在专权式领导下，成员的攻击行为容易转移到其他情景，当领导者离开时，攻击行为数量立即上升；在专权式领导下，小组中的弱小者成了替罪羊，有些人则成为小霸王，这种现象在民主式领导下很少发生。而放任式的领导方式对成员的需要不重视，无规章、无要求、无评估，人际关系淡薄。

其次，在工作效率上，在专权式领导下，小组依赖领导者，成员间互相攻击，对小组活动不满，产量高但质量差；在民主式领导下，小组对领导者依赖不深，成员间冲突少，喜欢提供意见，对小组活动满意，产量高且质量好；在放任式领导下，成员很少依赖领导者，但互相攻击，意见纷纭，对小组不满，产量低且质量差。结果证明，民主式领导更有效率。①

六、协同领导

协同领导是指在小组工作中，有两个工作者分享领导权，彼此响应，共同领导小组。协同领导一般有三种模式：

（1）新手模式。一个领导者比另一个有经验，前者担任掌控角色，后者主要观察和尝试做领导者。这种模式也称学徒模式。

（2）分担模式。这一模式强调领导者之间的平等分工关系，并无主次之分。但这并不意味着他们要做一样的事情。

（3）交替领导模式。这种模式又称分时段领导模式。如某次聚会由某一位领导者主要负责，下一次聚会则由另一位领导者负责；或者，聚会的前半部分由一位领导者负责，后半部分由另一位领导者负责。

协同领导有诸多优点。如小组成员能够得到更多的注意、了解和照顾；两位领导者可以彼此互补，可以彼此提供支持、反馈，能够一起讨论小组事务，能够互相督导，等等。当然，协同领导也有一些限制。如两位领导者之间不一定能达到良好的沟通、信任、尊重；两位领导者采取的理论、技巧不一定基本一致，甚至会彼此对立，不能相互接纳；存在演化为竞争关系和对手关系的隐患；可能会提高成本，尤其是对两位都资深的领导者而言。

批判性思考问题：

一个小组能否有多位领导者？有没有无领导者的小组？

在小组工作的实务中，协同领导者之间需要做一些协调，具体工作包括：

（1）在计划小组、选择组员和开始小组上，协同领导者应该共同参与小组活动，其责任应是相当的。

---

① 樊富珉．团体心理咨询．北京：高等教育出版社，2007：102.

（2）在小组开始前，协同领导者必须讨论彼此的期待、限制、长处和弱点，以及过去带领小组的经验和理论取向。

（3）对协同达成共识。

（4）每次小组活动后，必须安排时间讨论。[①]

知识窗

福尔曼指出，如果协同领导者之间的矛盾很深，则后果不堪设想。因此，工作者应该谨慎地选择协同领导者。下面列出了在决定协同领导小组之前需要与潜在的协同领导者认真讨论的问题：

（1）说明你的领导风格。你的风格是培养性的还是对质性的？你希望你是一个高调的领导者还是一个低调的领导者？你是喜欢自发行为还是坚持规划好的行为？

（2）说说自己作为领导者的优缺点。在领导小组时，让你感到最不舒服的是什么？

（3）说说你是如何看待人们的改变和成长以及你会怎样干预小组。如讨论你最喜欢的干预方式：通常你是迅速干预还是慢慢干预以等待成员参与互助？

（4）谈谈你对小组成绩的期望。

（5）讨论自己在小组中的角色。特别要讨论：你坐在哪里？你如何开始和结束小组？你如何安排自己的发言内容？你如何处理健谈成员和沉默成员？你如何处理替罪羊和守门人？你如何处理迟到和缺席的成员？

（6）说说在什么地方、在什么时候、以何种方式处理了你与搭档之间、与成员之间的冲突。

（7）讨论如何处理强烈的情绪表达，如哭泣和愤怒的情绪。

（8）如果你们两个人组成一个小组，那么是否有无法协调的地方？[①]

第二节　小组领导的技巧

领导者为了达成小组目标，发展小组动力，促进成员互动，提升学习效率，适时地采取某些方法、态度、策略或手段，都可以被视为“技巧”（skills）或称“技术”（techniques）的运用。

在小组辅导过程中，哪些属于技巧，哪些属于方法，哪些属于态度，甚至哪些属于领导者个人特质等，都不容易加以区分。例如，“沉默”（silence）在小组中可能是领导者的领导技巧、催化策略、处理态度、个人反应或人格特质等。因此，凡是有助于形成小组动力、运作小组发展的领导行为，均可被称为“领导技巧”。

---

① 福尔曼．小组工作导论学生手册．5版．北京：中国人民大学出版社，2010：115.

一、初级层次技巧

初级层次的领导技巧是为促进小组动力的开展，营造互动气氛，建立领导者与成员、成员与成员之间的关系而使用的技术。小组领导者使用初级层次领导技巧是形成小组辅导的一般性条件。主要的初级层次领导技巧可概括为：同理心、积极倾听、澄清、支持、解释、摘要、反映、发问、开启、反馈、非语言、催化等。

（一）同理心技巧

即领导者站在成员的立场去体会说话成员的感觉、需求、经验和想法等，不加入任何主观见解，可用假设性口吻响应，避免“鹦鹉学舌”的重述，从而获得共鸣性的了解并回应成员，以建立信任、关怀的小组互动关系。

批判性思考问题：

我们能进入案主的世界吗？如患有精神疾病的案主；一个意外遭遇交通事故导致肢体残障的青少年；一名年仅 23 岁，有三个子女，近期被诊断出患有胃癌的单亲母亲；等等。

案 例

成员甲：“有时候我感到很混乱、很烦，我不知道我下一步该怎么走，常常发呆。”

成员乙：“我也是，每次做了计划最后都不知道该不该做，我完蛋了。”

领导者：“甲，你好像感到很困惑，不知道未来该怎么办。”“乙，你与甲有同样的感受，心里非常担忧。”

成员甲：“是呀！我就像你说的那样……”

成员乙：“对！对！我……”

（二）积极倾听技巧

领导者通过生理、心理的专注与倾听，不涉入评价、判断，注意成员的一切反应，来掌握成员表达的语言与非语言行为（如眼神、表情、动作等）的真正内容，从而培养关注信任的气氛，充分尊重成员并让成员有宣泄的机会，鼓励成员自我开放、自我探索。

案 例

成员甲：“我经常失眠，每次到了睡觉时，我就告诉自己今夜又无眠了，我在想……”（眼光抛向领导者。）

领导者：“嗯！嗯！”（注视、倾听、表情自然、流露出鼓励的眼神。）

成员甲："我在想别人是不是也和我一样，我想自己大概是世界上最倒霉的人啦！别人不会像我这么惨，是吗？"

领导者：（以关怀的眼神注视甲，点点头，流露出同理的眼神。再将眼神环顾其他成员，做个充满鼓励地邀请发言的手势。）

成员乙："我有时和甲一样也会失眠，特别是遇到很大的工作压力时……"

（三）澄清技巧

领导者通过和成员之间的问答过程，掌握成员谈话背后隐含的情绪及思考的信息本质，特别是成员内心的混淆、冲突和无知，协助成员更具体、更正确地表达意见，从而对个人情况做进一步评估和探索，有利于对准主题焦点。

案 例

成员甲："我不知道要不要与他交往，我觉得他有点怪怪的，让我心里不舒服。"

成员乙："听起来，他会与甲交往，我也觉得怪怪的。"

领导者："乙，我知道你很关心甲，让我们来听听甲进一步的说法。""甲，你说他怪怪的，你愿意指出是哪些方面吗？个性、价值观或交往动机？……"

（四）支持技巧

当成员表达意见、小组动力出现正向或负向发展时，领导者应适时给予支持，特别是当成员分享个人内在深层次的感受与痛苦经验时。领导者的支持不是形式化的外交辞令，而是辅以非语言的专注行为及人性化的尊重，从而激励当事人增强自信，开创和谐的小组氛围，凝聚成员的向心力，并产生学习迁移和人际示范的作用。

案 例

领导者："今天甲的分享和大家的反馈，让我很感动，因为大家是那么用心，彼此关怀，互相信任，如同知心朋友一样……""现在让我们一起伸出双手与两旁朋友的手握在一起，每人简单地用一句话来分享此时此刻的感受。"

（五）解释技巧

领导者对自己、成员或小组提出补充性的说明，或对某些人的看法、情感与行为提供可能性的叙述，让成员有机会加以思考，从而化解小组僵局，刺激成员自我探索，引出新的观点和思考方向。解释技巧有三种应用时机：小组动力已形成，领导关系已建立；对问题有了了解或获得了足够信息；避免投射领导者自己的价值观、态度和感受给当事人。

案　例

领导者："今天有两位成员无故缺席，可能和上次小组讨论时他们的意见不被采纳，而且当时大家也没有给予支持有关。各位的看法呢？"

（六）摘要技巧

领导者将成员的反应或活动的内容，提纲挈领地整理并反映到小组内，使成员能获得学习和促进，避免小组过程陷入或形成零碎分散的现象，有利于小组方向的引导。

案　例

领导者："今天小组活动结束前，请每位伙伴针对这一次小组的经验做个简要的概述，并分享一下对自己而言最有意义的一句话或一个活动。"

成员甲："我喜欢小组的每个人，尤其是在'情绪气象台'的活动中，某某的反应令我很感动，我相信他未来必定拥有成功。"

成员乙："我看到自己在活动中可以表达得很好，我自己也觉得很惊讶。老师说得对，爱是解决人类问题的唯一答案，我真的发现我们小组的每一个人都有爱的能量。"

领导者："今天的小组活动目标是爱与自我激励，总共进行了三个活动：优点列车、情绪气象台、把爱找回来。刚才大家都分享了本次小组活动的感受，某某五人提到了个人生活感想来印证小组体验。某某三人分享了小组内的收获——一句话或一个活动。其他人也都说出了自己的感想，我也有很深的体会……"

（七）反映技巧

领导者将成员沟通的要点反映给当事人，以便当事人能检视自我。领导者既要表达自己对成员的了解，又要协助成员表达其无法完全以语言表达的部分，让成员知道领导者不仅在认真听，同时也了解他们内心的感受，这有利于领导者与成员的沟通。

案　例

成员甲："我觉得今天的小组很无聊，我不认为继续下去会有进步。"

领导者："你不想参加小组，因为你觉得无聊，而且继续下去也不会进步。"（错误反映）

领导者："你不想参加小组，因为你没有从活动中有所收获，你好像很失望。"（正确反映）

（八）发问技巧

领导者使用开放式语句有意探询成员的感受、经验与行为，以引导成员对自己行为的内涵与成因做自我探索。

案 例

领导者："甲，什么时候会令你感到失望？面对它，你当时有哪些反应？"

（九）开启技巧

在小组进行之初或当小组动力停滞时，领导者最好以语言、非语言行为及活动，带领小组进入互动交流的情境，从而提高成员的参与感，增加小组过程的效率。

案 例

小组成员刚结束期中考试时，每个人都感到非常疲惫，有些人精神不济……领导者："刚考完试，从你们的表情可以看出来大家很用功。为了彼此打气，现在请三人一组，甲、乙先帮丙按摩，配合音乐。来，来，一、二，一、二，……"

（十）反馈技巧

领导者应通过对成员行为的观察和了解，适时地做出具体与必要的反应，同时也要避免过度介入或中断成员的分享。这样做的目的是增加成员的自我觉察，协助所有成员自我开放，展现"社会我"的互动动力。

案 例

成员甲："我觉得自己很丢脸，经常做错事，有时努力去做，又被别人误解，我真是糟透了。"

成员丙："我也有这样的经验。甲，其实我还蛮欣赏你的自我觉察力，我有时还反应迟钝呢！没办法，这就是我。"

领导者："谢谢丙的分享，尤其是你能自我接纳，令人印象深刻。当然甲愿意把他的烦恼说出来，足以证明我们的小组是那么的温馨，相信他此刻也想听听其他伙伴的意见。哪一位愿意说说看呢？"

（十一）非语言技巧

领导者运用眼神、表情、距离、动作及姿态等非语言行为显示对成员的暗示和关怀，加强成员的示范性学习和自我开放。但运用非语言技巧时要慎重，不宜滥用、误用，必须考虑性别、场合、适用时机。避免专注于少数人，形成小组的派系裂痕或令成员产生特殊心态。

案　例

领导者正带着小学儿童进行“快乐成长营”活动，其中甲乙两位成员喜欢坐在一起，又私下打打闹闹，当其他成员讲话时，成员甲又不断发言打断……领导者在活动中有意地坐在甲乙之间。当其他成员发言时，领导者一方面面带微笑支持发言者，另一方面将手轻放在成员甲的肩膀或腿上，稍施压力，以暗示其安静倾听别人发言，再适时地环视其他成员，以眼神鼓励他们反馈。

（十二）催化技巧

领导者运用口语、非语言行为等带领活动，以协助小组“热场”和成员“暖身”，从而进入小组的工作情境。催化小组的具体方式有：协助成员表达其担心、恐惧等负面情绪；营造安全和接纳的气氛，使成员相互信任；邀请成员参加活动；减少成员对领导者的依赖，鼓励成员自我开放；当成员分享时，给予支持；鼓励成员，特别是小组内发生冲突的当事人公开对话、谈心；适时、适当地运用小组康乐活动。

案　例

某次小组聚会进行“生命低潮事件”的经验分享。领导者事先带领成员想象走入“生命时光隧道”，并借感性的语言及音乐来引导成员（注意音乐的选择、音量的控制，以及物理环境包括灯光等的布置）。

二、高级层次技巧

为了促进成员自我了解，开启动力性的发展方向，以达成小组的功能、目标，小组领导者宜配合小组发展的过程、对成员的了解、小组特定事件的出现等状况，适时运用高级层次领导技巧，避免小组停滞于支持性气氛里或成员沉溺于情感性互动中。高级层次领导技巧包括再陈述、保护、目标设定、建议、面质、立即性、沉默、自我表露、阻止、折中、联结、评估、设限、调律、整合等。

（一）再陈述技巧

领导者将成员说话的内容，运用不同的字词再响应一遍，以确认其意思。再陈述的目的是对成员提供支持。

案　例

成员甲：“我这次期中考试很用功准备，花了很多时间，甚至熬夜，但是考出来的成绩还是很糟糕。”

领导者：“你是说已尽力且花了时间准备考试，但结果还是不如预期。”

（二）保护技巧

领导者有责任经营安全的小组气氛，随时觉察小组中的各项危机，采取必要的安全性反应，使成员免于不必要的身心伤害、批评或攻击。当然，保护也不应过度，以免影响小组互动和减少当事人独立成长的契机。

案　例

成员甲正在失恋中，其他小组成员七嘴八舌，或关心，或看热闹，或好奇地询问甲。甲面露难色，甚至情绪不稳定，明显不耐烦……

领导者：“好像大家对甲很关心，很想帮助他。相信甲此刻的心情一定很沉重，不知道哪一位愿意先分享类似的经验，让大家参考一下？”

（三）目标设定技巧

领导者协助成员确立具体和有意义的目标，配合小组动力的发展制定阶段性的目标，以利于成员选择和澄清个人目标。

案　例

领导者：“好像我们在座的每一位伙伴都有课业学习的困扰，大家愿意利用此次小组来讨论一下有效的读书方法吗？”

（四）建议技巧

领导者通过提供信息、意见、方法和观念，来协助成员改变认知、态度和行为。但过度的建议或不当的意见可能引发危机。适当的建议有利于成员解决问题和掌握时效。

案　例

领导者：“甲，你愿意接受上周小组伙伴给你的意见，说说这一周来的情形吗？”

成员甲：“我试着和那名同学解除误会，但他还是不理我。”

领导者：“我知道你已经很努力地与他沟通，但显然效果不如预期那么理想。你想过交谈的时间、地点是否适当吗？同时，你是否曾听听他的意见？”

（五）面质技巧

领导者通过有意义的陈述和高层次的同理心，协助成员面对自我扭曲、否认、逃避和矛盾的行为，以促进其动力性的自我了解、自我探索。面质时应注意：面质要具体和正确；面质强调此时此刻，不是翻旧账；面质必须在关系建立之后进行；面质必须对成员有足够的了解，避免领导者个人成见，它不是一种惩罚；面质时态度要关怀尊重，表现助人的意愿。

案 例

领导者："你一直提到小组伙伴不支持你，老师可以了解你的心情。然而，当伙伴们想关心你时，你却表现出一副不在乎的样子，例如你低头，眼神朝向地板，不答话。同样，当别人讲话时，你也是如此。不知道你自己发现没有？你愿意说说看吗？"

（六）立即性技巧

领导者通过此时此刻的反应，以表达其感受、想法和行为，澄清领导者与成员、成员与成员、成员与小组之间的关系。小组中的每位成员都需要被照顾，要避免顾此失彼。

案 例

领导者："现在各位的沉默是在等待我的答案吗？我想小组是大家的，我也很想在小组中与大家一起成长，听听大家的意见，我们都是伙伴。对于这个主题，此刻有谁想说些什么吗？"

（七）沉默技巧

当成员沉默、思考或过度依赖时，领导者也可用沉默来响应小组，促使成员对上述不当反应产生自我觉察。例如，小组活动已进行了 6 次，成员习惯被动地等别人发言，此次领导者在邀请大家表达意见后，不再发声，静观其变，但还需观察小组成员的非语言行为。

（八）自我表露技巧

领导者选择适当的时机进行自我表露，建设性地让成员分享个人类似的经验、感受与看法。自我表露的内容应与当事人或讨论的主题有关，避免文不对题、反客为主，甚至情绪失控而挫伤小组动力。

案 例

领导者："甲、乙、丙等三人刚才提到，因父亲严肃或很少在家，自己与他关系淡漠，甚至害怕与他相处。我也有这样的经验，我小时候，父亲因工作关系经常不在家，一回来又喜欢指责我，所以我也不喜欢他，甚至认为他不负责任。等到我上了大学，第一次写信回家报平安，居然接到了父亲的回信，虽字数不多，但已令我惊讶。后来寒暑假回家遇到他，我经常和他主动说起在学校的点点滴滴，我才发现他原来也懂得很多，很关心我，他的内心很孤独，很需要家人的支持。我想，若当时我不主动写信、努力与他沟通，大概永远也不了解他，现在我们的父子关系也不会有所改善了。”

（九）阻止技巧

当成员出现垄断小组、攻击他人、干扰耳语、不当支持、闲聊、泄密、侵犯隐私等行为时，领导者必须运用语言与非语言行为加以制止，避免成员在小组中受到伤害。

案 例

领导者：“小组一开始就说好的，当有人发言时，我们要加以尊重，专注倾听。有意见须等待，等不了可先举手向当事人示意。”（正确阻止）

领导者：“甲，你说得太多了；乙，换你说。”（错误阻止）

（十）折中技巧

当小组出现强势成员、强势语言和意见时，领导者应以公平、中立的态度适当处理，给予成员充分且平均的发言机会，做到不偏不倚，以创造有效的沟通环境。

案 例

领导者：“听完这么多相似的意见，一定还有其他的看法，尚未发言的人愿意说说看吗?”“虽然刚才甲和乙的看法是有不同，但是各位可能和我有一样的发现——两人都不否认求学有利于充实自我，而不只是求文凭而已，是吗?”

（十一）联结技巧

领导者运用其敏锐的洞察力和反应力，有技巧地将成员之间表达的内容及有关的题材、人物、事件与小组目标相关联，有意识地组织成员的信息，特别是成员未觉察的片段信息，以利于成员重新检视个人的看法和经验。

案 例

成员甲：“除非对方是完美的，否则我不会轻易与他相爱。”

成员乙：“我交异性朋友是很慎重的，除非对他有充分的了解，否则我宁缺毋滥。”

领导者：“甲乙对两性关系的看法好像很相似，两位愿意说说你们的担心、考虑吗?”

（十二）评估技巧

领导者协助成员自己和教导成员如何衡量小组的进展与方向，增进成员更深的自我觉察。

案　例

领导者：“在本次小组活动结束前，让我们做一个小活动来评量自己在小组中的表现。等会儿请所有成员闭上眼睛，然后举起双手，从 0 到 10，用 10 根指头为自己在小组中的开放度、参与情形打个分数。10 分代表完全投入、参与，依次类推，0 分代表自我封闭、没有参与。我的说明是否有不清楚的地方?”

（十三）设限技巧

领导者规范小组共同行为与个人行为，使成员的行为有所遵循，进退有据，以有效地运作小组。

案　例

领导者：“今天我们要讨论如何提高班会的出席率，请大家充分发言。每人 5 分钟为限，请就事论事，勿做人身攻击，或涉及班级以外的事务。当别人发言时，请尊重倾听，勿私下交谈……”

（十四）调律技巧

当小组活动方向偏离主题、发展速度太快、成员不习惯或无法忍受小组气氛时，领导者应适时用语言、非语言、活动与情境安排调整小组进行的步调和方向，以改善小组气氛，提高成员的学习效率，协助成员发现小组的新方向，避免小组陷入盲点或成员钻牛角尖进入死胡同。

案　例

领导者：“大家都很关心甲的近况，不妨等他喘口气，再来分享。别忘了，刚刚乙的问题，我们好像还没有讨论完，似乎大家讨论乙的升学问题较多，大家愿意谈谈乙先就业的优缺点吗?”

（十五）整合技巧

每次小组活动结束前、小组讨论告一段落或整个小组讨论结束前，领导者应协助成员整理学习心得。整合时要兼顾意见整合与情感融合，同时结合小组内情境与小组外环境的学习迁移，并给予成员信心，创造一种自信的气氛，以协助成员成长、适应和发展。

案 例

领导者："今天我们进行了三个活动……我看到每位成员都用心参与，彼此支持，尤其是当大家分享'生命中的心情故事'时，我深深体会到甲、乙、丙的坚强和丁的勇气……相信这些坚强、勇气、智慧……一定可以帮助我们在未来取得成功。别忘了在生活中随时发挥你的潜能，各位一定能做得很好。"

学习活动：

根据自己对领导技巧的理解设计角色扮演的脚本，通过脚本开展角色扮演练习，从而准确把握领导技巧。

1. 分组：各学生小组彼此协商，将小组领导的初级层次技巧和高级层次技巧进行分类，分别负责若干个领导技巧的脚本设计任务。当然，教师也可设定若干讨论话题。

2. 各小组根据自己对领导技巧的理解来设计针对领导技巧的角色扮演脚本。每一个领导技巧都单独设计一份脚本。格式如表 4-2 所示。

表 4-2 领导技巧角色扮演脚本

领导技巧	联结：指领导者将成员之间的共同点提炼出来的方法。该技巧可以帮助成员减少分离的感觉，彼此之间获得更大的认同，建立更紧密的关系，增加小组的凝聚力。领导者不仅可以在成员对某一主题有相同或相似的看法时使用这样的技巧，还可以在成员有不同看法时，指出次级小组的共同点。
脚本设计	领导者："大家可不可以谈谈你来参加这个人际关系成长小组的原因？" 小 A："我觉得有点好奇，也许是既想多了解了解别人是怎么想的，也想多了解了解自己吧。" 领导者："小 B，你在点头、微笑。" 小 B："嗯，我也有这样的想法。我一直对人的心理挺感兴趣，很有好奇心，特别想研究研究我自己是怎么回事。因为我觉得有时候自己都不太了解自己。" 小 C："我觉得自己挺不擅长处理人际关系，希望能在小组里面学习一些人际交往方面的技巧。" 小 D："我也是这样的。我在生活中是一个不太主动与人交往的人，很希望能通过参加小组学习到一些有用的人际交往的技巧。" 领导者："嗯，小 A 和小 B 似乎想在小组中多了解一下人的心理是怎么回事，特别是希望多做一些自我了解。小 C 和小 D 则更想学习一些和其他人交往的技巧，更好地处理自己的人际关系。"

3. 在课堂上，各小组分别根据自己的脚本开展角色扮演示范，教师在每一次扮演后组织学生进行讨论和脚本修改，帮助学生准确把握领导技巧。

4. 课下各小组交流修改后的脚本，开展全部领导技巧的角色扮演练习。

学习活动：

领导力训练游戏：高空飞蛋

目的：训练小组成员的领导力，培养小组精神

形式：5个人一组为最佳，组成若干小组

时间：30分钟

材料：每组鸡蛋1个，气球1个，塑料袋1个，竹签3支，塑料匙及叉各两支，橡皮筋3条

场地：6层楼及楼下空地

适用对象：所有学生

游戏过程：

1. 工作者把上述所说材料发给每个小组，而后让学生在25分钟之后到6层楼的指定地点让鸡蛋落下楼，为了不使鸡蛋摔碎，可以用所给的材料来设计保护伞。

2. 25分钟之后，每组留一名学生在6层楼的指定地点放鸡蛋，其他学生可以到楼下空地观赏及检查落下的鸡蛋是否完好。

3. 鸡蛋完好的小组是优胜组，可以参加决赛。对于胜出者，工作者可以送一些小礼品作为奖励。

4. 讨论分享：

（1）在游戏过程中有何感受？

（2）是否满意小组的表现？

（3）成功与失败的地方在哪里？

（4）是否有一个领导者？他做了些什么？

（5）成员关于小组分工合作获得了什么新的启示？

（6）在小组合作过程中，大家的协调程度如何？

第三节　小组领导者的专业训练

小组工作是一个专业的助人过程，是一个极其严肃的工作，专业性强，要求高，领导者的态度和言行往往会对成员产生重大影响。未受专业训练的领导者非但不能促进成员的成长和改变，反而会使成员在小组中受到伤害。因此，小组领导者的专业训练是非常重要的。虽然每位领导者都希望自己是一位优秀的领导者，但小组领导者的养成与其他专业养成一样，不仅仅需要具备广博的知识，更需要有丰富的专业经验，这样才能担任小组领导者的角色，确保成员的利益。

一、小组领导者训练的基本模式

小组工作是实务性非常强的专业工作，小组领导者的训练也必然不同于一般的

科学家训练。科学家训练强调培养科学研究人才，重视专业知识、研究方法、统计分析等的学习。相较而言，小组领导者则应采取实务型专家训练模式，以社会工作相关理论为基础，在社会工作的专业价值理念和职业伦理的指导下，重点培养小组领导者的实务能力，培养能从事临床社会工作的人才。目前，关于小组领导者的训练大致包括三部分，即理论学习、实务经验和个人成长。理论学习部分包括小组工作相关的理念、理论和模式，小组动力，小组发展过程，等等，多采取讲授的方式介绍小组工作的定义、特点、功能、发展史、理论、理念、小组领导、沟通、冲突、凝聚力、小组发展阶段及小组评估等基础知识；实务经验部分则包括培训者作为小组成员、小组观察者、协同领导、实习领导、领导及督导等多个层次的一系列实务体验；个人成长则要求培训者可以通过自我反省、接受回馈等方式，培养小组领导者应具备的一些素质，比如可以接受个别辅导，从而学习处理自身未处理过的事项，增强专业自觉和自信。小组领导者应能将小组工作理论学习、实务练习与自我成长有机地结合起来，在实践中逐渐形成个人独特的领导风格，培养小组领导的专业素养与能力。

二、小组领导者的理论学习

小组工作作为一项专业工作，需要准备承担小组领导者工作的人在理论和知识上做好充分的准备。美国学校辅导员协会对小组领导者的知识背景做出了具体的规定，明确了一个小组领导者必须具备的知识结构由下列八个方面组成：

（1）人类成长和发展：包括人类行为和人格理论、生命历程等。

（2）社会和文化基础：不同文化生活方式、互动方式和社会知识。

（3）助人关系和助人过程的哲学基础。

（4）小组动力和小组辅导理论。

（5）生活方式和生涯发展。

（6）个人需要评估技巧。

（7）研究与评估技术。

（8）专业定向。[①]

1998 年 10 月，美国社会工作小组工作推广协会（Association for the Advancement for Social Work with Groups，AASWG）推出了小组工作的实务标准。这个标准包括：（1）小组工作实务过程中的核心知识和价值观；（2）小组工作每个阶段必须完成的任务；（3）完成每个阶段的任务必须具备的知识。[②]

中国台湾地区的徐西森指出小组领导者职前培训应包括如下相关课程（见表 4-3）：

---

① 刘梦．小组工作．2 版．北京：高等教育出版社，2005：22.

② 扎斯特罗．社会团体工作．台北：新加坡商圣智学习亚洲私人有限公司台湾分公司，2007：98-102.

表 4-3　台湾地区小组领导者培训相关课程

教育程度	序号	课程名称	学分
本科阶段	1	团体动力学概论	2
	2	团体咨询	3
	3	团体咨询实务	2
	4	团体工作概论	2
	5	小团体训练实务	2
	6	团体咨询评鉴	2
	7	游戏咨询	2
	8	团体方案设计与评估	3
	9	咨询活动方案设计与实施	3
	10	咨询活动教材教法	2
研究生阶段	1	团体动力学及其研究	4
	2	咨询与咨询研究	3
	3	咨询技术专题研究	3
	4	团体咨询实务	2
	5	团体咨询研究	3
	6	督导理论与实务	3
	7	团体咨询实务	2
	8	督导导论	2
	9	游戏治疗	2
	10	社会剧	3

资料来源：徐西森．团体动力与团体辅导．北京：世界图书出版公司，2003：98-99.

大陆也有一些学者指出，一个合格的社会工作者专业训练应该包括以下知识：

（1）社会科学和人文科学的背景训练：社会科学基本的学科训练包括社会学、心理学、职业伦理、逻辑学等基本训练。

（2）理论背景：心理学的咨询理论、人格理论、学习理论、社会学的系统理论、资源理论、小组动力学等。

（3）辅导技巧：个案工作方法和小组工作方法。

（4）研究方法：社会科学研究方法、小组评估方法等。[①]

三、小组领导者的实务经验

小组工作是一项非常具体且操作性强的工作，一个有效能的领导者的培训除了理论和相关知识学习之外，还应该有实际操练。徐西森提出，在领导者养成与训练

① 刘梦．小组工作．2版．北京：高等教育出版社，2005：22.

中，应该有完整的训练流程（见表 4－4）。

表 4－4　小组工作领导者实务训练流程

实际训练过程	具体内容与要求
小组成员	首先必须有多次作为小组成员参加小组的经验，去感受小组成员的心态、感觉，这样才能在带领小组时理解成员。
个案辅导员	必须具备个案辅导的经验，熟练掌握相关技巧并能运用到小组中。
观察员	通过此角色有助于观察到小组的过程发展、成员的各种反应及领导者的技巧，进而培养个人的观察力和敏感度。
见习领导者	选择一个小组，以领导者助手的身份进入，体察真正的领导者带领小组时应有的心理与行为，以及处理小组过程中各种现象的方法。
协同领导者	担任副组长，与一个有经验的小组领导者配合，共同带领小组，在小组过程中彼此反馈、相互讨论以提升自我的专业能力。
实习领导者	实际独立带领小组，同时有一个经验丰富的小组领导者担任观察员，或者有督导指引，这样既有助于专业提升，也确保成员权益。
小组领导者	自主带领小组。同时不断充实自己，加强在职培训，学习各种新的小组理论与技术，提高工作能力。

四、小组领导者的个人成长

个人成长是一个人在一生中要长期进行的一个过程，个人成长的好与坏直接关系到一个人的价值观，进而影响到辅导效果或职业发展。好的个人成长会潜移默化地影响工作者与案主的关系，并影响工作者的情绪、爱好、心态、人际关系等各方面。不管小组领导者是否情愿，个人的特质、价值观、社会经验都会被带到所领导的小组中去。而在小组过程中，领导者不仅要面对较多的成员，还要面对整个小组，处理多向的人际沟通关系；不仅可能面对不止一个成员的防卫和抗拒，还需要给予每个成员介入和关怀。显然，领导者仅有理论、技巧和经验是不够的，要想促进成员的发展，领导者自己必须不断成长。领导者应该清楚地了解自己是怎样的人、为什么是这样的人、什么因素和经历影响了自己、最适合自己的是哪一种理论与方法，致力于自身人格的提升，不断获得成长。也就是说，要通过自我体验的各种方法对自我进行探索，学习和掌握对自己身体、情绪、认知和行为表现的自我觉察，培养和提升自我觉察能力，建立清晰的自我概念，进而提升自我，达到个体的自我成长的目的。

小组领导者的个人成长至少应该探索以下三个方面。

（一）了解自己的人格

一般而言，优秀的小组领导者通常具有一些共同的特质，如同理心、人格成熟与统整、乐观积极、具有行动力、容忍不明确、有勇气、可以亲身示范、全心投入、能开放自己、真挚地关心他人、高度地自我觉察、有弹性、有幽默感、有创造力、真诚与尊重他人等。领导者应该了解自己的人格，了解自己的态度、价值观、偏见、情感以及作为对小组成员会产生哪些影响。

（二）了解自己的需求

领导者应了解自己的需求，以及注意成员的需求与需求满足状况。例如，为什么我在领导这个小组？从活动中我得到了什么？我的哪些个人需求因为我作为领导者而得到了满足？我是否从不利用我所领导的小组，从不以牺牲成员的需求为代价来满足我的个人需求？此外，要了解哪些激励因素可以成为有效的酬赏，哪些因素不能产生激励作用。

（三）了解过去的经验及其影响

小组领导者个人过去的经验，包括被领导以及领导别人的经验，都会影响到所带领的小组。例如，过去被领导的经验如何？哪些经验可借助并有利于对小组成员的正面激励？哪些经验是不利于领导作为的？过去带领小组的经验中有哪些是应该避免的？等等。

以下是一个小组领导者个人成长小组活动方案（见表 4-5）。

表 4-5　小组领导者个人成长小组活动方案

活动主题	快乐成长		
活动目的	培养同感力、同理心；探索自我；澄清自己的价值观；了解自己与父母的关系以及原生家庭对自己的影响；了解并化解因过往经历中的未完成事件而固存下来的情结		
招募对象	小组工作初学者（成员陌生程度越高越好）		
团队人数	6～10 人		
次数及时限	10 次，每次约 2 小时		
一、找寻方向	澄清学习动机、目标和发展方向。	分享学习心理学的动机、目的和心路历程，了解自己目前状态如何和今后的发展方向。	2 小时
二、同频共振	培养同感力、同理心，能设身处地感受他人的情绪、理解他人的意图并准确表达。	在具体事例中学习和培养同感的态度及能力，以恰当的方式表达自己的感受、理解与尊重。	2 小时
三、另眼观己	通过探索自我，建立良好的自我概念，培养敏锐的自我觉察能力。	学习和掌握对自己身体的、情绪的、认知的和行为表现的自我觉察，培养和提升自我觉察能力。建立清晰的自我概念。	2 小时

续表

活动名称	活动目标	活动内容	活动时间
四、探寻三观	澄清自己的价值观（包含生死观、婚恋观、性爱观等）。	探讨人生价值和理想；交流对生与死的看法和认识；讨论对爱与性、同性恋与异性恋等问题的看法和认识。	2 小时
五、爱之源泉	了解自己与父母的关系以及原生家庭对自己的影响。	回顾自己的成长历程及父母爱与教育的方式；探寻自己的亲密关系、依恋关系是否理想，对自己现在的婚姻家庭及人际关系有何影响。	2 小时
六、重温旧梦	了解并化解因过往经历中的未完成事件而固存下来的情结。	回忆自己没有获得圆满解决的既往情境，尤其是创伤或艰难的情境，在团队成员的帮助下予以解决。	2 小时
七、欢笑告别	活动总结、反馈，结束小组活动。	小组成员分享活动感受和收获，领导者总结和反馈。互相祝福、告别。	2 小时

复习思考题

1. 阐明小组领导的含义和社会工作者的领导者角色。

2. 有效的小组领导者有哪些个人特质？结合实际例子谈谈你的认识。

3. 结合实际例子分析你的领导方式属于哪一种类型。

4. 案例分析：一个刚参加工作的小组工作者在第一次带领小组前十分紧张，于是他去请教一个有多年工作经验的资深社会工作者老张，希望老张能给他一些立即可用的建议。老张告诉他："我刚做实务时也这样，不要过分担心。做好以下工作，你会没事的。第一，尽可能给予服务对象温暖、关心和尊重。第二，努力地倾听成员在说什么，如果你了解的话，那么让他们知道。第三，做你自己，不要躲在一个专业面孔的后面。第四，努力使服务对象专注于小组的任务，并鼓励每一个人说出他们的想法，当然包括你自己。第五，挑战小组成员，让他们说出他们真正的感受。"在这个案例中，老张的建议包括了哪些小组工作的技巧？

5. 提出塑造领导行为和改进领导效力的方法。

推荐阅读书目

1. 刘梦．小组工作．2 版．北京：高等教育出版社，2005.

2. 何洁云，谢万恒．社会工作实践：小组工作．香港：香港理工大学应用社会科学系，2002.

3. 吴秀碧．团体辅导的理论与实务．台北：品高图书出版社，2000.

4. 宋镇照．团体动力学．台北：五南图书出版公司，2000.

5. 黄惠惠．团体辅导工作概论．成都：四川大学出版社，2006.

6. REID K E. 社会团体工作．台北：扬智文化事业股份有限公司，1998.

7. 福尔曼．小组工作导论学生手册．5版．北京：中国人民大学出版社，2010.

8. 徐西森．团体动力与团体辅导．北京：世界图书出版公司，2003.

9. 扎斯特罗．社会团体工作．台北：新加坡商圣智学习亚洲私人有限公司台湾分公司，2007.

第五章

小组沟通与冲突

本章要点

- 两人或两人以上之间信息交流的行为称为沟通。沟通是一个人利用符号将意思转达给其他人的过程。其主要目的在于传递信息，交流感情，促进了解，协助建立一致的行动。
- 小组工作沟通的模式包括链式沟通网络、轮式沟通网络、"Y"式沟通网络、环形沟通网络、全通道式沟通网络；小组工作互动可分为领导者中心模式和小组中心模式。
- 冲突指客观存在的，人与人或群体与群体在某种目标或利益争议的情境下相互压制、阻挠乃至破坏对方行为，以实现自身目标的互动过程。它包含五个基本要素：冲突主体、冲突情境、感知状态、对立行为和互动历程。
- 在冲突处理的过程中，社会工作者只有在识别引发冲突的原因、明确冲突的过程、了解小组成员解决冲突的策略的基础上，才能正确选择解决小组冲突的方式。

关键概念

沟通；沟通方向；沟通模式；冲突；处理冲突的策略；消极行为的处理

第一节　小组沟通

沟通不仅是人际互动的一种基本形式，也是小组活动的基础，小组成员为了达到合作的目标加入小组。只有通过有效的沟通，小组成员才能建立关系、相互信任、相互协调，才能实现小组目标。

一、小组成员

小组工作的目的在于帮助小组中的个人，利用个人与他人在小组中的互动，促进个人的发展。在小组中，个人是组成小组的基本单位。

（一）小组成员的角色

小组成员组成了一个小组，每个成员在组内扮演着一定的角色。成员在组内扮演的角色可以分为四种：小组的发动者、小组的管理者、建议的提供者、小组的参与者。

1. 小组的发动者

在小组中，作为小组发动者的成员可以与社会工作者一同调动其他成员的积极性，促进其他成员参与小组的各个环节，推动小组的发展。小组的发动者一般是小组成员的中心，他积极主动，是社会工作者的协同者。

2. 小组的管理者

小组的发动者协助社会工作者推动小组的发展，小组的管理者则带头遵守小组规范，随时关注其他成员的行为，提醒成员约束自己的行为，使小组规范化。小组的管理者是社会工作者及小组的追随者，关心小组成员及小组的发展。

3. 建议的提供者

在组内，小组成员互为资源。成员需要接受别人的建议作为行动的参考，以利于自己的成长。成员也会对小组的发展提供自己的建议，这些信息和建议能够促进小组成员的发展。建议的提供者关心小组成员及小组的发展，在小组活动的过程中，对小组提出建议，促进小组发展。

4. 小组的参与者

相对于小组的管理者和小组的发动者，有些成员对小组的发动和管理不感兴趣，而是按照小组约定及社会工作者的要求被动地参与小组活动。小组的参与者一般较沉默，与其他成员沟通较少。

（二）小组成员选择的因素

小组成员的构成对小组目标的达成以及成员自身的问题解决和成长至关重要，因此，社会工作者在选择成员的过程中，应考虑一些重要因素。

1. 成员的年龄

不同年龄层的成员对团体有着不同的认识和不同的接受程度。一般而言，随着小组成员年龄的增大，社会经历的丰富，社会关系、对问题的敏感度会相应增加。不同年龄阶段的人具有不同的特质，适合不同的小组。按心理学对年龄阶段的划分，可以把小组成员的对象划分为儿童、青少年、成年人、老年人。

2. 成员的性别

小组的性别构成对小组的进程有很大影响。一般来讲，小组成员的性别比应当均衡，要避免性别比例悬殊。但是，也有的小组因为小组目标的差异性，会要求单一的性别构成，如离异妇女支持小组、中年男性支持小组等。

3. 成员面临的问题

成员所面临的问题，决定着小组工作目标的设置、小组发展的方向。在通常情况下，小组的问题具有同质性或同质性强，便于组员的沟通与相互支持。但是同质性过强，会使得成员对不同经验的体验机会和锻炼机会减少，不利于成员的成长。在实际的小组工作中，要根据小组目标的具体情况选择同质或者异质，治疗性小组以同质为宜，发展和成长性小组以异质、多元为宜。

4. 其他因素

（1）地域因素。社会工作者在选择小组成员时会考虑到地域因素，如果成员的居住地距离过远，就不便于将成员组织起来开展小组活动。（2）社会阶层。人们在社会经济结构中所处的地位不同，不同阶层的成员具有不同的价值观、兴趣爱好和行为方式，在组成小组时，社会工作者需要考虑社会阶层的因素。（3）受教育程度。个体受教育程度不同，对同一件事所持观点就可能不同，沟通方式就可能有差异，从事的行业也可能不同，这些差异促使社会工作者在选择成员的时候应该考虑受教育程度。

二、沟通的含义

（一）什么是沟通

两人或两人以上之间信息交流的行为称为沟通。沟通是一个人利用符号将意思转达给其他人的过程，其主要目的在于传递信息，交流感情，促进了解，协助建立一致的行动。在这个信息交流的过程中，信息从一个人（发出者），被传递给其他人（接收者），接收者要能理解信息的含义。

沟通的主要媒介是语言。语言沟通是建立在语言文字的基础上，以语言文字和语言声音为载体的沟通。语言沟通可以分为口头语言沟通、书面语言沟通和电子数据语言沟通。口头语言沟通是人们最常用的一种沟通方式；书面语言沟通运用的是书面文字的形式；随着现代社会科技的发展，电子数据语言沟通也逐渐成为重要的语言沟通形式。除了语言，非语言如肢体动作、面部表情、物体操纵（道具）等也是沟通中经常使用的。非语言沟通有其特性：非语言沟通随时随地出现；非语言信息总是成套出现；当语言信息与非语言信息不一致时，人们更倾向于相信非语言信息；非语言沟通与语言沟通一样有着不成文的规则，它规定了在各种情景下应该表现出何种行为才适当。

正确理解沟通，还需注意以下几点。

1. 6W 要素

What：我要沟通什么。

Who：我需要跟谁沟通。

Why：我为什么要沟通。

When：什么时候沟通比较好。

Where：在哪里沟通。

How：运用何种媒介进行沟通。

2. 沟通的不可逆性

我们不能对已发出的信息做任何改变，当信息的发出者对信息做出更改后，接收者可能会重新思考，但这也不能改变接收者对原有信息的接收。

3. 沟通是互动的过程

沟通的双方对沟通的过程在当时以及以后所产生的意义都负有责任。

（二）沟通在小组中的意义

沟通在小组中具有有效控制、激励、情绪表达和信息交流四种功能。

第一，小组沟通是有效控制的基本手段。只有通过沟通，才能了解小组成员存在的主要问题，才能采取相应的对策进行改善。

第二，小组沟通是激励的一种主要方法。通过沟通，小组成员可以获得小组工作人员与其他成员的支持与激励，激发他们的投入，提高他们的满意度。

第三，小组沟通是情绪表达的一种重要方式。对小组成员来说，沟通是一种自我表达的基本方式。小组成员可以通过沟通来表达情感，以与他人建立关系。

第四，小组沟通是信息交流的基本途径。小组的信息要传递，就必须通过相互沟通，通过沟通，可以获得有关外部环境各种变化的信息。

三、沟通的过程

（一）沟通中信息传递的过程

沟通是接收、传递与交换信息的过程。在一般情况下，沟通的过程包含以下要素：发出者（信息源）、编码、传递信息、通道、解码、接收者、反馈、干扰（见图 5-1）。

1. 发出者（信息源）

发出者（信息源）是试图发出信息的主体，他是信息沟通的发动者。

2. 编码

编码是信息发出者把自己的某种思想或方法转换为信息发出者自己与对方都能理解的共同符号的过程。编码者自身的技能、态度、知识和社会文化系统等都会影响和制约编码过程。

3. 传递信息

发出者将沟通的信息转化成符号、语言，并将其传达给对方。

4. 通道

通道是发出者与接收者之间信息流通的中介。通道有很多，可选择语言、非语

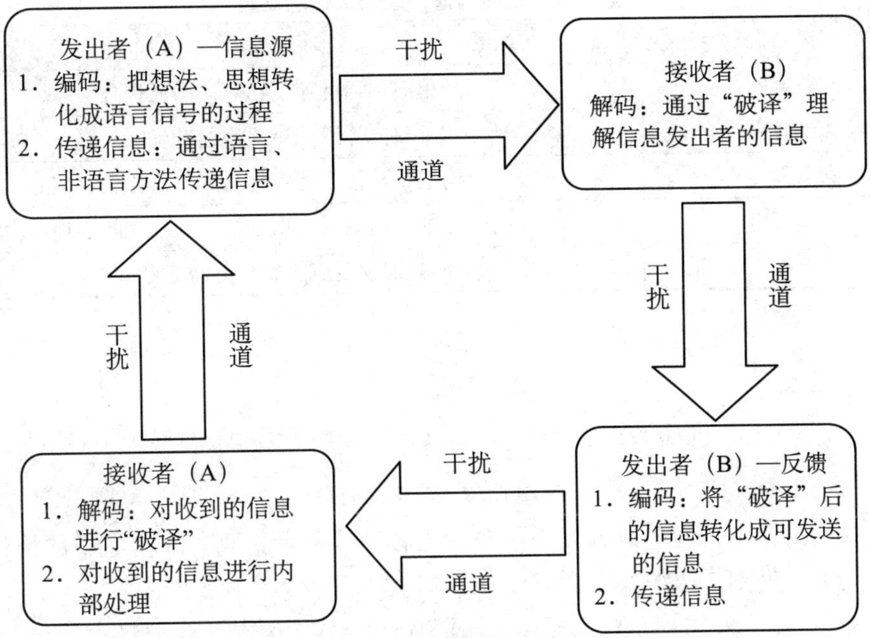

图 5－1　人际沟通的过程图

言等正式或非正式的传递渠道来进行沟通。

5. 解码

接收者对收到的信息内在化，对信息进行“破译”，理解信息。接收者有自己的价值观、经验、社会地位及关心的重点，对于收到的信息，接收者不仅会有“选择性接收”的情况存在，也可能错误理解信息，不能对发出者的信息全部接收。

6. 接收者

接收者对信息的理解程度受到个体的知识水平、态度、文化背景等方面的影响。

7. 反馈

反馈指信息的接收者将信息反映给信息的发出者，这是一个信息重新传递的过程，在此过程中可减少信息发出者与信息接收者之间对信息的误解，增进沟通。

8. 干扰

干扰是指会对信息发出者、传递信息、通道或信息接收者构成负面影响的因素，如发出者或接收者的个人态度、背景、经验，以及客观环境因素等。

（二）沟通的方向

从信息发出者与信息接收者之间的地位和关系是否互变的角度来考察，我们可以把沟通分为单向沟通与双向沟通（见表 5－1）。

单向沟通中信息的发出者只能发出信息，接收者只能接收信息而不会反馈，单向沟通无法了解沟通是否有效、所传达的效果如何（见图 5－2）。

表 5-1　单向沟通、双向沟通的比较

因素	比较结果
沟通速度	单向沟通的速度比双向沟通快
准确性	双向沟通比单项沟通准确
满意程度	在双向沟通中，接收者对自己的判断比较有信心
心理压力	在双向沟通中，信息的发出者常感到较大的心理压力
干扰	双向沟通易受到干扰，并缺乏条理性

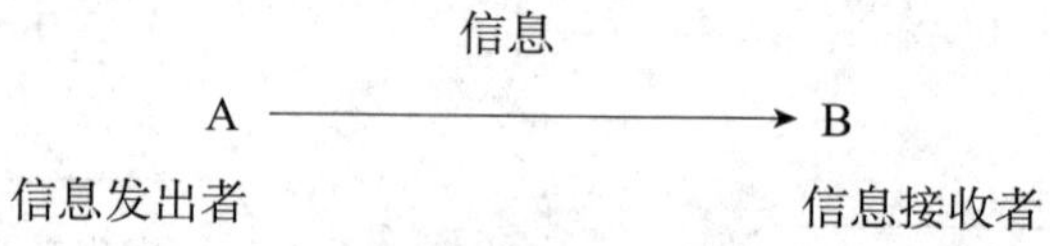

图 5-2　单向沟通

在双向沟通中，沟通双方互为信息发出者和接收者，双方在沟通中的地位处于不断变换中（见图 5-3）。

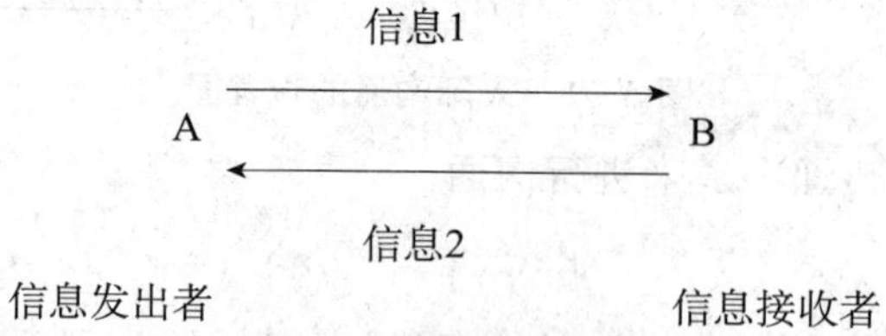

图 5-3　双向沟通

<u>学习活动：</u>

沟通的方向对沟通有什么影响？试通过以下游戏进一步了解沟通。

游戏规则：

（1）由社会工作者选择两张图片。

（2）从小组中选择一个人，先描述第一张图片，其他成员根据描述画图。接着描述第二张图片，其他成员可以对描述进行提问。

（3）当描述第一张图片时，画图的成员只允许听，不允许提问，即单向沟通。

（4）当描述第二张图片时，画图的成员可以发问，即双向沟通。

（5）绘图完成后，小组成员比较画的第一张图和第二张图的准确性。

四、小组工作沟通的模式

（一）沟通网络

小组的发展在不同阶段有不同的沟通模式，小组工作研究总结出以下五种主要的沟通模式：链式沟通网络、轮式沟通网络、“Y”式沟通网络、环形沟通网络、全通道式沟通网络（见图 5-4 和表 5-2）。

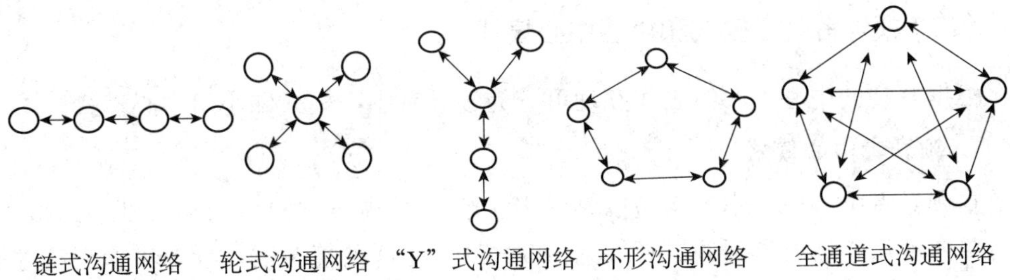

图 5－4　沟通网络图

1. 链式沟通网络

这是一种控制型沟通网络，小组成员之间只能往上或往下沟通，只能与相邻的小组成员进行沟通。这种沟通模式常出现在小组成立初期，信息层层传递，很容易失真，各个成员所接收的信息差异大。

2. 轮式沟通网络

属于控制型沟通网络，在小组中形成了领导与被领导的关系，只有一个小组成员位于沟通的中心，即各种信息的汇集点与传递中心。这种沟通网络集中化程度高，解决问题速度快，可加强小组控制，能有效地达成目标。

3. “Y”式沟通网络

属于纵向沟通网络，小组成员间出现了单线联系，只有一个成员成为沟通的中心媒介，在小组中形成了领导与被领导的关系，信息传递都是从领导者开始的。这种沟通网络集中化程度高，解决问题速度快。但是，处于被领导地位的小组成员满意程度低，信息沟通容易失真，阻碍小组的工作效率。

4. 环形沟通网络

属于封闭式控制沟通网络，每个人之间依次沟通，小组成员与周围成员沟通较充分，没有明显的领导者存在，领导与被领导关系不明确。小组中沟通渠道不多，成员具有比较一致的满意度，士气高昂。

5. 全通道式沟通网络

属于开放的沟通网络，所有小组成员都能充分沟通，彼此联系。组内没有领导与被领导关系，沟通渠道多，小组成员满意度高。但是，沟通渠道太多，易造成混乱，影响小组工作效率。

表 5－2　5 种小组常见沟通网络特点的比较

	集中度	速度	准确性	领导控制力	组员满意度
链式沟通网络	适中	适中	易失真	适中	适中
轮式沟通网络	高	快	高	很高	低
“Y”式沟通网络	较高	快	较高	高	较低
环形沟通网络	低	慢	低	低	高
全通道式沟通网络	很低	慢	适中	很低	很高

（二）领导者中心模式和小组中心模式

根据互动的中心，小组工作互动可分为领导者中心模式和小组中心模式。

1. 领导者中心模式

在领导者中心模式中，沟通以领导者为中心，沟通方向从领导者到小组成员，或者单向地从小组成员到领导者（见图 5-5）。在这种情况下，社会工作者往往会成为小组的领导者，易造成小组成员沟通不畅。

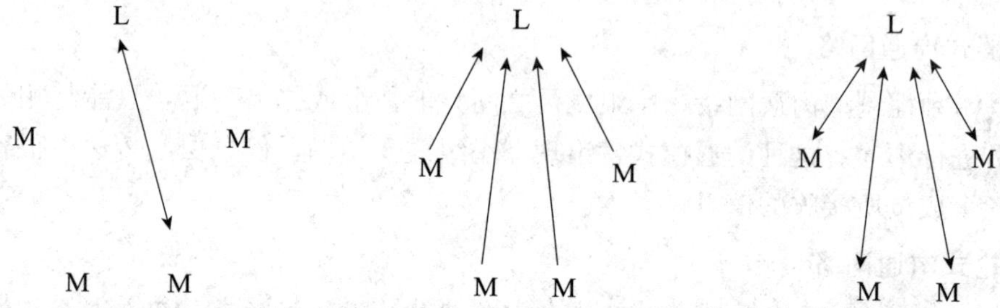

小组领导者与其中一个小组成员沟通，其他成员旁观　　每个成员与小组领导者依次单向沟通　　每个成员与小组领导者依次双向沟通

图 5-5　领导者中心模式

注：L＝领导者，M＝小组成员，→、↔＝沟通方向。

2. 小组中心模式

在小组中心模式中，各小组成员相互交流，相互影响，每个小组成员都有责任参与沟通，沟通自由（见图 5-6）。小组中心模式倾向于提高小组凝聚力，增加成员的参与度，在小组沟通中满足成员的社会情感需求，更好地促进小组目标的实现。但是，有些小组需要领导者控制小组；在强调效率、要求快速完成任务的情况下，也可以选择领导者中心模式。

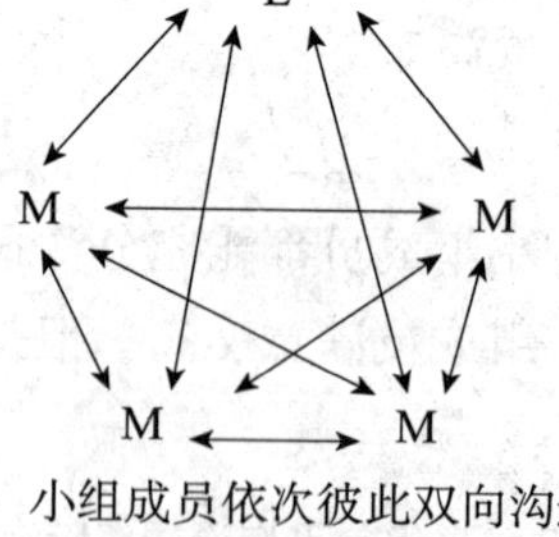

小组成员依次彼此双向沟通

图 5-6　小组中心模式

注：L＝领导者，M＝小组成员，→、↔＝沟通方向。

（三）次团体

次团体是由小组中的一部分人组成的，次团体成员沟通密切。社会工作者可以通过组内沟通分辨出次团体，次团体成员经常坐在一起，并且反复进行沟通。在小组初期，基于寻找伙伴、缓解焦虑情绪的需要形成了次团体。在小组中期，工作分工是形成次团体的主要原因。形成次团体的原因还有许多，如小组成员具有相似性、小组成员相互吸引、小组成员不一致等。

社会工作者要注意次团体的沟通，他们的沟通模式会对整个小组产生影响。当次团体的吸引力大于小组对他们的吸引力时，他们往往形成次团体内沟通，不愿与其他小组成员沟通，并且次团体成员内部的沟通会破坏整个小组的沟通。

学习活动：

根据以上学习内容，画出你所在小组的沟通网络图。

五、影响小组沟通的主要因素

小组内的沟通受到各方面的影响。一方面，信息沟通的主体——人作为不同的个体，差异性极大；另一方面，沟通过程受到客观因素，如小组的设置、组内座位的安排、组内的沟通模式等的影响。沟通中涉及的所有因素都可能导致沟通障碍的出现，下面介绍影响小组沟通的主要因素。

（一）信息发出者和信息接收者

信息沟通的主体——人的价值观、能力和知识、生活经验，对信息的选择和理解有影响。不同个体对信息的解码存在差异，对信息接收的判断、对接收信息的理解等，都会影响沟通。

沟通的主体出现沟通障碍的原因如下。

1. 认知层面

包括个体知识的差异、兴趣的不同、背景的差异、地位的差异等，以及对信息理解错误。

2. 态度层面

包括对沟通的对象存在误解、心情被其他事情困扰等。

3. 行为层面

包括信息发出者行为不当、接收者身体不适等。

案　例

秀才买柴的故事

有个秀才去买柴，对卖柴的人说："荷薪者过来。"虽然卖柴的人听不懂"荷薪者"（担柴的人）三个字，但他听懂了"过来"，于是他把柴担到秀才面前。秀才问他："其价如何？"虽然卖柴的人不太懂，但他听懂了"价"字，于是告诉了秀才价钱。秀才接着说："外实而内虚，烟多而焰少，请损之。"（木柴外表是干的，里面是湿的，燃烧时浓烟多火焰少，请减些价钱吧。）卖柴的人听不懂秀才说什么，于是担着柴就走了。

（二）客观环境

沟通时的客观环境会对沟通产生很大的影响，如选择室内还是室外、沟通双方的空间距离、沟通媒介的选择、房间的大小、座椅位置的摆放、噪声等，这些因素都会影响沟通。

除了物理环境，当我们处于人文环境中时，风俗习惯、职业环境、社会性别差异等因素也会影响沟通的效果。

（三）小组自身的原因

1. 小组目标设置及规模

当小组目标设置不同时，组员的沟通也存在差异。当小组目标设置简单时，沟通过程简单，沟通容易进行；当小组目标设置比较复杂时，组员要进行反复沟通，沟通较困难。小组规模对组内沟通也有影响。在一般情况下，小组规模大，组内沟通速度慢，沟通不充分；小组规模小，组内沟通相对更充分、有效。

2. 组内座位空间距离的安排

在组员自由选择座位的情况下，社会工作者可以从中看出组员的参与方式、各自的地位、领导模式及次团体。座位距离也会影响组内的沟通：距离太远，使沟通双方不能集中注意力关注对方；距离太近，会给沟通双方造成压迫感。

3. 组员在小组中的位置

在前面讲到的几种沟通模式中，明显地存在处于小组沟通中心的组员。当一个组员处于小组沟通的中心位置时，他往往与其他人沟通充分，容易调动气氛。

4. 小组的凝聚力

小组凝聚力弱，组员对小组的信任度低，彼此的沟通效果不好；小组凝聚力强，组员对小组的信任度高，小组氛围活跃，彼此沟通充分。

六、如何促进小组内有效沟通

（一）调整互动模式，改变小组沟通

社会工作者通过对小组的观察能够分辨出他们的互动模式，根据现有的互动模式，社会工作者可以保持、发展和改变互动模式。

（二）提高吸引力和发展目标

为了促进小组成员间的沟通，社会工作者可以选择具有相似背景、经历、兴趣

的成员，促进他们的互动沟通。随着小组的发展，小组目标也会渐进发展，社会工作者可以发展小组成员共有的目标，当小组成员为同一目标前进的时候，沟通就得到了促进。

（三）改变小组规模和环境安排

小组规模对小组互动模式存在影响，小组成员关系的复杂性随着小组人数的增多而增加，当小组沟通不畅时，可根据具体情况改变小组规模。在改变小组规模时，不仅要考虑小组性质是开放性小组还是封闭性小组，还要考虑小组成员的意见。改变小组内的座位安排、灯光设置、房间大小、物件摆放等环境安排都能改善小组的沟通。

（四）调整小组成员的权力和地位，恰当运用次团体

在组内，地位高的小组成员谈话自由，但是地位低的成员感受到压力，很少与组内成员沟通。社会工作者可以通过改变小组成员的权力和地位来改变互动模式。通过完成小组任务，使地位低的成员在小组内获得权力和地位。次团体在提高和降低小组互动方面都起到作用，社会工作者需要恰当处理次团体的作用。

批判性思考问题：

思考次团体在小组活动中的积极作用和消极影响。

（五）培养社会工作者个人素质

社会工作者要想很好地领导一个小组，与小组成员建立良好的关系，促进成员间的沟通，需要培养良好的个人素质。

1. 尊重和接纳小组成员

接纳意味着社会工作者应对小组成员保持宽容、尊重的态度，接纳小组成员的态度、意见和行为。

2. 在小组发展中注意小组成员的个别化

社会工作者既要关注整个小组，促进小组的发展，也要了解小组成员的特性，有差别地使用原则和方法去帮助有需要的小组成员。

3. 自我察觉

社会工作者需要有敏锐地察觉自己的角色和小组发展的能力，了解自己对小组的引导能力，了解成员的需求和出现的状况，及时做出正确的反应。

4. 同理心

设身处地地为小组、小组成员的发展着想，对小组及小组成员的情绪有正确的感知，及时做出反应。

5. 关爱小组成员

社会工作者要对小组成员表达出关怀、亲切、友善。社会工作者在与小组成员

的沟通中，要做到言而有信、表里如一和切实为小组成员保密。

6. 解决问题的能力

在小组发展进程中，会有很多状况发生，社会工作者要有解决问题和随机应变的能力。

（六）掌握良好的沟通技巧

小组内沟通能否顺利进行，很大程度上取决于社会工作者、小组成员自身是否拥有良好的沟通技巧。小组工作者在工作中要保持良好的沟通，需要注意以下几点。

1. 正确的沟通态度

采取不批评、非控制、平等的态度。

2. 专业技巧

（1）表达对小组成员的关注。当与小组成员进行沟通时，姿态、眼神等都能表达对小组成员的关注。

（2）恰当地使用语言技巧。当与小组成员进行沟通时，多用简单句，少用复杂句；多用描述性陈述，少用评价性陈述；多问开放性问题，少用封闭式选择。表达简单，易于沟通。

（3）积极地倾听和适当地回应。

3. 处理问题的技巧

敏锐地观察小组成员的情绪反应，并有效处理。

案　例

在某高校以大一新生为成员的适应性小组中，有一个女性成员每次都准时来参加小组，但是一直不与其他小组成员积极互动。社会工作者鼓励了几次，但效果不是很理想。社会工作者每次邀请她做分享，她都只回答“是”“否”这样的问题。如果你是社会工作者，你会怎么做？

第二节　小组冲突

一、冲突的含义与功能

（一）冲突的含义

冲突指客观存在的，人与人或群体与群体在某种目标或利益争议的情境下相互压制、阻挠乃至破坏对方行为，以实现自身目标的互动过程。它包含五个基本要素：冲突主体、冲突情境、感知状态、对立行为和互动历程。

在小组工作中，冲突也是常见的状况。它主要存在于小组内部的成员之间、小组次级系统之间、小组成员与小组之间以及不同小组之间。在小组资源有限的情况下，当小组目标实现与自身利益、任务类型与工作次序、兴趣与价值观念产生不一致时，认知情绪以及行为产生敌对与相互牵制，这时，冲突就产生了。例如，成员A想当小组领袖，成员B也想当小组领袖，当两人意见难以达成统一时，双方都会感觉受挫，小组沟通也会受到影响。冲突难以避免，其本质是一种争权行为。

（二）冲突的功能

在传统社会，直到20世纪30—40年代，冲突都被认为是破坏性的、消极的，它会破坏小组目标的实现。到了60—70年代，认为冲突可以避免的观点占据了主导地位。而在当代，越来越多的观点认为低水平的冲突能够为小组提供更多的创新思维和进步空间。

在社会工作的价值理念里，冲突不一定是有害的，它本身不具有破坏性。如果能恰当地利用冲突的正功能（见表5-3），那么冲突也会产生积极的影响。根据冲突性质以及冲突处理方式的不同，冲突对小组会产生积极或消极的影响。

批判性思考问题：

举例说明，在日常生活中如何利用冲突产生积极的影响？

表5-3　冲突的正负功能

冲突的正功能	冲突的负功能
（1）发现问题	（1）破坏气氛
（2）改良决策	（2）瓦解小组
（3）创新改变	（3）降低绩效
（4）加深了解	（4）阻碍沟通
（5）巩固团队	（5）本位主义
（6）鼓励投入	（6）影响身心

二、冲突的类型

小组冲突根据不同的划分方法可以分为不同的类型。

（一）根据冲突的社会性程度分类

（1）个体心理冲突：指小组成员在思想、价值、信仰等不相容或互相排斥的动机下形成的个体心理冲突。比如双趋冲突（又想当医生又想当律师）、双避冲突（和两个不喜欢的男孩约会）、趋避冲突（不想学习又担心挂科）。

（2）人际冲突：指小组成员间的个体冲突。产生冲突的原因通常有信息原因、沟通原因、价值观原因、利益原因、性格原因等。

（3）成员与工作者的冲突：小组成员对于工作者存在的角色表示不满，工作者与成员的对质也可能带来成员与工作者的冲突。

（4）小组间冲突：其形成的主要原因有组织原因、竞争原因、工作性质同一性原因和团队素质原因等。

（二）根据冲突的性质分类

（1）发展性冲突：指在同一目标上，小组成员由于观点想法的不一致而产生的冲突，它能促使小组寻找更多的资源对目标实现进行更彻底的研究。发展性冲突的特点主要有：小组成员对实现共同的目标都十分关心；在争论的问题上彼此倾听意见观点，推动实现小组目标的进程。

（2）破坏性冲突：指在目标不同时，小组次级系统或不同小组之间为了实现各自的利益，采用相互对立的方法与行为而发生的冲突。破坏性冲突的特点主要有：冲突双方仅仅顾及自身利益，不愿倾听彼此观点，甚至将问题的争论转为人身攻击。破坏性冲突不利于小组团结，并阻碍小组进程。一般来说，组织内部的团队之间需要适当的发展性冲突，尽量避免破坏性冲突。

（三）根据引发冲突的主要因素分类

（1）主观性冲突：指情绪性强于问题解决性的冲突。

（2）客观性冲突：指基于任务达成的不同要素或是因为相对立的思考模式而起的冲突。

三、冲突的处理

（一）识别引起冲突的原因

有效处理冲突的第一步是识别引起冲突的原因。在小组工作中，引起冲突的原因主要包括以下几个方面。

1. 目标冲突

小组从开始到结束，存在着小组目标、服务目标、小组成员目标以及工作人员目标四板块目标的整合。但这些目标不一定一致，不一致的目标是导致小组冲突的主要原因。

2. 资源竞争

小组内部在分配稀有资源（机会、信息、时间、权力等）时，总会按照小组进程、成员角色以及组织目标等因素进行分配，无法做到绝对公平。此时，资源分配的差异容易引起冲突。另外，小组成员在共用资源时，在具体的小组过程中会出现先后顺序的矛盾。

3. 行为期待差异

当相互作用的各方的实际行动没有满足对方的期待，或者与对方的期待相反时，很容易引发冲突。这是因为期待的差异所产生的冲突。

4. 沟通不畅

小组成员之间在目标、观念、小组角色等方面存在差异，如果沟通不够，或者沟通不成功，就会产生小组成员之间不必要的误解。小组成员对小组核心概念的理解不同，带来不同的小组期待与行为方式，可能影响小组活动的顺利开展。

5. 性格冲突

小组成员的性格差异，也可能带来对小组进程无实质意义的分歧。例如小组内安静的同学可能会对某些过于活泼的同学产生反感。

（二）明确冲突的过程

在识别引发冲突的原因后，就需要明确冲突发生的过程。一般来说，它分为以下几个阶段（见图 5－7）。

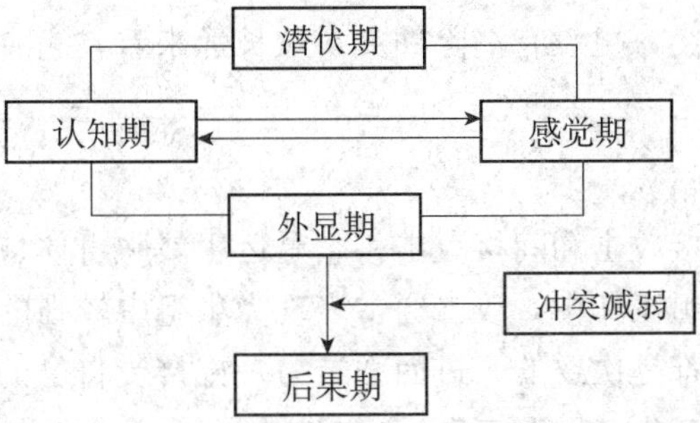

图 5－7　小组冲突历程图

1. 潜伏期

在潜伏期阶段，冲突的情境已经发生，但还没有引起小组成员的注意。潜伏期的冲突虽然不一定会演变成实质上的冲突，但却是引发冲突的必要条件之一。

2. 认知期

冲突发生的第二个阶段就是小组成员对潜伏期的冲突加以认知并感觉自己的利益受到了冲突的威胁。在此期间，个体如何将冲突的现象进行归因，决定了冲突是否会真实发生。

3. 感觉期

冲突到了感觉期，个体开始推测对方的意图是否会给自己带来冲击，并确定对可能发生的冲突采取何种应对措施。此时，任何一方都还没有采取任何行动，组内气氛越来越紧张。

4. 外显期

到了这一阶段，冲突各方开始采取行动，执行感觉期的意图。这些行动可能有攻击行为、拉帮结派、沉默抗拒以及寻求权威等多种方式。

5. 后果期

这时产生了由冲突行为引发的结果。它既可能是发展性的，双方达成统一意见，关系修好，促进小组的良性运行；也可能是冲突双方有意见争持不下，关系破裂，并再次发生冲突，阻碍小组进程的正常发展。

（三）了解小组成员处理冲突的策略

小组冲突是小组工作进程中难以避免的现象，在明确小组冲突过程的同时，社会工作者也要深入了解小组成员在处理冲突时可能运用的策略。一般来说，选择策略的前提是成员明白想要达成的目标与维持人际关系之间的关系。以下是社会工作者在长期的实践过程中总结的几个较为普遍的小组成员应对冲突的策略。

1. 撤退

撤退是最常见的一种冲突应对方式。它是指为了避免冲突，身体或心理上的抽离现象。小组成员首先是心理上进行撤退，进而在身体行为上进行显现，具体表现为停止争论、视而不见、放空甚至离开小组现场。虽然撤退是常见的方式，但这一方式没有试图处理冲突，更没有消除冲突，从长远来看，它有可能让冲突更加难以解决。

2. 攻击

攻击可以分为直接攻击和间接攻击，它是运用威胁身体、心理或其他行为来达到目的的方式。在小组工作中，攻击通常表现为小组中较强的一方认为组内人际关系和其他成员的目标都是次要的，进而强迫另一方接受自己的目标观点。从表面来说，攻击策略会暂时产生“胜利者”，但被攻击的一方会采取不合作的态度或暂时隐忍的同时伺机进行反击，最终造成“双输”的局面，最极端的情况是造成小组解体。

3. 适应

采用适应策略的小组成员通常属于小组中的少数群体，他们组内地位较为低下，非常看中小组氛围，不愿因为目标的不同而使小组发生冲突。他们经常选择的做法是牺牲自己的小组期待来达成组内和谐的人际关系。但是这种“舍己为人”的方式不一定是好的。原因在于，第一，应该从事实出发做决定，而不是为了小组氛围而放弃可能更好的想法；第二，适应的结果不一定是关系和谐，也有可能激怒对方，因为这种做法意味着迫使对方不能发表更深层次的看法，可能引起更多的冲突。

4. 妥协（相互让步）

妥协策略是在组内实力相当的冲突双方都为了整体目标的实现做出一定程度的让步，以便小组活动的顺利开展。采用妥协策略的人，既注重维护自己的立场，也愿意尊重他人的选择，在无法让所有人同时满意的情况下，相互让步，牺牲个人的部分利益，以达到冲突的化解。

5. 双赢

双赢策略是冲突各方在冲突的过程中通力合作，对小组目标、面临问题、解决方案等进行客观理性的分析讨论，以找到最佳的解决方式。这种策略需要冲突双方摒弃互不认同的旧观念，彼此信任与合作，坦诚面对与界定冲突的本质问题，重新选择并执行最优方案，从而获得“双赢”。

学习活动：

当与他人意见不一致时，你是否会采取以下策略来解决问题？通过不同的冲突处理方式，我们可以大致了解人们在目标达成与人际关系维持这两者之间如何进行平衡。请完成“冲突行为问卷”并统计得分（见表 5-4），看看你属于哪种类型。

1 分——从来不

2 分——很少

3 分——有时

4 分——经常

5 分——总是

(1) 对我来说，我比较喜欢息事宁人。

(2) 我会更深入发现双方的不同点，而不是立刻改变自己的看法或者强迫别人改变看法。

(3) 我认为，柔能克刚。

(4) 我奉信用以牙还牙的方式维护自己的权益。

(5) 发生争论时，我喜欢分析冲突的前因后果和解决策略。

(6) 我觉得，克制的人更值得嘉奖。

(7) 我认为，武力比说辞的效果更好。

(8) 我认为，左右逢源的人能让事情更平和地解决。

(9) 能争取到部分胜利比什么都没有要好。

(10) 我认为，真理掌握在少数人手中。

(11) 喜欢争论的人会每次都想要争论。

(12) 发生争论时，我喜欢掌握主动权。

(13) 我认为，可以用平和的方式说服对方接受我的意见。

(14) 我认为，如果双方公平互惠，就能顺利达成一致。

(15) 我认为，兄弟齐心，其利断金。

(16) 我不喜欢和与我意见不同的人共事。

(17) 我认为，坚持就能胜利。

(18) 我认为，好言好语更能化解冲突。

(19) 我相信好人有好报。

(20) 不固执己见才能有更多的合作与发展。

(21) 我不喜欢同喜欢争论的人交往，因为他们会让人变得锱铢必较。

（22）争论时，只要我站稳了立场，别人就会放弃他的立场。
（23）温柔相待能保持良好的人际关系。
（24）礼尚往来能加强彼此的联系。
（25）坦然面对冲突是处理冲突的前提。
（26）解决冲突的办法就是不让冲突发生。
（27）我一定会坚定地维护自己的利益。
（28）我认为，保持和谐比冲突更有利于发展。
（29）我认为，能争一点是一点。
（30）我认为，诚实坦率与信任能帮助排除万难。
（31）我认为，没有必要争个你死我活。
（32）我认为，世界上只存在成功者和失败者两种人。
（33）我认为，豁达大度比锱铢必较要好。
（34）我认为，退一步海阔天空。
（35）我认为，实践出真知。

表 5-4　冲突行为问卷得分表

撤退型	攻击型	适应型	妥协型	双赢型
(1) ____	(2) ____	(3) ____	(4) ____	(5) ____
(6) ____	(7) ____	(8) ____	(9) ____	(10) ____
(11) ____	(12) ____	(13) ____	(14) ____	(15) ____
(16) ____	(17) ____	(18) ____	(19) ____	(20) ____
(21) ____	(22) ____	(23) ____	(24) ____	(25) ____
(26) ____	(27) ____	(28) ____	(29) ____	(30) ____
(31) ____	(32) ____	(33) ____	(34) ____	(35) ____
总分____	总分____	总分____	总分____	总分____

将同一类的得分相加，比较各类得分，就可以初步判断自己解决冲突的类型。

学习活动：

在某人际交往小组中，有5个组员和社会工作者在讨论下一节小组活动。

A：我认为我们下周应该和社交班一起举办联谊晚会。

B：……

C：坚决不同意！为什么要由你来决定，我认为我们应该去郊游。

A：你这人怎么这样？

C：我就是不想让你自己一个人下决定，我觉得我的提议更可行。

D：可不可以……唉，我也没什么很好的选择，只要大家玩得开心就好。

E：这样吧，现在有两种想法，大家各退一步，下周去联谊，再下次去郊游，你们看怎么样？

B：你们决定吧。

社会工作者：我们讨论一下，B，你想做什么？

B：我觉得两种都还不错，但我更喜欢郊游。

A：联谊也很棒啊！

C：……

E：我有一种想法，要不我们把活动重新改为和社交班的同学一起去郊游，你们觉得怎么样？或者大家还有什么其他好的想法？

社会工作者：好！现在一共有三种意见，我们一起来做一个投票决定吧。决定之前，我们要考虑的是，我们是否搞两次活动？我们是否和社交班的同学一起搞活动？

A、B、C、D、E：好！

【思考】在上面的小组讨论中，包含着哪些处理冲突的策略呢？

（四）社会工作者处理冲突的策略

正如前面提到的，小组中的冲突是不可避免的，它是小组过程中的一个本质和必然的部分。面对冲突，社会工作者要在熟悉小组构成与发展情况的前提下，针对引发冲突的原因、组员面对冲突的反应，采用不同的冲突解决策略，让小组顺利度过冲突阶段。尤其要注意以下几点。

1. 保持沟通

在小组工作中，互动关系比个案关系复杂。在发生冲突时，小组往往会陷入一种争权的竞争情境。冲突各方为了实现各自的期望陷入对立状态。此时，首先，社会工作者要化解敌意，用避免强化冲突的叙述，表明愿意以各方都满意的方式解决冲突。其次，运用倾听、描述感觉、简述语意、维持正向沟通等方式，保持良好的沟通渠道，转化竞争情境，营造合作气氛。

2. 适当澄清和解释

在冲突过程中，沟通的情境变得混乱，观点在传播的过程中很容易被错解，从而导致组员的失望、生气、焦虑情绪。社会工作者应引导组员辨清存在的问题，让冲突双方对冲突有统一的定义；此外，对各方观点进行理顺和澄清，描述观察到的现象，并适当对组员的观点进行反馈与释义。在此阶段，社会工作者还需再一次对小组目标进行澄清，与组员共同讨论如何协调个人目标与小组目标达成一致。

3. 整合小组力量

在冲突期间，社会工作者要考虑整个小组的需要，而不能局限于冲突双方的需求。帮助组员认识到冲突会间接影响小组每个成员，把其他组员纳入冲突中，鼓励组员表达自己，发掘更多的解决冲突的资源。通过整合小组力量，小组可以提出更为中立与全面的解决策略。

批判性思考问题：

如何将整合小组力量的策略应用到你所处的工作团队的问题解决中？

4. 订立解决冲突的小组条约

为了避免冲突发展到一定阶段，产生组员尴尬、相互伤害甚至离场的情况，社会工作者要对冲突的解决设立基本的小组条约，规定可以忍受的冲突范围，以保护组员和维持小组发展。针对冲突的条约只有在冲突到达一定程度时才有意义。小组条约规定的内容可以包括：生气可以，但不能人身攻击；即使生气也不能中途离场；不将组内冲突带入生活；等等。

5. 冷静理性地应对批评

冲突不仅发生在组员之间，也可能产生于组员对社会工作者的批评与不满。面对组员的批评，社会工作者要有两种态度：冷静与理性。首先，不冲动地进行直接的辩解，保持冷静。然后，公正客观地面对冲突的主题，将问题带入小组讨论，让小组来共同讨论解决。

四、消极行为的处理

在冲突期间，小组结构可能面临“重整”，组员之间开始关注自己在小组中的权利与地位。在产生分歧、矛盾的同时，组员的情绪与行为也会发生相应的变化，会出现譬如沉默、多话、敌意与攻击、依赖等消极行为。在这种情况下，如果没有妥善处理，小组就可能面临解体的危险。为了小组的健康发展，社会工作者要进行有针对性的辨别与处理。

（一）沉默

面对小组冲突，部分组员会选择沉默，企图独善其身。沉默的类型多种多样，包括情绪型、思考型、怀疑型、茫然型、内向型和反抗型等。沉默的现象不利于组内资源的发掘，给活动进程带来困难。面对出现沉默的组员，社会工作者应该在分析造成沉默的原因和冲突的表现形式之后，选择是积极克服组员的消极状态，打破沉默，还是尊重他们的选择，给他们留下适当的心理准备空间；在观察到他们有表达观点的意愿时，再进行引导与支持。

（二）多话

与沉默相对的，是在小组冲突中表现非常活跃的多话组员。这一部分组员往往过多地表达自己的观点，以致占用了其他组员分享观点的时间与机会，容易导致其他组员的不满，也不利于冲突的快速解决。面对这一类组员，社会工作者不能直接打压他们的热情，而是要为小组的整体利益着想，在保护小组整体利益的同时，恰当地对这一部分组员的过分活跃行为进行暗示与约束，引导他们给其他组员预留表达的空间。比如，对分享的时间进行一定的限制，规定每个组员都享有分享的机会，等等。

（三）敌意与攻击

在小组冲突的权力争夺中，部分组员为了最大限度地争取小组权力，巩固小组位置，可能会产生一些针对其他组员的敌意与攻击行为。具体可以表现为质疑、取笑、打压、与小组不相关的语言攻击等行为，也可以表现为皱眉、摇头、翻白眼等不友善的肢体语言。这些行为会在很大程度上损害组员关系，甚至引发危机。面对这一部分组员，社会工作者应该及时进行阻止，让其保持冷静克制并有礼有节地表明观点，询问其对于冲突感到真正困扰的地方在哪里。必要时，社会工作者也可以利用小组条约对攻击行为进行制止。极端情况是让其脱离小组，但这是专业社会工作者最不愿看到的情况。

（四）依赖

这一部分组员具体表现为：自己不思考，完全听从其他组员和社会工作者的意见；只要出现问题，就马上向他人进行求助；把社会工作者和小组作为逃避问题的避难所；等等。面对这种情况，社会工作者要取消依赖者这样做是出于对自己的信任的观念，明确告知与鼓励依赖者充分发挥主观能动性，相信自己面对冲突的能力；并适时增加这类成员分享的机会，促使其积极寻找解决冲突的策略。不能忽略的是，有时组员依赖是由社会工作者过度掌控导致的。这时，需要社会工作者进行自我反思及调整。

批判性思考问题：

相比社会工作者过度掌控导致组员依赖，社会工作者不作为会带来哪些影响？

复习思考题

1. 有一个以中学同学为小组成员的成长性小组，成员中有男生、女生，其中一些是学生会成员。在小组开始时，社会工作者就强调不论是否有学生会职位，都遵循人人平等的原则。但是，这种领导关系还是影响了小组的沟通。此外，小组互动还存在的问题是，女同学不愿意和男同学进行沟通，沟通出现了严重的分化：一部分男同学、一部分女同学、一部分学生会成员以领导者的姿态发言。如果你是社会工作者，你会怎么做？

2. 沟通演练：给你一分钟，向同学们介绍你自己。看大家能记住你的多少信息。

要求：内容要积极向上；看你能否记住更多同学的信息。

3. 假设你带领的小组进行到小组中期阶段，原本和睦的小组成员对小组核心目标的界定产生了质疑，部分成员认为小组目标与个人目标不符，不想继续参与小组。作为小组工作者，你如何处理？

4. 小组冲突的影响和作用是什么？

5. 社会工作者解决小组冲突的策略有哪些？

推荐阅读书目

1. 林万亿．团体工作：理论与技巧．台北：五南图书出版股份有限公司，2005.

2. 雅各布斯，马森，哈维尔．团体咨询：策略与技巧．北京：高等教育出版社，2009.

3. 潘正德．团体动力学．台北：心理出版社股份有限公司，1997.

4. 帕莱格．团体治疗指导计划．北京：中国轻工业出版社，2005.

5. 罗杰斯．卡尔·罗杰斯论会心团体．北京：中国人民大学出版社，2006.

第六章

小组筹备

本章要点

- 要清楚地认识和寻找组员的真实需求，需要工作者能够对组员的需求进行系统评估，真正做到与组员“同行”。
- 必须将小组的目标加以概念化和操作化，使目标的内容明确、可度量、时间明确、切合实际、相融、独立，并以正面的术语写出来。
- 在设计小组活动方案时，需要考虑小组的理念、小组的目标、组员的构成、小组的特征、明确的目的、初拟的程序计划及日程、组员的招募计划、需要的资源（除资金外）、预料中的问题和应变计划、预算和评估方法。
- 在小组不同的发展阶段，方案设计与活动选择有不同的考虑重点。工作者应根据初期、中期和后期不同的小组动力特征，设计相应的活动内容。一般而言，每次小组活动的内容包括热身活动、主题活动和结束活动。

关键概念

需求评估；小组目标；小组活动方案

第一节　小组工作的主要阶段

一、小组工作的发展阶段

小组工作是一个动态的发展过程。对小组工作的发展阶段，不同的学者有不同的划分方法。[①]

① 李晓凤．社会工作：原理、方法、实务．武汉：武汉大学出版社，2008：159－161.

（一）四阶段说

塞伦与狄克曼将小组工作分为小组聚集期、挫折与冲突时期、维持时期和成熟时期。

塔克门从治疗小组的研究中形成了他的小组发展理论基础，然后又根据观察训练小组、实验小组以及自然小组等的经验，将小组发展阶段总结为形成期、风暴期、规范期、成就期四个时期。

（二）五阶段说

卡兰德等将小组工作分为熟悉与亲近、权力与控制、凝聚、差异和分离五阶段。

米尔斯认为小组的生命历程包括：（1）邂逅，即小组成员相遇的时期；（2）试探，指了解小组中的界限，以及塑造小组角色；（3）协调，指商讨出小组中的规范性系统；（4）生产，即共同执行小组任务；（5）分离，指小组面临结束的终止阶段。

（三）六阶段说

崔克尔认为小组工作包括：（1）开始阶段，即小组成员的第一次聚会；（2）初期阶段，即小组成员出现一些小组感觉、制订计划与方案的阶段；（3）早期阶段，即团队、目标与凝聚力的发展阶段；（4）中期阶段，即有强烈的小组感觉、目标完成的阶段；（5）后期阶段，即兴趣衰退、小组感觉降低的阶段；（6）结束阶段，考虑小组是否继续。

亨利认为小组工作包括：（1）发起阶段，即前小组阶段，社会工作者决定组成小组，并进行相关的准备，如公告、面谈等；（2）召集阶段，即进行第一次聚会，以及初期的试探与了解；（3）形成阶段，即小组建立人际联结，角色分工，小组规范形成，发展共同的目标；（4）冲突与失衡阶段，即小组的风暴期，小组整合权力与控制；（5）维持阶段，即小组归属感增强，稳定、有效地进行工作，治疗或完成任务；（6）结束阶段，即小组成员有效地结束自身功能的阶段。

在本书中，我们综合各派的观点，结合中国的实际，将小组工作的过程分为五个阶段分别进行阐述，即：

（1）小组的筹备；

（2）小组初期；

（3）小组中期（包括转换期和生产期）；

（4）小组后期；

（5）小组的评估。

当然这种划分只是理论上的提升或课堂讲授的需要，实际小组进程要复杂得多，还需要灵活处理。每个小组的发展都有其特殊性，没有一个完全统一的路径，小组发展阶段的划分只是提供给工作者一个小组发展的可能的方向。

二、小组筹备阶段

小组开始前的工作准备阶段称为小组筹备阶段，此时工作者处于中心位置，扮演着基本角色，处理各种大小事务。那么，小组筹备阶段具体需要做些什么呢？托斯兰德提出七个步骤：

（1）建立小组目标和目的；

（2）评估小组赞助和小组成员的潜力；

（3）吸收小组成员；

（4）组成小组；

（5）协助成员了解小组；

（6）订立契约；

（7）为小组环境做准备。[①]

托斯兰德勾画了筹备阶段的基本工作，何洁云在托斯兰德的基础上做了修订，另外增加了撰写小组计划书这一步骤[②]。刘梦则强调了需求评估的重要性，认为“工作者找到了案主的真实需求，确定目标就是‘水到渠成’的过程”[③]。本书在此基础上认为，小组筹备阶段要做的具体工作其实很多，结合具体的小组，有些步骤是不必要且可以省略的，而且不同的小组各有侧重。本书在此特别强调需求评估、目标确定、小组组合及小组活动方案设计等几个环节。

批判性思考问题：

设想一种情况，可以省略小组工作筹备阶段七个步骤中的任何一个或数个，指出省略的理由。

第二节　需求评估与目标确定

一、需求评估

社会工作者成立一个小组的想法，一般在小组的第一次聚会之前就产生了。这种想法（需求）可能由社会工作者、机构主管、社区居民或成员提出，提出的原因大部分是存在的问题和成员的需求。

通常在需求评估中会出现一种情况，即机构要求开小组，工作者自己也接受过小组工作的训练，认为小组工作方法是最有效的助人手法。

---

① 何洁云，谢万恒．社会工作实践：小组工作．香港：香港理工大学应用社会科学系，2002：55.

② 同①154－170.

③ 刘梦．小组工作．2版．北京：高等教育出版社，2005：139.

案　例

小李最近参加了流浪儿童保护中心的工作。由于受到专业影响，他很注重对孩子“增权”和“意识提升”。所以，在流浪儿童的前期聚会中，他极力推动孩子们关注自己的权利，特别是读书等问题。而这些目标对许多初次来这里的孩子来说太遥远，也没有吸引力。孩子们只关注这里有什么好玩的游戏、有没有食物和药品、是否安全等问题。所以，小李的目标与孩子们的需求产生了很大差距，以致小组不得不终止。

以上案例很清楚地表明，所谓需求是案主的真实需求，而不是社会工作者自己的需要。社会工作者囿于书本知识，妄断案主的需求，会直接导致小组工作的无效。

案　例

小王是社会工作专业的毕业生。在校时，他在专业学习中认为小组工作的方法既经济，又可以用群体压力改变某些人的行为问题，所以，他认定小组工作的方法是最有效的。现在他到了一个福利机构工作，发现社区有一些所谓的“问题青少年”，他们经常逃学、聚众滋事。小王认为这些孩子的问题具有同质性，都是行为问题，适用小组工作的手法。小王觉得自己喜欢小组工作，也具备小组工作的理论技术。于是，他就选择了小组工作的方法去帮助这些“问题青少年”。

这个案例同样表现了社会工作者用自己的需要替代案主的真实需求的情况。用这样的态度和方法去评估需求其实是当前社会工作主流的“专业需求”评估。初学者往往根据专家的调查资料，或其他国家、地区、群体的相关资料，来判断其将服务的案主也理所当然具有某些需求。以此为依据的服务效果当然可想而知。

在此，我们强烈推荐“同行”评估法，即社会工作者以案主的需求为本，通过与案主的“同行”，建立信任关系，评估他们的真实需要，在此基础上制订介入计划。

案　例

小刘最近参加了流浪儿童保护中心的工作，工作的重要内容就是评估流浪儿童的需求并制订介入方案。小刘用了两个多星期去和流浪儿童接触，甚至与孩子们一起捡垃圾，一起吃饭，到他们的住处和他们一起玩耍。孩子们从开始的防备、躲避，到后来接纳小刘并把她当作自己的朋友看待。小刘不仅听到了许多孩子关于流浪的真实故事，包括他们被成人利用、被警察收容、被他人歧视等经历，也听到了许多孩子希望读书、回家、被爱等真实期望。小刘决定帮助这些孩子。

案 例

一位社会工作者写道：许多年前，当我检查我的案主资料时，我惊讶地发现，在当时每个星期来找我做个别咨询的案主中，有许多是遭遇离婚的妇女。虽然这些妇女的年龄、受教育程度和生活形态并不相同，但她们有一些共同的重要特征：第一，她们都有一些轻微的沮丧，但都维持着起码的健康；第二，她们在经济上都有一些困难；第三，她们在满足孩子的需要上都有一些困难；第四，她们在过去的生活中，都曾经遭遇男人的遗弃，这也影响了她们与其他人的关系。当这些妇女被个别询问是否有兴趣成为团体的一员时，她们都表示乐意参加。

以上两个案例充分说明，要找到案主的真实需要，就必须深入认识他们，与他们“同行”。当信任关系建立起来时，真实需求就自然地呈现出来了。而社会工作者只有找到案主的真实需求，才有可能真正地帮到他们，而不是满足社会工作者自己的需要。

其实，这个过程就是去评估潜在小组成员：收集潜在小组成员的资料，包括潜在小组成员的需要、所关心的事和问题，将这些资料和小组目标对照，看是否需要修改目标，还应该评估潜在小组成员的兴趣和专长，以便小组成员有一个理想的组合。

小组的需求评估实际由资料收集—资料分析—介入干预计划三个步骤组成。资料收集主要是通过访谈、问卷、量表、文献回顾、机构资料查阅等方法，收集各种有关小组和成员的资料。特别要关注组前的面谈和机构记录中的重要资料，这些是发现成员真实需求的珍贵的第一手资料。资料分析非常关键，一般量表可以借助计算机软件进行分析，计算出变量之间的关系和概率等，成为制订介入干预计划的科学依据。许多访谈资料要通过定性的方法进行归纳分析，以此发现成员的特殊需求，并基于资料分析而制订出切实可行的介入干预计划。

学习活动 1：

需求评估及报告撰写：

1. 用自愿组合的方式，将学生分成 5～6 人一组的任务小组。

2. 各小组选择一个小组工作应用的领域，设计访谈提纲或调查问卷，收集资料，分析资料，撰写需求评估报告。

3. 各组各派一位代表分别展示需求评估报告，简要介绍报告的思路及内容。

4. 由指导老师对各小组的需求评估报告做出点评。

5. 讨论：

(1) 如何评估案主的真实需求？

(2) 如何收集资料和分析资料？

6. 请学生修改需求评估报告。

知识窗

有意加入小组的人可能会对小组如何满足其需要有不同的期望。布莱德肖提出的关于需要的四种类型在社会工作实务中是很重要的：

（1）规范需要。由专家，如有经验的社会工作者或相关专业的专家确认潜在的案主需要，还可以依据一些理论定义或使用一些评估工具来确认；也是一种特定情境下界定的需要，根据建立起来的标准与实际存在的状况进行比较而产生的需要。只要个人或群体的现状未能达到理想中的期望标准，需要就会产生。

（2）比较需要。假定相似的国家或地区的潜在案主有相似的问题和需要，社会工作者必须做的是以这些地方或小组的问题和需要为参考。

（3）感觉需要。案主感觉到的需要，直接反映了一个社会成员当前所需要的东西，是个人根据感觉与经验所反映出的自己盼望或想要的一种需要。

（4）表达需要。这些需要是案主向社会工作者表述的需要，是感觉需要在行动中的进一步发展。①

二、目标确定

小组目标的概念化很重要。当社会工作者获得了成员的真实需求后，就必须将小组的目标加以概念化，也就是思考小组将协助成员达到什么目标，机构的目标是什么，工作者的目标是什么，三者之间有无矛盾，潜在成员对目标的理解是什么，等等。

批判性思考问题：

在小组需求评估中，规范需要和比较需要具有什么作用？如何获得案主的感觉需要和表达需要？

工作者还要将小组目标操作化，思考小组的长期目标、中期目标和短期目标是什么，小组初期、中期、后期目标各是什么，每一次聚会的短期阶段目标是什么，采取何种方式达到目标，怎样了解成员的目标变化，如何修正目标，等等。

工作者要将目标转化为明确的目的。何洁云指出："目标往往是不明确和难以定义的描述，所以需要将小组目标转变为明确的目的，从而使每个人都有一个共同的理解。"② 在此过程中需要遵循下列规则：

（1）应内容明确，以使小组的成员能够清楚理解小组的目的；

（2）应可度量，以促进对变化的测量以及此类的评估；

（3）应时间明确，以使小组成员知道他们什么时候实现小组的目的；

（4）应切合实际，以使其处于每个人的能力范围内；

（5）应是相融的，以使目的之间没有冲突；

---

① BRADSHAW J. The taxonomy of social need. New society，1972（496）.

② 何洁云，谢万恒．社会工作实践：小组工作．香港：香港理工大学应用社会科学系，2002：158.

（6）应是独立的，以使目的之间没有重复；

（7）应以正面的术语写出来，以使小组成员确切知道他们应该做什么，而不是不应该做什么。

此外，一些学者还将小组目标进一步细化。例如，伊根提出五个小组目标：协议目标、沟通目标、过程目标、实质目标、需求目标。①

（1）协议目标是小组的总目标，是成员希望参与小组时能够达到个人目标的基本要求，是比较广义和原则性的，不是具体的目标。

（2）沟通目标是一个分目标，强调互相沟通，通过成员的自我解剖和彼此分享，给予成员支持，为总目标服务。

（3）过程目标是在小组各个阶段的分目标。每次小组聚会都有不同的需求、任务和主题，因而过程目标也是动态变化的。

（4）实质目标就是小组目标的范围，也就是小组目标的内容，小组必须在这个目标范围内活动，不能超越范围。

（5）需求目标是指个别成员的特殊需求。一般个人需求目标与总目标是相一致的，但由于个体的差异，有些成员还有其特殊需求，甚至这些特殊需求会与总目标相冲突。这时个人需求目标要服从总目标，但工作者也应留意个人的期待与诉求，或适当修改总目标，或进行个别处置，等等。

在小组工作实务中，工作者需要将这五种目标进一步概念化和操作化。当然，成员的需求会随着时间和空间的变化而改变，所以需求评估应贯穿小组工作的整个过程，工作者应有能力随时调整小组目标，以便最大限度满足成员的需求。目标考核和控制也就成为小组工作的一个重要任务。工作者要检查各级目标实施中的方向偏差和达标情况，保证目标在预定的方向上实施。还要检查目标体系中各分目标的均衡实施情况，促进主次目标之间的协调，明确目标之间的边界关系。另外，当发现目标不尽合理、目标计划本身有偏差时，必须修正目标计划。而当客观环境发生重大变化或本身有重大失误，使预定目标和计划不能继续执行时，则必须重新制定目标，全面改变计划。这里必须注意，控制是以授权为前提的。为了进行有效的目标控制，小组工作者必须善于授权，以充分发挥成员的自我控制能力。

学习活动 2：

小组目标的概念化与操作化：

1. 根据学习活动 1 需求评估的结果，各小组写出小组目标，包括成员目标、机构目标、工作者目标，以及小组的协议目标、沟通目标、过程目标、实质目标、需求目标。

2. 写出小组长期、中期、短期目标，小组初期、中期、后期目标，每次小组聚会的目标。

3. 讨论各小组的答案，并进一步修正完善。

---

① 刘梦．小组工作．2 版．北京：高等教育出版社，2005：141－142.

第三节 小组组合

当小组目标确定后，下一步就是组合小组，确定小组结构和小组成员。

一、小组的结构

（一）同质性小组与异质性小组

同质性小组的优势在于成员能较快地认同他人，尤其在小组初期，能增强小组发展的凝聚力，使成员可以较快地进入工作阶段。但是，高度的同质性也有自己的弊端：小组成员认为他们彼此了解，从而缺乏挑战，易使治疗停留在表面的层次。异质性小组的优点在于：具有不同生活经验、专业层次和适应模式的人参加小组，会增加小组的趣味性和促进小组过程；也可以给成员提供不同角度的观点，可以有不同的意见组合；还可以挑战成员从不同的角度去检查问题，做更积极的反思。但异质性使成员一开始彼此缺乏了解，因而具有较多的防卫性，难以建立关系，一些成员还可能会因为早期挫折离开小组。

事实上，一个小组要能够生存，必须兼具同质性与异质性。何洁云提出："小组成员的组合有两个一般原则：(1) 小组成员有类似的个人目标和某些个人特征是较理想的。(2) 有不同才能的小组成员，适应技能、生活经验和专长是较理想的。"[①] 我们也可以用豪猪法则与诺亚方舟原则来说明。豪猪法则认为，在成员的相似性与相异性之间有一个微妙的平衡，就好像森林里的豪猪在大风雪期间，可以紧密地聚在一起取暖，但却不会刺到彼此而造成死亡。诺亚方舟原则源自《圣经》，据《圣经》记载，当诺亚为方舟选择动物时，他每一种至少选择两个。诺亚方舟原则建议在组成小组时，应小心地不让某一个成员在种族、性别或生活形态上是独特的。如一个小组由男女组成，则其至少应有两名男性和两名女性。

（二）开放性小组与封闭性小组

所谓开放性小组，是指为维持小组的大小，当成员离开时，小组工作者可以安排其他成员来取代。开放性小组具有一些优势，它确保了小组在一个成员离开时，可以有另一个新成员取代，从而使小组能够长期存在，节约了重组小组的一些经济费用与筹划时间。其不足在于由于成员不断进出，小组的新成员与老成员之间必须不断建立新的人际关系，形成的新情境使老成员必须重新适应。

所谓封闭性小组，是指小组从开始到结束都是相同的成员在一起。其优势在于成员之间的凝聚力、认同性和连续性、信任感均比开放性小组强，其缺点在于可能

---

① 何洁云，谢万恒．社会工作实践：小组工作．香港：香港理工大学应用社会科学系，2002：162.

会因为成员的离开而使小组结束。

一般来说，社会目标模式的小组都具有很高的开放性，而深刻的互动关系和一些特殊的治疗关系都发生在封闭性小组中。

（三）志愿小组与非志愿小组

如果小组成员自愿加入小组，那么其动机就是高的，认同小组目标的可能性也大。如果小组成员被迫加入小组，那么他们的动机会很低，而抗拒的可能性会很大，社会工作者必须付出很多努力，鼓励小组成员参加小组活动。在非志愿小组中，社会工作者可以帮助成员认识参加小组的重要性；允许成员讲出他们的感受；给予明确指引，包括什么是能做的，什么是不能做的；在可能的范围内尽量给他们自由。

（四）小组的规模

小组的规模一般应依据小组目标来决定。有效的小组成员人数，以能引起成员之间的足够互动，但同时又不会多到让讨论变得沉闷为限度。小组越大，则沟通越困难、分享频率越低、匿名性越高，但是成员间的紧张度越小、资源越丰富、意见也越多。如果小组小，则会出现相反的状况：虽然沟通品质与沟通量都会提高，但却较有压力，参考范围较为有限。

在确定小组的规模时，应遵循以下几个原则：(1) 小组要能够围坐且成员之间能够看得到对方并能听得到对方的声音；(2) 小组大到使成员均能得到刺激，小到足够参与和促进个人认知；(3) 小组小到能产生工作效果，大到能被社会工作者掌握；(4) 当小组必须增大时，要将其结构分化，使每一个次结构都仍有足够的参与，且小组成员必须容忍领导者的取向；(5) 封闭性小组可以不大重视小组成员的多少，但是开放性小组的大小却一定要重视，以免因成员的流失而解散。

（五）小组的时间

小组的时间包括聚会期的长短、聚会的次数和聚会的时间段等。

聚会期是决定小组目标的重要参数，也决定目标的范围和广度，同时影响小组的助人过程和结构。聚会期也影响组员对小组的投入和精力。通常社会目标模式下的小组需要较长的时间，但也不应该马拉松般地进行，以每次两三个小时为宜。对于大多数小组而言，从情感的角度，一般聚会期以四十五分钟至一个小时为宜。

小组聚会的次数也影响组员的互动，次数增加，互动程度加深；但也不能次数太多。一般而言，小组在开始阶段聚会的次数可以多一点，到了小组的维持期，聚会的频率就不必太密集。

选择聚会的时间段也很重要。如母亲小组，最好选择在周日的白天；邀请做爸爸的人参与小组活动，应该在晚上八点以后；一些女性休闲小组可以安排在午后；等等。

总之，小组的时间安排应该配合小组目标，治疗和目标类小组可能时间较长，应该将小组分成几个阶段展开。小组聚会的频率，原则上以每周一次为宜，每次聚会的时间以每个成员都能分享为原则，不宜超过两个小时。技巧教育、康乐、会心小组一般时间较短，以完成任务为前提。

（六）小组的空间

小组的空间指小组聚会的场所。弗拉潘和芬切尔提出了四个有关场所的因素。第一，成员的安全感是最重要的，外面的人应不能够听到房间里面发生了什么，也不能够突然进入这个房间，因此小组聚会不能使用像通道般的环境。而且，没有干扰的噪声或视野景观，可以增进小组的注意力。第二，温度应该保持在一个令人舒服的程度。如果一个房间太冷或太热，就会对小组的互助产生负面的影响。第三，房间不能够过大或过小。房间过大容易破坏小组的亲密感，导致行为管理上的问题；房间过小也可能产生一些麻烦，例如可能会引起某些成员的惊慌和焦虑。第四，房间应提供桌椅。桌椅不仅可以提供给每一个成员休息、喝饮料或吃小点心的地方，而且是成员和小组工作者隐蔽的屏障。因此，一个理想的小组聚会场所必须自由、舒适、安全、有利于专注、有适当的隐秘性及足够的活动空间。

从聚会场所的摆设来看，房间内的桌椅或者沙发的摆设应呈封闭的圆圈状，一般的会议如果使用桌子，那么圆桌会比方桌好。小组的椅子应该以小组领导者和成员可以看到其他成员的方式来安排。总之，小组领导者应该注意，如果长时间进行小组聚会，那么一定要让成员坐得舒适，身体上的不适在一定程度上会影响成员的投入。

学习活动 3：

小组的组成：

1. 各小组根据学习活动 1 中的需求评估和在学习活动 2 中建立的小组目标，写出你所喜欢的小组成员的特征——是同质的还是异质的，是封闭的还是开放的，是自愿的还是非自愿的，以及小组规模、时间和空间安排等，并说明理由。

2. 讨论各小组的答案，并进一步修正完善。

二、小组成员的确定

（一）招募成员

小组成员的来源途径主要有三种：一是通过宣传手段，成员自愿报名参加；二是工作者经由个案辅导，建议有共同需求的案主报名参加；三是由其他渠道，如相关辅导人员转介而来。发展性小组主要是通过广告、通知来招募成员。

宣传的方法也有几种：一是工作者向潜在案主直接口头宣传，吸引他们参加；二是张贴海报、广告、小册子，吸引有意者参加；三是利用大众传播媒介，如网络、电视、报纸、广播等形式，广泛宣传。

知识窗

成员招募书包括以下内容：

（1）小组的名称。

（2）小组的宗旨和组成的目的。

（3）小组聚会的时间、地点、次数、频率及每次的持续时间。

（4）参加小组的费用及相关开支。

（5）负责机构的名称、公章及电话号码。

（6）有关小组工作者资格与背景的说明。

（7）有关确定何种成员适合该小组的准则以及小组工作者和成员的权利和义务。

（8）其他相关的注意事项。

学习活动 4：

小组成员招募：

1. 用自愿组合的方式，将学生分成 4～5 人一组的任务小组。注意男女生比例。

2. 这是一个大学新生人际交往小组，请各组分别制定一份招募书。

3. 各组各派一位代表分别展示招募书，简要介绍招募书的制定思路及内容。

4. 由指导老师说明小组招募书的一般格式和内容，然后对各组的招募书做出点评。

5. 讨论：制定小组招募书时应该注意什么？什么样的招募书让潜在成员印象深刻？

6. 请学生修改招募书。

7. 请学生课外实施招募计划，开展招募工作。

（二）成员筛选

成员筛选的具体内容是：

（1）全面了解潜在成员的个人情况，了解其参加小组的动机和目的，为制订小组工作计划奠定基础；

（2）向潜在成员宣传小组，使他们了解小组目标，畅谈对小组的期待；

（3）达到角色引导（就是向潜在成员澄清角色期待）、澄清目标、认同协议的目的；

（4）声明小组第一次聚会的时间、地点和内容等；

（5）建立良好的信任关系，进一步评估成员的需要和意愿等，决定成员参加小组的资格，同时筛选出一些不适合参加这个小组的成员；

（6）对那些不适合参加的成员，工作者应该尽早发现，以确定是否转案或采取其他帮助方法。

学习活动 5：

成员筛选角色扮演：

1. 这是一个大学新生人际交往小组，招募工作完成后需进行遴选面谈。

2. 制定一份个人资料表，内容包括姓名、性别、年龄、专业、经历等个人基本资料，以及对自己的描述（如爱好、自我期许）、参加小组的动机和期待、曾参加的小组等。面谈前请参加者（应招的潜在成员）填写该表。

3. 工作者对参加者表示欢迎。

4. 请参加者简要地做自我介绍，尤其是个性、优缺点、好恶、自我期许等，以了解参加者的自我概念、特质及沟通能力。

5. 询问参加者为何参加小组，期待为何。工作者也可适时介绍小组目标，并衡量参加者的期望与小组目标是否能整合，作为活动方案的参考。

6. 了解参加者对小组的认知如何，鼓励参加者说出其担心及疑惑，此时工作者应协助参加者澄清对小组的认知，可适时介绍此小组的性质、进行方式、过程发展、可能功效、成员参与的态度、如何分享、如何互动、可能的风险、工作者的功能等。

7. 了解参加者的参加意愿。

8. 讨论分享成员筛选过程中的体会、心得、注意事项。

（三）聚会前的准备

（1）工作者应该仔细考虑聚会的时间、地点。合理确定小组的期限、聚会期的长短、聚会的频率和聚会的时间等方面。尽可能有一个固定的聚会场所。会场的布置应该以能够使成员认同为标准。

（2）工作者应该做好人事分工。比如由谁来负责接待（接待者要熟知基本的礼仪、礼节）、由谁来负责发放基本资料（关于小组具体情况的宣传资料等）、由谁来负责解答询问等，都应该安排专人负责。

（3）做好告知成员参加聚会的通知工作。一般在聚会之前应该用书面或电话通知下列事项：第一次聚会在何时何地进行，第一次聚会的主题是什么，等等。预定成员应该能从通知中知道自己有很大的余地可以选择。

（4）工作者应该在小组聚会前有一整套实施方案，并有备选方案。

第四节　小组活动方案设计

要保证小组工作的顺利进行，小组活动方案非常重要。一些小组会在进行中出现这样或那样的问题甚至陷于困境以致失败，通常与活动方案设计工作准备不足有关。因此，在小组组成之前写出一份详细的小组活动方案是非常必要的。首先，小组活动方案一般要获得机构的支持和批准，还需要获得资金、人员、场地和政策的支持。一份可行的小组活动方案能够清晰地展示小组的目标、步骤，获得相应的批准与支持。其次，小组活动方案还能使小组工作者对小组目的有一个清晰的看法，明确小组时间、费用、相关政策等问题，能帮助小组工作者为小组实施做好充分准备。最后，详细的小组活动方案还能为小组工作的效果评估提供基础。

一、小组活动方案的功能

小组活动方案设计是指运用小组动力学及小组辅导、小组咨询等专业知识，系统地对一连串的小组活动进行设计、组织、规划，以便工作者带领成员在小组内活动，达成小组工作的功能与目标。

林万亿指出，小组活动方案具有以下功能：

（1）提供人际接触。

（2）收集资料。成员和工作者都可在小组中获取资料，获得收获。

（3）预演。成员在小组活动中学习到社会经验，可为未来的社会生活做准备。

（4）容许偏差行为。成员间建立互信的气氛，即使有规范的制约，也可容许偏差行为，使成员获得安全感，并逐步接触敏感和禁忌问题，从而达到自我开放的目的。

（5）导入。成员通过特殊的活动经验，参与讨论平常较难启齿的敏感与禁忌性问题，借由活动媒介，进入难以讨论的范围。[①]

二、小组活动方案设计前应考虑的因素

（一）小组需求的考虑

要考虑小组的方案是为了满足哪类人的需求，是成员的、组织的（主办者、赞助者、行政者等）、工作者的还是有其他需求介入；用何种方法来了解和确定需求；有哪些问题有待解决。此外，也要考虑成员需求的个体差异性——因社会地位、年龄、受教育程度、职业及婚姻状况等不同，参与同一小组的成员的需求也有可能不同。

（二）小组目标的考虑

要考虑方案设计需要呈现什么目标；小组目标是否清晰可测；小组目标的评估是否经由适当的程序；成效是否可预期；成效是否可以测量评估。

（三）文献与方式的考虑

要考虑是否已参考过同类型小组的方案；其实施效果如何；过去的同类方案是

---

① 林万亿．团体工作：理论与技巧．台北：五南图书出版股份有限公司，2005：384.

否适合运用在本次小组中，有无可以改进的地方。

（四）社会文化的考虑

社会工作者必须从专业伦理的角度出发，思考该方案是否符合组织期待，是否考虑了当地或成员的文化特性。

（五）小组运作的考虑

要考虑方案在实施上是否有困难；方案对招募、筛选、宣传等工作是否有利；小组活动实施时间、地点、道具、器材等是否可以配合；方案的特色是什么；方案能否结合工作者的专长、个性与领导风格；方案是否可以随时加以修正；有无替代的活动方案。

（六）小组工作成效评估的考虑

要考虑小组活动结束后，如何进行评估；谁来执行评估；评估的标准是什么；评估资料如何搜集，是否可量化；评估结果对相关人员及单位的影响是什么；评估结果是否公开，如何公开；评估和反馈是否可能出现预期外的结果。

需考虑的因素可总结为以下几点（见表 6－1）。

表 6－1　小组活动方案设计需考虑的基本要素

6W＋2H＋I＋E
Why（目标）：为什么要组织这次小组活动？目标是什么？
Who（分工）：由谁来组织？
Whom（性质）：活动以何种方式进行？
What（对象）：参加者是什么人？年龄、特点、性别如何？
When（时间）：什么时间进行？包括日期、时间长短等。
Where（地点）：在哪里进行？有无后备地点？
How（程序）：如何进行（宣传、招募等）？
How much（资源）：人力、物力、财力情况如何？
If（如果）
Evaluation（评估）

三、小组活动方案设计的内容

何洁云指出，小组活动方案应包括以下内容[①]。

① 何洁云，谢万恒．社会工作实践：小组工作．香港：香港理工大学应用社会科学系，2002：167－169.

（一）小组的理念
1. 机构的背景
2. 设计小组的原因
3. 小组的理论或概念架构
（二）小组的目标
（三）组员的构成
1. 组员的特征（性别、年龄、教育背景等）
2. 需要处理问题的范围（组员的问题、需要等）
（四）小组的特征
1. 性质（结构式或非结构式、开放式或封闭式、志愿性或非志愿性）
2. 时间（持续时期、聚会频率、聚会的时间）
3. 规模、组合
（五）明确的目的
（六）初拟的程序计划及日程
1. 每次小组活动的计划草案
2. 程序活动
3. 日期、时间、活动地点
4. 活动的具体目的
5. 工作者的责任
6. 活动的准备
7. 所需器材
8. 每次聚会所需的资金
（七）组员的招募计划
1. 按照机构的规则定下小组建立的程序
2. 小组成员的来源
3. 宣传、招募方法
4. 允许的招募时间
5. 招收方法
（八）需要的资源（除资金外）
1. 器材
2. 地点和设备
3. 人力资源
4. 特别项目
5. 有关人员
（九）预料中的问题和应变计划
1. 小组成员的问题
2. 小组工作者或机构的问题

3. 其他来源的问题

（十）预算

1. 程序、器材、交通等费用的总和

2. 是否对成员收费，费用多少

（十一）评估方法

1. 评估的范围

2. 评估的方法

四、小组活动的基本类型

小组活动是小组工作的基本工具，类型非常广泛。常用的小组活动有：

（1）表现艺术，包括绘画、跳舞、音乐、唱歌、诗歌、戏剧、木偶和故事等。这些形式是成员安全表达感情的工具，对刺激和增强成员表达感情的能力和小组互动非常有效。

（2）游戏，包括智力游戏与体力游戏。它在儿童小组中地位尤其重要。

（3）手工艺。这是一种展示才能、锻炼身心的好方法。

（4）营地活动，包括野外求生训练、各种风土人情考察等。这是一种有意图的旅行，目的在于寻找新经验，体验新环境，培养合作参与的行为模式和自信的态度。

（5）烹饪。常常为治疗小组所采用，不仅可以应用于妇女小组，还可应用于男女混合小组和男性小组。

（6）角色扮演。是常用的小组介入策略。角色扮演的方法很多，如魔幻商店、照镜子、双簧、行为预演、角色转换等。

每一类活动都有自己的特点，在小组过程中要依据需要进行选择。

五、小组各阶段设计的重点

在小组不同的发展阶段，方案设计与活动选择有不同的考虑重点。

（一）小组初期的设计重点

小组刚开始时，成员有两极情感，如焦虑、担心、防卫、观望、拘束、缺乏信任和安全感。工作者除了发挥温暖、真诚、关怀、尊重、包容、开放等特质，并多运用同理、反映、支持、倾听、澄清、增强等技巧之外，不妨在方案设计与活动选择上多做考虑。包括：

（1）设计营造温馨气氛的活动。如结合小组目标播放背景音乐，设计一些小花样，如小卡片、小花等。

（2）设计轻松的相识活动。如“寻找我的那一半”“对对碰”“滚雪球”等。

（3）澄清成员的期望。工作者说明小组的性质、功能、目标等，并与成员交流，达成共识。

（4）拟定小组规范。在活动设计上可以采取较生动、非教条的方式，如“规则树”等。

（5）设计初步的、公开的自我表露活动等。避免设计深层次的有威胁性的分享活动。

（6）设计增加小组信任感的活动，逐步引导成员分享感受，激发成员真诚开放。如盲行、信任走路、信任跌倒、信任圈、合力举人等信任游戏。

（二）小组中期的设计重点

小组转换期与小组生产期属于小组的中期阶段，为小组重整与归纳阶段。成员之间、成员与工作者之间可能会有一些冲突，成员会有不安、焦躁、迷惑、挣扎等情绪，有超越他人的意愿，甚至有强烈的分离欲望。如果小组能够顺利地解决这些冲突和矛盾，小组就会进入凝聚与和谐阶段。工作者在此阶段除了提供成员信息，运用面质、高层次同理心、自我表露、反馈、联结、折中、建议等技巧之外，也可降低掌控的行为，多给予成员自由互动与成长的空间。工作者在设计方案时，在小组中前期可选择加强沟通合作、处理冲突、增强凝聚力等活动来催化小组动力，至中后期则可设计引发深层次的自我表露及引发成员间正向与负向的反馈的活动，或者是探讨个人问题的活动、促进改变行为的活动等。

（1）设计探讨人际关系的活动、提高成员沟通合作能力的活动，引导成员进行对此时此刻的分享，可以进一步增加成员间的信任和小组凝聚力，并有助于解决小组冲突。如“小组温度计”“聆听”等活动。

（2）设计解决小组冲突的活动，以及体会冲突中的感受、学习冲突解决策略的活动，如价值拍卖、角色扮演等。

（3）设计引发成员中深层次自我表露的活动。当小组进行了一段时间之后，成员行为的自我开放程度会随之加深加大。工作者适时运用并设计中深层次分享活动，有助于成员认同小组，促发更多自我探讨、自我了解的机会。如“我喜欢的人”、“我是谁”、“三个最”、绘画、舞蹈等活动，能使成员达到较深的自我觉察。

（4）针对小组目标来设计活动。小组动力增强后，工作者应该迅速掌握此工作契机，将小组引导到原先设定的目标上，针对小组原先设定的主题、功能来设计活动，如时间管理、减压训练、自我肯定、人际交往、亲子关系、生涯探索、行为改变、理性与情绪等。

（5）针对成员需求来设计活动。工作者在达成小组目标的同时，应兼顾多数成员在小组活动过程中所发展出的“非预期性的需求”。例如，带领人际关系训练小组 6 次后，大多数成员在小组中流露出两性关系或亲子关系方面的困扰，工作者不妨适时弹性地修订小组方案，加入两性关系或亲子关系的活动内容。

（6）针对工作者专长来设计活动。工作者可以多配合个人的专业背景、训练导向、经验技术与个人专长来设计活动带领小组。因为当工作者带领个人擅长或熟悉的活动时，最能自如发挥其功能。

（三）小组后期的设计重点

当小组发展进入结束阶段时，成员常有离别情绪，如担忧、失落、对小组结束事实的否认和逃避、对外面世界的担心等。工作者除了继续保持同理、尊重、支持的态度，运用反映、反馈、评估、整合等技术外，在活动设计上应回到中层、表层自我表露，让成员有机会回顾小组经验，彼此给予与接受反馈，评估自身进步程度与小组的进行状况，处理离别情绪与未完成事项，并互相祝福与激励。小组结束后的一段时间，也可在方案设计中加入追踪辅导或聚会等活动，如读书会、谈心会、郊游。工作者既可借此来评估小组成效，同时也可鼓励及督促成员继续成长。

总之，小组活动因成员特性、问题性质、目标功能等不同而形成丰富复杂的小组动力，每一个小组发展阶段的活动设计皆应有特殊的考虑。同时，方案设计也必须与小组的整个目标功能紧密结合，相辅相成，以发挥其效果。

六、每次小组活动的设计内容

小组心理咨询全过程可以分为四五个不同的发展阶段，而每一次小组聚会也可以分成开始、中间和结束三个部分。为此，每次小组聚会都可以根据过程设计相应的活动。

（一）热身活动

目的是为小组开场打破僵局，促使成员进入小组，增加小组凝聚力，增进成员彼此互动，为主要活动做准备，如“大风吹”“松鼠与大树”等。热身活动切忌过多、过长，一般 10～15 分钟。热身不足，小组难以有效启动；热身过度，会本末倒置，影响小组活动正常进行。热身活动一般不需要成员分享。

（二）主题活动

是小组活动的核心内容，是关系小组目标能否达成的关键。主题活动应按照小组内容目标来设计，因小组阶段不同、目标不同而不同。常用的活动类型有绘画、深入讨论、角色扮演等。主题活动需要成员做深刻的分享。

（三）结束活动

一般每次小组活动结束前 5～10 分钟，工作者对该次小组活动进行总结，让成员分享心得与巩固所学，预告下次小组活动的主题，并指定家庭作业使成员实践所学。

学习活动 6：

设计一份小组活动方案：

1. 用自愿组合的方式，将学生分成 4～5 人一组的任务小组。注意男女生比例。

2. 各小组在课外完成以下作业：选择一个小组工作应用的领域，在前期需求评估的基础上，设计一份小组活动方案。具体内容包括：小组的理念、小组的目标、组员的构成、小组的特征、明确的目的、初拟的程序计划及日程、组员的招募计划、需要的资源、预料中的问题和应变计划、预算、评估方法等。

3. 举行小组活动方案设计大赛，邀请社会工作专业老师做评委。各小组分别在课堂上用10分钟介绍小组活动方案的内容，用20分钟答疑并听取评委的修改意见和建议。评出优胜组，给予一定奖励。

4. 各小组根据修改意见和建议进行修改，完善小组活动方案。

七、小组活动方案设计范例

下面以大学新生人际沟通小组为例，介绍小组活动方案设计的写作。

大学新生人际沟通小组计划书

1. 小组的理念：

机构背景，小组理念、理论等（略）。

2. 小组的目标：

(1) 通过参与小组，让成员更加了解自己、接纳自己。

(2) 协助成员了解自己的特质，并探讨自我特质对人际关系的影响。

(3) 帮助成员将小组所学运用于往后的日常生活中，以改善自己的人际关系。

3. 成员构成：

在校一年级大学生，性别不限，对增进人际关系有需要者。

4. 小组性质：

教育性、封闭性、结构性成长小组。

5. 领导者：

陈老师、李老师

6. 小组时间：

10月19日起每周二12：40—13：20，共8次。

7. 小组地点：

小组工作实验室

8. 初拟的程序计划及日程：

次序	单元名称	单元目标	主要活动	时间
一	认识你真好	1. 协助成员在第一次小组活动中，对小组及小组成员有初步的认识。 2. 制订小组规范，分享小组期望。	1. 记忆大考验 2. 规范与希望树	40分钟
二	我想了解你	1. 建立初步的互动关系。 2. 协助成员自我觉察与分享。 3. 成员能学习专注与倾听。	1. 当我遇见你 2. 小记者	40分钟

续表

次序	单元名称	单元目标	主要活动	时间
三	我信任你	1. 成员能觉察自己在小组中的角色。 2. 增进小组凝聚力。	1. 我在哪里? 2. 信任跌倒	40 分钟
四	神奇魔棒	1. 让成员了解有些事看起来很简单，做起来却不容易。 2. 充分相信小组中的其他成员，一起达成目标。	神奇魔棒	40 分钟
五	众志成城	1. 觉察小组合作的重要性。 2. 借分享与回馈了解个人处理人际问题的态度。 3. 激发个人解决问题的动力。	1. 众志成城 2. 家庭作业	40 分钟
六	价值大甩卖	1. 让成员了解自己及他人所重视的特质。 2. 了解个别差异。 3. 成员能修正自己的人际价值观。	价值大甩卖	40 分钟
七	我期待的朋友	1. 成员能思考平日与他人相处的方式，分享自己喜欢的方式。 2. 借分享与回馈支持成员付诸实际。	1. 我期待的朋友 2. 家庭作业	40 分钟
八	我们要幸福	1. 协助成员回顾前七次活动内容。 2. 鼓励成员将所学运用于日常生活中。	1. 摘要与回顾 2. 恐怖箱 3. 临别赠礼	40 分钟

9. 成员的招募计划：

成员为 6～8 人，他们面临的问题是如何获取改善人际关系的方法。宣传方法包括在校园网上招募、发放宣传单、张贴海报等。报名的截止日期为 10 月 18 日。甄别及确认小组成员的程序或准则是自愿报名并经面试挑选，额满即止。

10. 需要的资源：

游戏道具、小组简介宣传单、相机、录音机、问卷等。

11. 预料中的问题和应变计划：

(1) 成员方面。

A. 在小组初期，小组成员可能会由于各种原因不发言或反应冷淡。

应变措施：工作者应容许这种情况在初期发生，同时努力协助营造一个安全、温暖的环境，相信情况可以改善。若问题持续，可以通过破冰游戏、暖身活动促进成员互动，提高积极性。

B. 成员出席率低，令小组活动无法举行。

应变措施：在举行第一次小组活动时强调准时出席的重要性，并给予小组聚会时间表，每次活动后预告小组内容、时间、地点。每次开组前都与成员联系，提醒开组时间，鼓励成员积极参加。若成员确实有客观原因不能参加，工作者在对其表示尊重后，要在小组内与其他成员解释清楚，以免造成不必要的误会，在下一次聚会时要向缺席成员简单介绍上次活动的内容。若成员是因为主观原因缺席，则要耐心沟通，了解原因，积极干预。

(2) 机构方面。

地方相对狭窄，也没有视听器材。

应变措施：有些活动可能要转移到教工活动中心进行。

(3) 其他方面。

天气恶劣令小组未能于原定日期举行活动。

应变措施：根据天气恶劣预案进行，并预先告诉成员天气恶劣时的安排。

12. 预算：

收入（元）	支出（元）
机构资助：500	游戏道具：50
	……
	……
	……
	文具及其他物资：100
总收入：500	总支出：500

13. 评估方法：

小组目标：通过工作者的观察，分析小组的目标是否与成员参加小组的目的一致。

程序设计：可根据成员的投入感了解小组程序设计是否对成员具有吸引力。并以问卷及评分形式，访问成员小组程序是否有助于成员认识课题。

成员的改变：制定成员自我评估量表进行评估。

工作者的表现：工作者的表现可以根据督导的意见、自我检讨及成员对工作者的印象来评分（评分表）。

其他评估及成效评估可以在每次活动及最后一次活动时，从成员及工作者的意见分享中了解。

复习思考题

1. 怎样确定小组成员的真实需求？
2. 小组目标如何概念化和操作化？
3. 在确定小组结构时需要考虑哪些因素？
4. 小组招募的方式有哪些？
5. 简述小组成员筛选的基本步骤。

6. 设计小组活动方案需要考虑哪些因素？

7. 简述小组各阶段活动设计的重点。

推荐阅读书目

1. 刘梦．小组工作．2版．北京：高等教育出版社，2005.

2. 赵芳．团体社会工作：理论·实务．北京：知识产权出版社，2005.

3. 何洁云，谢万恒．社会工作实践：小组工作．香港：香港理工大学应用社会科学系，2002.

4. 林万亿．团体工作：理论与技巧．台北：五南图书出版股份有限公司，2005.

5. 徐西森．团体动力与团体辅导．台北：心理出版社股份有限公司，1997.

第七章

小组初期

本章要点

- 在小组初期，组员往往会有焦虑担心、气氛客气、观望沉默、彼时彼地、依赖工作者等心理特点和表现，以致或多或少出现抗拒心理和行为。
- 小组工作者在小组初期的目标是建立小组中的认同感和彼此的信任关系。
- 小组工作者需要协助组员互相认识和建立关系，澄清小组的目标和工作者的角色、功能，介绍小组日后的运作安排，讨论和建立小组的基本规范，等等。
- 开展一些营造温馨、轻松气氛的活动，利用一些轻松的方式，让组员相互认识，建立初步联系，简要地说明小组的目的、工作者的角色和功能，并以轻松、安全的方式帮助组员澄清对小组的期望。
- 工作者在介绍自己时要有风度，充满活力，在说明小组规范时，表现出关心组员个人利益以及小组整体利益，要认真倾听组员们表达消极情绪。
- 契约是组员对自己在小组过程中愿意做的事情的一个声明，说明组员想要探索的问题、愿意改变的行为和改变行为的方法，以及愿意遵守的规范。
- 每次小组活动结束后，小组工作者都要做好过程记录，以总结、整理和评估本次活动的效果，评估组员和自己的表现，并对下次活动提出建议。

关键概念

认同感；信任关系；小组规范；小组契约；过程记录

在小组初期，组员要经历一个“由分到合”的过程，也就是由作为单独的个体到进入一个小组，组员开始准备成为小组的一分子。在这个过程中，组员一方面期待拥有自主权，另一方面渴望参与或从互补的人那里得到认同。所以从第一次聚会起，警惕和试探是小组初期最突出的特征。小组成员面临明显的挣扎和两难，到几个会期之后才能逐渐稳定。

第一节　组员的特点与工作者的任务

经过了前期紧张的筹备，小组便要进入正式实施阶段了。一个良好的开端便是成功了一半，小组开始阶段会为以后的小组过程定下基调，因此非常重要。无论对于组员还是对于小组工作者，一个新的小组的开始都会在心理上带来一些不安的情绪。

一、组员的特点

学习活动：

想象你正要参加一个有关提高自我认识的小组活动，你的心情是怎样的呢？你期望中的小组成员和小组工作者是什么样的？将你的感受写在下面，并和其他同学讨论，看看你与他们有哪些不同和相同的地方。

你可能会发现自己的心情很复杂，既期待、兴奋又紧张、担心。在小组初期，组员往往会有很多焦虑、害怕和疑惑，以致或多或少出现抗拒心理和行为。小组工作者需要了解组员有哪些心理特点及可能会引发哪些行为，并做好准备去处理。

（一）焦虑担心

刚加入小组的组员，对小组中的一切都比较陌生，不知道小组活动如何安排，自己在小组里面该做什么、不该做什么，工作者和其他组员会不会喜欢自己，等等；尝试与其他组员接触、互相认识，但同时又不想太亲密，保持距离以保护自己。

（二）气氛客气

在小组的初始阶段，组员的行为比较拘谨，组员的交往如同日常的社交，彼此很有礼貌，组员在讨论时只显露个人安全和较公众的一面，只对表面化、非个人化的问题做理性探讨。

（三）观望沉默

由于刚刚加入小组，对工作者和其他组员不是很熟悉，比较担心会说错话或者做错事，往往会彼此相互观望，看看别人怎么做，再决定自己的做法；小组的讨论与分享缺乏自发性和流畅性，进展缓慢。

（四）彼时彼地

小组成员一开始大多谈论比较安全的话题，尽量避免谈到自己或小组此时此地的感受或状况。在小组中，组员不会对当前的感受做出描述，话中更不会涉及小组中有关的人或事。

（五）依赖工作者

组员往往把小组工作者看作权威，一切以小组工作者为中心，在得到他（她）的建议和保证之前，对日常事务不做出决策，让他（她）为自己做重要决定，非常依赖，而忘记了自己的资源或能力。

二、工作者的任务

对于小组工作者来说，在小组初期营造安全信任的气氛，凝聚和吸引小组成员参与小组活动是最困难的任务。如果组员敢于参与及表达思想、情绪的话，小组凝聚力及信任关系就会逐渐建立，否则小组过程可能无法顺利进行。因此，不仅组员内心忐忑不安，小组工作者也有这样或那样的担心和顾虑，尤其是初次带领小组的工作者。

学习活动：

今天，在社区服务中心实习的小静带领的青少年小组将要开组了，小静很紧张，不知道自己能不能做好，组员们会不会不喜欢她和她设计的活动程序。如果组员不配合她，怎么办？督导让她把自己的担心写下来，然后一起逐个探讨。如果你是小静，你有哪些担心？请写下来，然后和同学、老师讨论。

你的担心既可能和小静一样，也可能不一样，每个小组工作者担心的话题因个人特点而不同，哥尼曾于1988年设计一个帮助初学者探索自己在学习时关注的问题的清单，包括以下各项：

（1）担心犯错；

（2）因个人的错误和不足令组员痛苦；

（3）应付危机情况的能力不足；

（4）因个人的完美主义以致对自己有很多要求；

（5）不懂得处理小组过程中的沉默时间；

（6）要求清楚了解组员的进步情况；

（7）难以应付要求高的组员；

（8）难以处理不自愿和欠缺改变动机的组员；

（9）不清楚小组过程中确定方向的责任属于谁；

（10）要求每次小组活动都成功；

（11）在小组中坦然地表现自我，相信自己的直觉；

（12）对组员表达愤怒的情绪；

（13）担心组员知道自己是初学者而怀疑自己的能力；

（14）着意要自己表现得专业；

（15）不知如何确定在面对组员时的诚实程度；

（16）无法肯定自己在小组过程中个人的反应和私人生活的显露程度和范围；

（17）不知如何进行适当的干预；

（18）担心自己太过认同组员的问题；

（19）倾向急于提供建议；

（20）担心自己不适当地说话会给组员带来巨大的困扰；

（21）不知如何同与自己价值观差异很大的组员相处；

（22）重视组员是否喜欢和同意自己，会不会继续接受自己；

（23）担心自己可能照本宣科，表现得很机械化。

如何处理这些担心呢？初学者可以试着对照以上 23 项问题做自我查问，看看其中有哪些是自己关注和感到有困难的，然后再问自己："我为什么对此感到忧虑呢？"一旦找出原因，就应当设法做出处理。虽然其中不少问题是因为知识和经验不足，但也有不少是个人自我形象、自信和成熟度的问题。

因此，每一个小组工作者在学习带领小组时很重要的一课就是探索自我，要将探讨和反思的重点放在个人的成长上，找出自己的优点和缺点，勇敢地面对自己的不足，并逐步改进。社会工作是用生命去影响生命的过程，在学习理论时，我们可能还不太明白小组工作者自身在小组过程中的重要性，而在面对面的实际小组过程中，我们就能深刻体悟到专业知识和技能固然有用，但最关键的却是我们本身的修养和素质。

小组工作者在小组初期的目标是建立小组中的认同感和彼此的信任关系。认同感，是指群体内的每个成员都具有相同的价值认识方式与价值判断标准，对外界的一些重大事件与原则问题，通常能有共同的认识与评价。建立信任对小组的持续发展至关重要。如果没有信任，小组中的互动就是很肤浅的，很少会产生自我探索，整个小组就会处于隐瞒感情的妨碍之下。

为了实现这一目标，小组工作者有以下工作需要完成：

（1）协助组员互相认识和建立关系。

（2）澄清小组的目标和工作者的角色、功能。

（3）澄清个人参与小组的目的，了解组员对小组的期望或存在的顾虑，激发组员参与的动机，并且让组员了解小组是大家的。

（4）介绍小组日后的运作安排。

（5）说明组员可能面对的问题及解决的方法。

（6）讨论和建立小组的基本规范，尤其是保密的界限和重要性。

（7）工作者以身示范，创造安全、信任的关系。

因此，在小组初期，小组工作者要通过以上目标和任务的达成来帮助组员主动地参与小组活动，参与制定小组规范，敢于表达自己在小组内所产生的想法与感受，并学习如何参与小组互动，学习从小组活动中获得个人的成长和改变。一些基本的小组互动技巧非常重要，如积极聆听、及时地回应与鼓励、坦诚开放等。要避免组员保留着恐惧和不信任，导致自我封闭，只是被动地等待事件的发生，而不积极参与有意义的互动，或者对小组产生心理上的抗拒。

第二节　小组初期的工作技巧

一、小组活动设计

小组活动不仅是小组存在和发展的载体，而且是促使组员提高能力的重要手段。只要紧紧围绕小组活动的目标，小组活动的设计可以是多种多样的。为了让初学者在每次活动程序安排时有一个清晰的条理，我们可以将小组每次聚会的安排分为热身、预览、生产、消化和总结五个阶段，每个阶段都可以安排相应的活动。

（一）热身

热身阶段经常被称为“破冰之旅”，目的是让小组气氛活跃，使组员进入较兴奋状态，尽快投入组内。在这一阶段可以设计一些热身游戏及活动，让组员集中精神，回顾上一次活动内容、分享困难及收获。

（二）预览

在预览阶段要向组员介绍当日的程序，借着活动引起组员对本次活动的兴趣。

（三）生产

生产阶段是核心和主体，要精心设计核心的程序以达到本次活动的目标，针对要探讨的问题，采用多种媒介如语言、音乐、文字、图像、动作等协助组员表达，或以角色扮演协助组员从多角度看问题。认知学习可采用活动学习法、经验学习法，让组员理解领会。技巧训练可采用角色扮演方法。

（四）消化

在消化阶段要协助组员总结本次聚会的收获，引导组员将所掌握到的知识、技巧和态度应用于生活中，讨论如何克服一些可预见的困难。这一阶段的重点是分享感受，总结经验。

（五）总结

在总结阶段要协助组员总结本次活动的收获，根据需要布置一些“家庭作业”，鼓励组员应用所学习的技巧及知识。也可以进行过程评估，收集组员对本次活动程序的意见。另外，预告下次聚会的时间和内容，让组员有一定准备。

这五个阶段只是为了给小组工作者一个清晰的思路，并不是僵化的，有时两个阶段——如第一阶段和第二阶段——可以合并在一个活动中完成。

二、小组初期活动设计

虽然小组初期可能有一次活动或者几次活动，但一个小组工作者如何开展第一次聚会，不但会为小组定下风气与格调，对小组日后的发展也会产生很重要的影响。

学习活动：

章小姐在社区为10位老人组建了一个缅怀治疗的小组，协助老人缓解情绪困扰，建立自信和积极的生活态度。请帮助章小姐设计小组第一次聚会的程序计划。

在小组的初次聚会中，组员常常既紧张焦虑又带有探索与猜疑的心理，因而小组气氛比较冷清僵硬，小组工作者要主动和活跃，力求表达出温暖、信任、诚挚、尊重、接纳与同感，消除组员的戒心和防卫，令小组有趣和有吸引力。

（一）设计营造温馨、轻松气氛的活动

如建议小组唱大家熟悉的歌曲、请人讲笑话等，此时组员可以走动；也可以使用“你好，很高兴见到你”等问候语，使小组气氛和谐起来。在僵局打开的时候就可以停止，然后话题转回到小组活动的主题上。

学习活动：

“大风吹”活动

目的：提供走动机会，活跃气氛，使组员初步接触。

方法：组员围圈坐，一位组员站在中间，说出某些组员的特征，如戴眼镜、扎辫子或穿短袖等，拥有该项特征的组员必须马上离座，和中间组员一起抢夺新的座位。没有座位的组员就要站在中间，进行下一轮。以此类推。

（二）设计愉悦、互动的相互认识活动

自我介绍，如姓名、年龄、籍贯、爱好等；互相介绍，工作者根据组员具有的某个相同特征如性别、衣着、籍贯等，将组员分成两到三组，让组员相互介绍。借助一些热身游戏，既可以帮助组员放松心情，放下戒备心理，又可以创造初步认识的机会。

学习活动：

“愿望树”活动

目的：澄清对小组的期望、组员的目标。

方法：用绿色的彩纸剪成一棵大树的形状，贴在墙上，组员用彩笔在树上写下自己在小组中的愿望和目标，或用彩纸写，然后贴到“树”上。

（三）设计帮助组员澄清对小组的期望的活动

小组工作者可要求组员轮流讲述他们感到困扰的问题和对小组的期望，在此基础上一起确定小组将针对的共同问题。

当然，由于是第一次聚会，组员可能还不能自如地讲出自己的问题，小组工作者可采用游戏方式，减少困难和尴尬。如“我的秘密”的游戏，小组工作者先准备笔和纸张，让每位组员以不记名的方式，各自在纸上写下一个他们感到困扰且希望在小组中探讨的问题。完成后，将所有纸张混在一起，由每个组员各抽出一张读出来，不用查证问题是由谁提出的，组员就读出来的各种问题进行讨论。这种方法可以让组员在安全的气氛下说出他们的困扰。

三、建立与维持信任的方法

（一）建立信任的方法

工作者介绍自己的方式会对小组气氛产生深远的影响。工作者在介绍自己时要有风度、充满活力、在心理上与人亲近、坦率、对小组充满信任。

仔细挑选组员并努力确保这一小组适合他们，在说明小组规范时，表现出关心组员个人利益以及小组整体利益。多谈论诸如组员的权利、保密的必要性、相互尊重的需要等问题，都表明工作者对该小组采取了严肃认真的态度。

鼓励组员表达自己的畏惧和希望，并做出真诚的回应。

（二）维持信任的方法

在初期阶段，一些组员常常会自告奋勇地提出一些解决问题的干预措施，工作者不仅仅要肯定组员的热情，更要指出其可能对其他组员的损害。当组员出现消极情绪时，工作者要认真倾听，使组员感受到表达这种消极情绪是可以接受的。只有这样，一个小组才能向前发展，进入更深入的工作层次。

随着组员更多地表露自我，小组变得越来越有凝聚力，会反过来进一步加强组员对小组的信任。

案　例

小李开展音乐兴趣小组时，在第一节次上，他首先跟所有组员讲明了保密协议，即对于所有组员在小组内说的话、做的事，所有组员包括社会工作者都不得在小组之外讨论。通过这种做法，小李在组内营造了一个安全、轻松的氛围。

在第三节次上，小李发现组员小吕表现消极，组员讨论他从不参与，也从不发言。发现这个情况后，小李趁着课间休息时间私下与小吕交谈后发现，原来小吕表现消极是因为社会工作者将他与他的朋友分在了不同的小组，他想在朋友所在的小组。了解情况后，小李在小组内提出了这个问题，肯定小吕有这样的想法是正常的、是可以理解的，多数人都想跟自己熟悉的人在一起；但是同时，小李也讲明将组员分开的目的就是让不认识、不熟悉的组员之间相互认识和熟悉，毕竟在以后的生活中，组员不可能一直待在自己熟悉的圈子里，肯定要接触陌生人，只能从陌生再到认识、熟悉。

在上述案例中，社会工作者首先讲明了保密原则，缓解或者消除了组员的戒备，建立了组员对小组的信任。在发现组员表现消极后，社会工作者首先肯定组员的情绪，然后在组内公开、透明地讨论这一问题，对组员表示理解，表达对组员的专注和认真倾听，减轻组员内心的顾虑，使组员更投入。

四、建立小组契约

契约是组员对自己在小组过程中愿意做的事情的一个声明，说明组员想要探索的问题、愿意改变的行为和改变行为的方法，以及愿意遵守的规范。订立契约是帮助组员达到个人目标的有效方法，小组规范是其中之一。

案 例

小文在儿童活动中心实习时，为十名6～9岁的儿童组织了一个小组。小文在第一次小组聚会时安排了很精彩的游戏，组员玩得很开心。但孩子们活泼好动，每次当小文想说点什么时，他们都无法安静下来。小文觉得组员年龄小，这是正常现象，制定规则也没用，一会儿就忘记了，于是到第一次聚会结束也没有和他们一起订立规则。

没想到第二次聚会时，有两个组员迟到，等了10分钟才来了一个，还有一个组员没出席，一打听是生病了。结果事先安排的配对游戏由于缺一个组员而不得不临时调整。而且和上次一样，小组员们很吵闹，一会儿两个人打闹在一起，一会儿三个人窃窃私语，有的组员很喜欢打断别人讲话，结果总是同时有好几个人在抢着表达自己的观点，刚被制止一会儿又故态复萌。小文无法控制局面，第二次聚会在混乱中结束。

小文很伤心和苦恼，向督导寻求帮助。督导让他在第三次聚会时，和组员一起制定小组规范，如按时出席、有事预先向小组工作者请假、听从小组工作者安排、发表意见前举手、按先后顺序发言、不随意打断别人讲话等，并把这些规则写在一个彩纸剪成的大苹果上，让每个组员用彩笔签上自己的姓名，把它贴在墙上，每次聚会前温习一遍。小文做了这些后，效果果然很好，组员们能自觉遵守这些规则，有人忘记了，就会有其他组员指着大苹果提醒他。

第一次聚会时制定小组的规则非常重要，否则在以后的小组过程中可能会出现一些意外现象，打乱小组进程。一般来说，契约既可以在小组筹备阶段和组员面谈时确定，也可以在小组第一次聚会时制定。但无论在什么时间制定，在小组第一次聚会时都要提出讨论并在必要的情况下修订小组契约。因为契约必须由小组工作者和组员一同讨论决定，取得一致赞同，才能被组员自觉遵守。

小组契约一般可以包括下列内容：简要澄清机构、工作者和组员的角色；声明现有的资源，如小组聚会的地点、为小组提供志愿服务的人员和现有的及可以申请的资金；小组的长期和短期目标；小组活动的简要规则；行为的简要规则，如守时、缺席申请、保密、组员间互相称谓的方式、互动规则（组员互相支持与尊重、真诚开放、留心聆听、全面投入）等；修订原则，当原来的协议不能配合小组的发展时，经组员同意和讨论修订小组目标与规范。

订立契约时，小组工作者可以参考一些技巧，使订立过程更顺利地进行。

（1）契约必须经全体组员讨论并同意，邀请每个组员发表意见，以使契约不是工作者强加在组员身上，而是组员自己决定的，这样可以提高契约实施的自觉性和约束作用。

（2）契约订立好后，请组员复述或核实契约内容，确定每个组员明白和理解。有不同意之处，必须重新讨论。

（3）把关键词写在黑板上或纸上，使之更清楚，也可以增强记忆。

（4）契约既可以以口头协议的方式，也可以形成书面文字形式，在小组初期的每次聚会前可视情况加以强调。如在以上案例中，由于组员是儿童，容易忘记，因此小文使用了文字形式。对于成人，一般口头协议即可产生约束作用，而且不需要多次重复。

（5）清楚指明哪些内容是已经确定和不可改变的，哪些内容在需要时可以重新商议修改。

（6）契约订立后，小组工作者要提醒组员在实际行为中实现，并做示范。

五、小组过程记录

每次小组活动结束后，小组工作者都要做好过程记录，以总结、整理和评估本次活动的效果，评估组员和自己的表现，并对下次活动提出建议。小组工作是一个不断评估和修改的过程，及时总结能保证小组中出现的问题和遗漏被及时解决和修补。

学习活动：

小组聚会记录

（一）背景资料：小组名称，聚会日期、时间及地点，聚会次数，出席人数

（二）本次聚会的目标：（略）

（三）预备工作：场所、物品、资料、人员等

（四）小组过程：

小组内容/过程	内容分析/小组工作者介入 技巧分析/小组工作者感受	实习督导教师意见

（五）评估：

1. 目标是否达到

2. 活动内容及方式是否适当

3. 个别组员的表现：参与、角色、与上次聚会比较有何改变

4. 小组互动：沟通/交往模式、小组气氛、小组规范、小组凝聚力、领导模式、下决定的方式、解决冲突的方式、次小组

5. 小组发展的阶段及方式

6. 小组工作者角色

7. 小组工作者的专业态度及所运用的知识与技巧

（六）跟进计划/需要做出的活动调整/建议①

复习思考题

1. 在小组初期，组员往往会有哪些心理特点和表现?

2. 工作者在小组初期要完成什么任务?

3. 如何设计小组初次聚会活动?

4. 订立小组契约时应该注意哪些问题?

5. 小组过程记录有哪些主要内容?

推荐阅读书目

1. 林孟平．小组辅导与心理治疗．北京：商务印书馆，1993.

2. 刘梦．小组工作．北京：高等教育出版社，2003.

3. 张兆球，苏国安，陈锦汉．活动程序计划、执行和评鉴．香港：香港城市大学出版社，1999.

4. 吴梦珍，等．小组工作．香港：香港社会工作人员协会，1992.

5. 何洁云，谢万恒．社会工作实践：小组工作．香港：香港理工大学应用社会科学系，2002.

① 香港理工大学社会工作硕士/社会工作实习手册（内部资料）。

第八章

小组转换期

本章要点

- 在小组转换期，组员往往表现出焦虑与挣扎、抗拒与防卫等情绪，或因挑战工作者、争夺权力与控制权而发生冲突。
- 小组工作者在小组转换期的目标是进一步强化小组中的认同感和巩固彼此的信任关系。
- 小组工作者需要同理、接纳组员的负面情绪；鼓励组员认识自己的焦虑、矛盾与挣扎，并协助其表达出来；帮助组员面对自己的防卫行为，并将之转化为建设性行为；直接、坦诚地面对并处理组员的挑战。
- 学会应用催化活动和催化语句处理冲突，运用重组方式引导次团体。

关键概念

防卫行为；催化活动；催化语句；重组；冲突；次团体

小组转换期也叫小组冲突期，当小组成员彼此有了一些了解、与工作者也开始熟悉、清楚了小组目标和任务之后，因为种种原因，可能常常会产生意见分歧、争论、对抗，彼此的关系出现紧张状况，这就是“冲突”。对工作者来说，小组转换期是最具挑战性的时期，处理好小组内的负面情绪和解决好小组内的冲突是小组发展进入下一个阶段的关键。

第一节　组员的特点与工作者的任务

一、组员的特点

在一个小组能够开始从事卓有成效的工作之前，通常都会经历一个相当艰难的转换时期。在这一时期，小组成员面临焦虑、抗拒以及矛盾冲突，工作者需要帮助他们处理这些问题。

学习活动：

王女士开展的离异妇女自强小组前两次活动都很顺利，组员们彼此关系很融洽。第三次活动讨论时，一个组员突然对另一个组员说："你讲得太多，让别人说点不行吗？组长，你不是说每个人都要有平等的发言机会吗？"大家都安静了下来，气氛变得紧张。为什么会出现这种情况？如果你是王女士，该怎么办？

这一时期小组结构、组员的心理和行为尚未稳定，会出现焦虑和抗拒心理，出现权力与控制权的争夺，小组过程充满了矛盾与对质的艰难。如果处理和发展得顺利就会进入和谐状态，反之会使小组面临失败，可能会导致小组夭折，因此这一时期被视为过渡时期。小组工作者需要了解组员有哪些心理特点及可能会引发哪些行为，并做好准备去处理。

（一）焦虑与挣扎

小组初期的焦虑来自对小组的陌生，而这一时期的焦虑则来自对表露"真实自我"的担心，害怕被评判和被误解。组员常常会想：我在这里公开袒露自己到底会有什么好处？如果我失去自我控制又会怎么样？如果遭到别人的嘲笑、批评或攻击，又该怎么办？

（二）抗拒与防卫

组员为了避免受到暴露真实自我而可能遭受的伤害，用抗拒与防卫的方式来保护自己：或缺席、迟到，或沉默不说话，或需要深入讨论时转换话题，或只以理性与人互动，或独占话题用完全部时间，等等。

（三）冲突

经过第一阶段的客气，大家希望更真实地表达自己，进行更真诚的互动，开始表达不同的意见与看法，对别人也不再那么礼貌和客气，可能会产生批评与竞争，从而产生组员与工作者或组员之间的冲突。

（四）挑战工作者

组员一般把工作者看作引起自己挫折感的罪魁祸首。有时工作者拒绝组员期望直接告诉"答案"的请求而使组员失望；有时组员发现自己不是工作者"最喜欢的人"而失望、生气；有时工作者要求组员更主动地参与而使组员感到压力和威胁；有时工作者太专制或不恰当地阻止组员的不当行为而引起组员不满。

（五）争夺权力与控制权

小组结构，包括领导结构、权利结构、角色结构、沟通结构开始形成。组员开始角逐组内地位，寻找自己的角色和位置，进行权力的斗争。有的组员专注于争取统治与控制权，甚至会与小组工作者产生权力上的矛盾。组员还会彼此争宠，希望自己成为工作者最喜欢的人。在这个时期，有些组员可能会因不能取得权力或在组内的焦虑太过强烈而要求退出小组。

因此，工作者应该清楚小组转换期组员的特点，谨慎处理自己的行为与言语，运用一些技术，恰当地处理冲突与矛盾，促进彼此间信任关系的建立，使小组可以安稳迅速地经历转换期，走向成熟生产阶段。

二、工作者的任务

如前所述，对工作者来说，小组转换期是最具挑战性的时期，处理好小组内的负面情绪和解决好小组内的冲突是小组发展进入下一个阶段的关键。小组工作者在小组转换期的目标是进一步强化小组中的认同感和巩固彼此的信任关系。为了实现这一目标，小组工作者有以下工作需要完成。

（一）同理、接纳组员的负面情绪

工作者应该了解组员负面情绪产生的背景，能够给予同理、接纳，使组员在了解、支持与接纳的气氛，而非指责、批评的气氛中，学习接纳自己、肯定自己，进而接纳别人。

（二）鼓励组员认识自己的焦虑、矛盾与挣扎，并协助其表达出来

工作者帮助组员学习觉察自己“此时此地”的感受与状况，并表达出来，促进组员的开放及小组真诚的互动。有时工作者的示范或自我表露可以引起组员的共鸣和自我表露。对于组员的适当行为，工作者应该用语言或非语言行为来做出强化。相反，对于组员不恰当的行为，工作者应该漠不关心、满脸困惑或善意提出批评、否定，进行负强化。其实，小组过程是一个学习的过程，工作者外显和内隐的反应形成了一种奖赏或惩罚的暗示，结果强化了成熟的行为，禁止了不成熟的行为。

（三）帮助组员面对自己的防卫行为，并将之转化为建设性行为

工作者应敏锐地觉察出组员的抗拒与防卫行为，在适当的时机协助组员面对，使其转化为建设性行为。如工作者可以使用一些引导语：“我发觉有些组员喜欢为别人提意见，这是为什么呢？”“大家分享一下，为什么自己不喜欢看见别人哀伤呢？”

（四）直接、坦诚地面对并处理组员的挑战

在一般情况下，工作者可以这样：“听到××对我说的话，我一方面很感动，另一方面有些惊讶。你愿意把你内心对我的感受坦白说出，表明了你的真诚和对小

组的信任，使我感动……其实我并不是不关心小组，只是害怕影响大家的思考，才较少发表自己的意见。我会在适当的时候与大家一样，把我的想法说出来与大家分享……”这样做，不但给组员提供示范，也使组员与工作者的关系更真诚，使小组迈向凝聚和自主。

第二节　小组转换期的工作技巧

一、催化活动设计

这个阶段的工作，应着重处理好小组内的负面情绪和解决好小组内的冲突，协助组员的开放及小组真诚的互动，进一步强化小组中的认同感和巩固彼此的信任关系。

催化活动设计应该能够促进组员互动合作，提供机会让他们担当不同的角色，并加强他们的安全感和归属感。

对于任务小组，可以让组员共同商量解决问题，加强互相支持。对于非任务的成长小组、教育小组等，小组工作者可采用一些合作性游戏，如“解人结”“小小岛”“腹背受敌”等，让组员在轻松的气氛下解决问题，增加互动与信任，体验亲密感。一些聚餐、户外短途旅行等活动，可以让组员放下防御心理，建立组员间的感情。小组工作者也可以利用一些合作性的计划，如组织一次社区服务、策划一个大型活动等，巩固小组的凝聚力。

下面是以上一些游戏的方法。

“解人结”：目的是制造愉快气氛，促进组员关系。组员围成圆圈，闭上眼睛。主持人喊开始时，每人向前迈进一步，并伸出双手抓住另外两个组员的手，形成“人结”。睁开眼睛，在手与手不松开的条件下，组员尝试将“人结”解开，形成一个或几个手牵手的圆圈。

“小小岛”：把一块木板（塑料板、纸板也可以）放在地上，大小根据组员数量调整。要求组员同一时间全体踏上木板，每个组员的身体各部位都必须离开地面，保持十秒钟。

“腹背受敌”：目的是鼓励组员发挥合作精神，加强沟通，以使行为一致，达到目的。小组工作者给每个组员发一个气球，要求组员把气球吹大并系好口，然后将组员分成两组，每组排成一列，将手上的气球夹在自己的腹部和前面一个组员的背部之间。每组一齐向前移动，从一边到另一边，每个人都不能让自己腹部的气球爆破或掉下。看哪一组最先到达，并且不犯规。

也可以使用一些促进信任关系建立的活动，如“迎风摆柳”“信任跌倒”“盲行”等游戏。

“迎风摆柳”：组员围成一个紧密的小圆圈，每人伸出双手在胸前，手心朝向圆圈中心。一名组员站在中央，闭上眼睛，双手抱在胸前，然后慢慢向后倾倒，其他组员用手轻轻托住该组员的后背。“信任跌倒”与此类似，一名组员背对其他组员向后倾倒，其他组员将其接住。

“盲行”：待一半组员蒙上眼睛后，另一半组员随意找到一个组员，带领他穿过障碍从一边走到另一边。中途既不可说话，也不能在手心写字。思考如何顺利带领，双方感受如何。

二、催化语句应用

小组工作者运用一些有效的语句来处理组员的焦虑、抗拒、冲突和敌对，打破僵局，迅速切入问题的实质与中心，引发组员的深入讨论。林孟平曾详细列出一些应对转换期冲突与矛盾情景时，小组工作者的有效语句[①]。

（一）指出组员的感受，协助组员明白表达感受的重要

“我发觉大家渐渐变得比较主动，实在是可喜的进步。不过，倘若大家能够尝试界定自己内心的感受，并与小组分享，对自己和小组都很有意义。”

“在大家的谈话中，我感觉到背后隐藏着许多感受，我盼望大家可以坦诚地说出来，不但你自己舒服些，甚至还可以帮助大家更好地认识你。”

“感受是很个人性的，并没有对与错，你们有权利充分表达。”

“我很高兴看到开始有人愿意表达自己的感受。其他人也可以不必再拐弯抹角，因为在小组中，大家要努力学习直接地沟通，才能令小组达到预期的效果。”

（二）帮助参与者明白自己的防卫行为与心态

“我发觉有人倾向于分析别人和小组的情况，以致影响了对个人的探索，你愿意检视一下自己是否有此情况吗？”

“在这两次聚会中，有人往往在别人倾诉伤心事时打断别人。这样对当事人无益，反而会阻碍其自我探索。大家试分享一下，为什么自己会不想看见别人哀伤呢？”

“在说话中，概括性和模棱两可的字眼往往是人们逃避某种事实的方法，因此，我希望你们尽量尝试采用具体明确的词语。”

“大家这一阵子的沉默令我很不安，有人愿意告诉我是什么原因，以及我应怎样做吗？”

（三）鼓励组员公开地处理矛盾与冲突，并协助他们认识和肯定其重要性

“我发觉大家似乎不愿意冲撞别人，以至于很客气，但内心却有很强的负面感

---

① 林孟平．小组辅导与心理治疗．北京：商务印书馆，1993：312.

受。我希望大家不要有太多顾忌，况且，处理冲突和矛盾，也是人际关系中的重要内容。”

“你刚才是第一次在小组中向人表达不同的意见，并且要求别人重新考虑你的看法，你的表达和处理都很恰当，实在是你的一个突破。”

“向别人表达负面的感受，只要处理得当，并不一定会破坏彼此的关系。刚才你可有留意对方的回应？他并没有对你生气，反而谢谢你的关注哩！”

“我发觉小组中似乎出现了对立的情况，大家僵持不发言，于事无补，倒不如坦白说清楚，才会对他人有帮助。否则别人会很不安，正如他刚才所说的，他觉得自己令大家不和，感到很内疚。有人愿意告诉其他人你现在的感受吗？”

“要公开地将自己的看法与感受说出来，的确不是一件容易的事，但既然大家都曾表示在小组会努力学习，这就是一个好机会。”

（四）界定组员的挣扎，并鼓励组员承担小组发展的责任

“小组是大家的，每个人都有责任促进其团结与关系的发展。你愿意告诉大家你为什么难以投入吗？”

“我发觉许多人提出问题后就望着我，期望我提供答案。不过，我早就说过，我不会，也没有能力如此做。正确的做法是大家都参与讨论，一同进行探索。有谁愿意首先做回应呢？”

“虽然在大家互有差异的处理中寻求协调并不容易，有些人甚至很冲动，不过，这反映出大家都很认真和投入。”

“我发现你们之间存在不少沟通的阻碍，以致格格不入，我希望大家要正视，坦白地说出来，好做处理。”

（五）鼓励组员对他人做真诚的回应

“××分享了许多自己与父母关系中的矛盾和冲突，我看见不少人有很强烈的感受，有人愿意与大家分享吗？”

“我很欣赏××敢坦诚地说出他对小组的感受和看法，她说大家都小心翼翼地发言，表面看来似乎小组很融洽，其实是大家都有戒心，以致说话欠缺尝试，令她感到沮丧。我想知道还有人有同样的感受吗？”

“我明白表达负面感受的困难。不过，既然××说她已有充足的准备来聆听你们对她的看法，那么我建议大家勇敢一点，坦诚表达。倘若××受不了，我相信她会制止你的。”

“我发觉大家说话都很婉转，怕××受不了。不过，我相信××一直很努力在处理自己的问题，我建议大家可以更坦诚、更直接，这样对他会更有帮助。”

三、冲突的处理与转化

虽然很多小组工作者很害怕冲突的出现，但是一个发展良好、目标达成度好的

小组是不可能不出现冲突的，关键是如何解决。

学习活动：

单亲母亲小组活动已经进行到第四次了，有位组员对你说："我觉得小组没有一点进展，你什么也做不了。"你该如何回答？

你可能会觉得很尴尬，不知如何回答，其实你只要真诚地表达出自己的感受，组员就会理解。比如你说："我明白你对小组没有进展感到焦虑，我也感到很吃力，大家愿意帮助我吗？"或者："你说得很对，小组似乎发展得不是很理想。我也很焦急，对如何促进小组的发展，你有什么具体意见吗？"或者回答："是啊，大家一直采取观察的态度，怀有很大戒心，这令我感到很沮丧，可以告诉我其中的原因吗？"

学习活动：

在大学生自我发展小组的第五次聚会中，组员们因为一个问题观点不同，争吵得很厉害。半个小时后，组员们像突然意识到什么，因为以前大家都是很和睦的，于是一下子安静下来了。作为小组工作者，你该怎么办呢？

沉默时间长会带来压力和尴尬，你可以肯定刚才组员争论的价值，告诉他们这并不代表关系受到伤害，引导组内关系深入发展。比如你可以说："可能有人为刚才出现的争执感到不安。不过，大家有没有发觉，经过刚才的争论，我们小组中人与人间的距离突然拉近了许多。我感觉到大家的认识加深了，关系更好了。你们愿意分享一下现在的感受和看法吗？"或者："我很高兴看到大家开始愿意直接表达自己的感受和观点，这正是小组的进步。因为在小组中，只有大家都努力学习直接地沟通，才能令小组达到预期的效果。"

案　例

小张进行的大学生人际关系小组活动进行到第六次时，一名组员在讨论中对自己的观点很坚持，其他组员和他争论了半天，他仍固执己见，不接纳他人意见，小组陷入了僵局。小张让大家暂停正在进行的活动，转而轮流谈谈现在的想法，澄清彼此此时的感受。

在上述案例中，小张采用的是澄清此时此地感受的方法。当小组在进行过程中，遇到障碍无法前进时，如出现僵局、冷场或过于火爆的情形，小组工作者可以要求暂停活动，转而讨论个人当时的感受，以免留下心理上的障碍。这种方法运用得好，可以促进组员进入深入的沟通和互动。

面对冲突和矛盾，其实小组工作者说什么、如何说并不是很重要，重要的是小组工作者的态度。个案工作中的建立关系技术，包括温暖和尊重、无条件接纳和关心、同理心、真诚、具体、积极倾听、恰当地自我表露等，在小组中同样适用。只要小组工作者以这样的态度去引导组员真诚表达感受，不隐藏，勇于有建设性地面对冲突，就是处理冲突的好方法。

四、次团体的处理

经过初期阶段工作的示范作用和鼓励，小组已经慢慢形成了一些沟通习惯。在小组转换期，组员会通过沟通和互动去寻找和确定自己在小组中的角色和地位，这时小组中可能会出现次团体。

次团体是小组中的小组，又称附属小组。次团体形成的原因有：一些组员被彼此的相似性吸引；小组规模大，个人的需要得不到满足，次团体替代小组满足组员深入交往的需要；小组的情境导致，如小组不能反映大多数组员的需要，聚会次数太少，尚未形成以整个小组为中心的常态；组员的安全需要；小组内意见不一致，出现分裂；有两个或多个小组工作者，并带来了分裂。

次团体有积极的一面，如可以增加小组的吸引力和组员的亲密感，但会降低与其他组员的互动，有时还会导致竞争与对立。小组工作者要特别留意组员之间的沟通与互动模式，并加以适当引导，避免产生不良的次团体，影响小组整体目标达成。

学习活动：

在你的小组进行过程中，认真留意组员间的讨论（也可用录音设备录下一段讨论过程，时间为 5 分钟），然后回答下面的问题：

1. 讨论时，谁讲得最多？
2. 谁经常在谁之后立即讲话？如讲得最多的人之后一般是谁立即发言？
3. 谁支持谁？组员中有没有次团体？
4. 谁讲得最少，或保持沉默？
5. 有没有谁的意见总是遭到否定？

在仔细回答以上问题后，你大概就可以勾画出该小组的沟通与互动模式图（见表 8－1）了。（在学习时，也可以让一些同学模拟一个小组的讨论过程，另外的同学在一旁观察。）

通常，在小组讨论时表现得很主动、活跃、话语多的组员可能在试图争取在小组中的影响，包括领导地位。在该组员之后立即发言的人既可能是想支持他，也可能是想取消他的影响而代之。次团体的成员会在每次讨论时互相支持。有的组员不太受欢迎，被孤立。有的组员在旁观，沉默不语。小组工作者通常在什么时候发言显示了小组工作者的角色和位置。这些都构成了一个小组的沟通和互动模式。

了解了小组的互动模式后，小组工作者要善于引导，通过调整小组成员的地位和权力来改变不良的互动模式。如通过分派重要又能胜任的任务给一些地位低、被边缘化的成员，可以提高他们的地位，增加他们与其他成员的沟通与互动。小组工作者处在核心位置不利于组员发挥主动性，工作者可以渐渐减弱对小组的控制，减少发言，将决策权交给小组成员。还可以采用一些方法分开次团体成员，降低其频繁互动产生的吸引力，如改变座位的安排，像“大风吹”的游戏就可以很自然地打乱组员座位的顺序。报数分组进行活动也可以将次团体分到不同小组中，增加与其他组员的互动。

表 8-1　小组沟通与互动模式

谁在说话（说的人）		对谁说话（听的人）				
		甲	乙	丙	丁	合计
	甲					
	乙					
	丙					
	丁					
	合计					

资料来源：王慧君，等．团体领导者训练实务．修订本．台北：张老师文化事业股份有限公司，2001：33.

案　例

社会工作者在开展音乐兴趣小组时发现，有几个孩子经常聚在一起讲话，社会工作者让他们自愿分组时，这几个孩子也还是聚在一组不停地说笑，完全不听社会工作者说的内容，并且他们讲话的声音已经影响到了其他孩子。社会工作者与他们交谈后了解到，原来这几个孩子在学校是同学，家离得也很近，平时经常一起玩耍，彼此之间非常熟悉。掌握了这个情况后，社会工作者在后面的工作中，采取了新的分组形式，比如报数、抽签等，将这几个孩子分到了不同的组内。

在上述案例中，社会工作者为打破小组内的次团体，采取了专门的分组方法，这样既可以维持小组秩序，也可以促进组员之间的沟通与互动。

复习思考题

1. 在小组冲突期，组员往往会有哪些心理特点和表现？
2. 工作者在小组冲突期要完成什么任务？
3. 你知道哪些催化活动和催化语句？
4. 如何有效处理冲突？
5. 如何有效引导次团体？

推荐阅读书目

1. 王慧君，等．团体领导者训练实务．修订本．台北：张老师文化事业股份有限公司，2001.

2. 黄惠惠．团体辅导工作概论．台北：张老师文化事业股份有限公司，2001.

3. REID K E. 社会团体工作．台北：扬智文化事业股份有限公司，1998.

4. COREY G，等．团体技巧．台北：扬智文化事业股份有限公司，1998.

第九章

小组生产期

本章要点

- 在小组成熟生产期，组员往往会有信任与接纳、敢于自我表露、一体感、互助与改变等心理特点和表现。
- 小组工作者在小组成熟生产期的目标是完成和实现筹划小组时设定的目标和任务。
- 小组工作者需要协助组员进一步认识自己；鼓励组员彼此尊重、关怀；鼓励组员互相帮助；以身示范，塑造被期待或恰当的行为；协助组员在小组经验中重建认知，引导组员把感悟转化为行动。
- 学习活动设计以学习为主，目的在于让组员探索自我性格、价值观，掌握知识、学习技巧、发展合作能力等；活动也可以是应用性的，包括讨论如何解决个别组员的问题，或由小组集体执行一些改变环境的任务。
- 根据每一个活动的特性设计就是按照约束程度、控制来源、走动机会、能力要求、互动程度和奖励结构来设计活动。
- 在这时期还可让组员之间进行一些反馈，寻找每人的优缺点，帮助进行深入探索，获得个人成长。同时通过真诚的反馈，组员能建立更密切的关系。
- 注意对特殊组员的处理和过程评估。

关键概念

学习活动；反馈活动；特性设计；过程评估

第一节　组员的特点与工作者的任务

一、组员的特点

经过小组初期和转换期工作者卓有成效的工作，小组进入和谐的成熟生产期。

在这一时期，小组成员彼此信任接纳，小组规范已被组员内化，小组的内在结构已经整合并且有效，工作者的角色从轴心位置转化为边缘的催化和监督的角色，为实现小组的总目标而工作。在此阶段组员具有以下特点。

（一）信任与接纳

经历了转换期的冲突、矛盾与争夺，组员能真诚地互动、关怀，信任小组，对小组充满信心和期望。组员开始享受一种充满了关爱、诚实和开放的密切关系。

（二）敢于自我表露

这一阶段的组员已放心地卸下个人的防御和伪装，敢于表露真实的自我，剖析及讨论较为个人及敏感的材料，自由地表达个人真实的感受且不怕得罪别人。组员间能自由地、不带防卫性地给予及接纳反馈意见。小组讨论也集中于这一阶段。

（三）一体感

小组有一体感。这一阶段小组结构已趋完整，小组目标、小组规范、小组文化已为组员所熟悉。小组能应付内在及外在的刺激并做出有效的反应。小组内已经形成亲密关系，组员对大家的亲密关系抱有兴趣，对不出席者很关心。小组凝聚力强，组员都在为实现目标而共同努力。

（四）互助与改变

这一阶段组员不再玩心理游戏，对小组工作者的依赖减少，一些组员能分担小组领袖的工作。组员能够制订、改变计划，互相帮助，彼此支持，学习将领悟转化为行动，从而达致目标。组员愿意练习新的技能及行为，并与其他人分享改变的成果。

组员在彼此熟悉以后，便可以做较深入的互动，分享彼此对事物的看法、信念及价值观。在这个阶段，组员应有机会独立自主，并发挥互动的精神，去解决一些共同面对的问题，达成小组所定的目标。

二、工作者的任务

在成熟生产期，小组工作者的角色变成了引导者和协助者，很多主要的活动都由组员自主完成。这时，小组工作者要安排机会给组员练习及应用一些在小组中学到的技巧和知识，协助组员探讨其问题，通过小组一同寻求解决方法；协助组员学习互相接纳及支持；提醒组员把所学技巧运用于日常生活中；等等。具体来说，小组工作者有以下工作需要完成。

（一）协助组员进一步认识自己

在和谐接纳的小组气氛中，组员更愿意深入探索自己、表露自己。这时，工作者要协助组员进一步认识自我，使其深入了解自己问题形成的原因与相关因素，以此作为自我突破、自我发展的基础。工作者要在小组中创造一种自由表达的氛围，使组员能畅所欲言地说出自己的感受。

（二）鼓励组员彼此尊重、关怀

工作者应该适当地鼓励组员彼此支持，并向别人表达自己对他（她）的关注和兴趣。这种行动，能够令人感觉到被接纳、被尊重、被关心，因而产生一种舒适和彼此信任的感受。彼此尊重不仅能够鼓励组员敢于继续表达，也能给予表露自己阴暗处和伤痛处的组员继续前行的勇气。

（三）鼓励组员互相帮助

每个组员都有自己的成长背景和生活经验，他们可以彼此互为资源，相互帮助，在协助别人的同时也帮助自己获得更多方面的信息，扩大视野，从而更了解自己并解决问题。

（四）以身示范，塑造被期待或恰当的行为

工作者向组员示范自我表露的深度与内涵，表达具体的回应、此时此地的感受、面质时应有的态度等。通过工作者的示范引导，促使组员的行为与互动更为有效。

（五）协助组员在小组经验中重建认知，引导组员把感悟转化为行动

工作者协助组员分析、检讨自己的认知体系，改变不适用或不合理的认知，代之以合理的、适用的认知。虽然组员通过自我反省、其他组员的真诚回应和面质等，对自己与环境的关系有了新的领悟和认知，但这依然不够，需要工作者引导组员把获得的领悟和认知具体化为行动。

值得注意的是，组员可能会太享受于小组内和谐的气氛、与组员间的密切关系和在小组内得到进步，但却不感到有在组外活动的需要。小组工作者要提醒组员把所学技巧运用于日常生活中，如布置家庭作业；还要提醒组员，小组只是暂时的同行者，有时间性，重要的是在离开小组后仍能独立运用小组中所学。

第二节　小组生产期的工作技巧

一、小组生产期活动设计

这个阶段的工作，主要围绕小组的总目标开展，完成小组预定的任务。

(一)学习活动设计

程序活动在这个阶段的一个主要功能是协助组员学习技巧和自我探索，达到小组目标。活动以学习为主，目的在于让组员探索自我性格和价值观、掌握知识和学习技巧、发展合作能力等。同时，活动也可以是应用性的，包括讨论如何解决个别组员的问题，或由小组集体执行一些改变环境的任务。

举例来说，利用“我的自画像”，帮助组员深入探索自己的性格。利用一些智力拼图、智力题目、创造性能力训练题目则可以训练组员的智能。

再比如，“以讹传讹”游戏用来帮助组员学习沟通技巧，使组员明白人际沟通中的信息扭曲现象是如何发生的，沟通中有哪些障碍因素会影响沟通效果。游戏规则如下：游戏中将组员分为两组，一组观察，一组表演。表演组排好顺序，留下第一个人在室内，其他人在门外等候，不能听到室内说话。小组工作者将一张写有一段比较长的话的纸条给表演组第一个人看，要求他在一分钟内尽量背下来，然后转告从门外进来的第二个人。只能说一遍，第二个人只能听不能问，尽量记下，再告诉进来的第三个人，以此类推。观察者要注意信息流失、变化的过程和原因。然后，观察者和表演者调换角色换一段话再进行一遍。

而“沉船求生”“孤岛求生”“艾滋病病人就医”“大拍卖”“大辩论”“火场逃生”等活动，可以让组员通过与其他组员的互动和比较，深入探索自我的价值观、人生经历、个性特点。下面详细介绍以上提到的探索价值观的游戏活动。

“沉船求生”“孤岛求生”和“艾滋病病人就医”都是假设面临生死抉择时，你会选择谁应该被放弃，谁应该活下去。这些人的经济地位、政治地位、社会地位、对社会的贡献、年龄、职业、性别、性格、品德、智力、能力、性取向、经历各有不同，如穷人、富翁、儿童、老人、同性恋者、有婚外情者、性工作者、医生、社会工作者、残疾人、慈善家等，你的选择代表了你的价值观。

“大拍卖”：小组工作者给每位组员发代币券，如100万元。组员用手中拥有的代币券向小组工作者竞拍“亲情”“健康”“财富”“权力”“爱情”“友情”“名誉”等，出价最高者获得。然后，让组员思考他为什么出高价买其中某一样，他觉得对于他什么是最重要、最有价值的。

“大辩论”：对一些社会上有关伦理、价值观、道德的热点问题进行辩论，如安乐死、在校大学生结婚、同性恋等话题。

“火场逃生”：假如家中失火，你可以来得及选择带走三样物品，你会带走什么？讨论什么对于你来说最有价值、最重要。

这些活动设计应该能够促进组员互动合作，提供机会让他们担当不同的角色，并加强他们的安全感和归属感。

对于任务小组，小组工作者可以让组员共同商量解决问题，加强互相的支持。对于非任务的成长小组、教育小组等，小组工作者可采用一些合作性游戏，如“解人结”“小小岛”“腹背受敌”“传递呼啦圈”等，让组员在轻松的气氛下解决问题，增加互动与信任，体验亲密感。一些聚餐、户外短途旅行等活动，可以让组员放下防御心理，建立组员间的感情。小组工作者也可以利用一些合作性的计划，如组织一次社区服务、策划一个大型活动等，巩固小组的凝聚力。

（二）反馈活动设计

在这一时期还可让组员之间进行一些反馈，寻找每个人的优缺点，帮助其进行深入探索，获得个人成长。同时，通过真诚的反馈，组员能建立更密切的关系。此类活动如“优点轰炸”“缺点轰炸”等。

“优点轰炸”即每位组员找到其他组员的一个优点，并告诉对方。这一活动让组员从别人的口中认识到自己的长处，看到自己的改变和进步，从而建立自信。“缺点轰炸”与之相反，是让组员互相提缺点，帮助每位组员看到自己的不足，并予以改进。

（三）根据每一个活动的特性设计

结合程序设计的六个向度——约束程度、控制来源、走动机会、能力要求、互动程度和奖励结构来设计活动。

约束程度根据小组整体目标和每次活动的目标而定，通常随着组员自制力的增强，程序的约束程度可以降低。

控制来源方面，由于小组已经建立了规范和结构，组员已有较强的自制力和自主性，因此小组工作者可减少对小组的控制，转而交由组员自行策划活动。

另外，由于组员已较为成熟，要求组员有较深入的互动和较高的能力，因此，可以设计一些对能力要求较高和互动较多的活动，让组员有机会参与、合作、分担责任，以及做较深入的分享，走动机会可以减少。

奖励结构方面，活动本身应能提供内在的满足感，帮助组员达到个人目标，所以一般不用依赖外加的奖励。

案　例

小业在武汉市一所民工子弟小学为12名刚来城市不久的孩子开展了一个熟悉城市生活和学习环境，尽快融入城市的小组。第三次活动的目的是让组员们熟悉与自己生活关系密切的本城市地名、场所及位置。

小业的程序计划如表9-1所示。

表9-1　小组第三次活动程序

时间	目的	内容及形式	小组工作者角色	所需物品
3：00—3：05	引起组员注意，对今天的内容有准备。	回忆上次活动的内容与目标，介绍本次活动的内容与目的。	组织者	

续表

时间	目的	内容及形式	小组工作者角色	所需物品
3：06—3：15	1. 让组员对城市有一个初步了解。 2. 激发组员对学习的兴趣和对城市的感情。	简单介绍武汉市中心城区的区域划分：武昌、汉口、汉阳。介绍武汉市的历史和基本情况、以上地名的来历和历史故事。	教育者、信息提供者	粉笔
3：16—3：35	1. 提供走动机会，让气氛活跃起来。激发组员的学习兴趣。 2. 了解组员对城市的了解程度，让组员初步记住一些与他们的生活有关的地名。	游戏："武昌-汉口-汉阳"。 在地上画三个大圆圈，分别代表武昌、汉口、汉阳，小组工作者念出一些这三个地方常见的地名和场所名称。组员听到后，要迅速跑到该地名或名称所在的区域。跑错的就淘汰出局，直到只剩下最后一位，即为胜者。	组织者	粉笔
3：36—3：55	结合上一游戏介绍，加深印象。	评价刚才的游戏中出错较多的地名，展示武汉市的地图，并介绍刚才游戏中的地名所在位置。介绍一些与组员生活有关或著名的地名及历史故事。	教育者、信息提供者	
3：56—4：20	1. 通过亲手贴图，再次加深对与自己生活关系密切的城市地名、场所及位置的记忆。 2. 组员之间互相合作，解决问题。	游戏："我来'设计'地图"。 将组员分为两组，分别分给每组一个画有武汉三镇分区的简单地图，上面没有具体地名，每组到小组工作者那里抽10个写有地名的纸条，然后将这些地名贴在相应的区域内，看是否贴错。组员之间要充分商量，做出决策。做完后小组工作者再加以讲解。	教育者、组织者、引导者	纸张、粉笔、笔、地图、双面胶
4：21—4：30	总结本次活动成果，为下次活动做准备。	分享今天活动的收获与感受，小组工作者进行总结。 布置下次小组活动前的准备工作。	组织者、引导者	

二、特殊组员的处理

小组中每个组员都有自己的个性，都有或多或少、或轻或重的个人问题，当他们将这些个人问题带进小组时，小组工作者会发现小组中有一些难以捉摸、令小组工作者伤脑筋的组员。他们的言行会给其他组员带来干扰，倘若小组工作者处理不当，可能会阻碍小组的发展，令小组的效果大打折扣。

下面只探讨其中几种常见的难处理的类型。

（一）特殊组员类型及处理

1. 导师型组员

这类组员在小组中通常很忙碌，看起来很投入。不过，他们只是忙于找机会向别人提供意见和建议，一般其他组员不喜欢他们，甚至会产生厌烦。但小组中喜欢依赖他人、不想对自己的行为负责，或对自己的处事缺乏耐心的组员对导师型组员却非常欢迎。对于小组工作者来说，导师型组员给他们带来不少问题，这类组员不断破坏个别组员学习处理问题和成长的机会，对整个小组的发展也造成了很多阻碍。

当导师型组员在小组中给予他人意见和建议时，满足了自己潜意识中的一些重要需要。学者认为导师型组员乐于给意见可能是因为：第一，将注意力从个人的问题上引开；第二，表示自己的能力比小组工作者更强；第三，对正在寻求帮助的组员有轻视和敌意，却借此做隐瞒；第四，在别人尝试面对一些痛苦经历和做出适应时，感到很大的不安，当他无法面对时，就会提出意见作为逃避；第五，有些导师型组员其实本身是很依赖人的，但为了掩盖自己的问题，就不断扮演“导师”的角色；第六，有些导师型组员是出于助人的诚意，认为自己在帮助他人。

导师型组员往往是两类人：一是对自己很有信心或太有信心的人；二是很自卑或很没有安全感的人。

一些导师型组员在日常生活中就一直扮演父亲、母亲或兄长姐姐的角色，经常忙忙碌碌地给别人提供建议和帮助。碍着情面，很少有人会明白地表达自己的不满，日子一久，他也就以为自己的意见很有价值，别人都需要他，重视他，在自己制造的假象中生活。在小组中，当小组发展得较好时，可能会有人忍不住坦诚地说出个人感受，作为小组工作者要珍惜这机会，协助导师型组员勇敢地面对自己的问题。

但一些初次带领小组和经验少的小组工作者，可能会被引诱，急切地向组员证明自己的能力，随便给出自己的建议，落入圈套。

2. 悲痛者

有的组员一旦在小组中经历到其他组员的关爱和温暖，往往在触及痛处时就会将长久压抑的感情趁着机会倾诉和宣泄，痛哭不止。如果只是偶尔哭泣，那么我们可以将其看作正常的，因为在治疗小组中，这具有治疗的意义。一个人在小组中痛哭，反映了他在众人的鼓励和支持下勇敢地正视自己，不再逃避。但小组工作者要留意小组中经常会情绪激动而哭泣的组员。

经常痛哭的组员通常情绪很不稳定，因为他们内心有很多负担，有许多未曾妥善处理的伤痛，以致在小组分享时，容易触发个人的悲痛。这类组员对于小组工作者来说往往是巨大挑战，一些小组工作者往往不知所措，尤其是男性小组工作者或者组员为男性时，更不知该如何处理。小组工作者又不得不注意他，如果这时还有一个原先正在悲痛的组员还未处理完，情况就更为复杂。

这时，小组工作者要先了解组员哭泣的原因。对于期望引起注意的组员，不要过于关心，待其平静后处理。如果组员是因为伤心、难过而哭泣，则应给予关怀和安慰。对于因压抑太久突然发泄出来而引发的哭泣，小组工作者要指出其建设性意义，待组员平静后，协助组员从中学习。

3. 沉默者

小组中可能有组员很少说话或者基本不说话，保持沉默。沉默的原因有很多，抗拒、逃避、害羞、沉思、不知说什么、受到伤害、性格内向等都可能导致沉默。但沉默者也会给其他人带来压力和威胁，因此小组工作者要先尝试了解沉默的原因，再寻找相应的对策。有的沉默者是因为抗拒和退缩，有的沉默者虽然沉默却对小组很投入。小组工作者可以自然地抓住一些时机，请沉默者表达自己的感受，例如："在过去几次聚会中，你很少讲话，今天你愿意说点什么吗?""我发觉你在聚会中显得非常安静，我很想知道你的感受如何。"

一些沉默者不愿意讲自己的感受，小组工作者不要强迫，可以采用配对或分小组讨论的方式减少其焦虑，引导其表达；或让沉默者将感受书写出来，如"我的秘密"等活动可以减少沉默者对当众表达的顾忌。

4. 垄断者

与沉默者相反，垄断者有很好的表达能力，总是滔滔不绝，占用大部分时间，让其他组员很少有表现的机会。垄断者通常以自我为中心，经常打断别人说话，看不到他人的反应，永远想吸引他人的注意，不能容忍沉默。但他的话题总是无法触及深层自我，只要有人想协助他深入，他就立即转移话题逃避。垄断者其实是很焦虑不安的人，他们通过喋喋不休来逃避。

垄断者会给小组带来破坏性的后果，例如，使其他组员厌烦而对小组失去兴趣和信心，滋生次团体，小组凝聚力弱。组员的不反馈、不挑战会纵容垄断者。小组工作者要留心小组出现这样的情况，要协助垄断者察觉到自己的行为及其对其他人造成的影响，如邀请每位组员评估自己在小组中的表现；还可以适时打断垄断者，请其他组员发言；重申小组规范——每个组员都要积极参与，不要随意打断别人说话。但过程中要避免对垄断者造成伤害。

5. 满怀敌意者

小组中有的组员不断对其他组员进行言语上的攻击，挖苦、讽刺、冷言冷语、满怀敌意，让其他组员很难接受。这样的组员通常在人生经历中受过伤害，对人不信任，习惯孤立自己，对他人有诸多要求，百般挑剔。有的用直接方式表达，有的用间接方式表现，如语气不耐烦、口气不友善、皱眉等。

相对来说，这类组员带来的感受很强烈，容易造成对立，影响小组的和谐气氛。小组工作者首先要冷静，明白攻击并不是针对自己，而是组员自我保护的一种方式；然后以坦诚的态度表明自己对被攻击的感受，邀请其他组员讨论此时的感受，协助满怀敌意者放弃防卫，从他人角度考虑，学习有效的沟通行为。

6. 代罪者

代罪者是小组的发泄对象，常常被捉弄和嘲笑，自己却似乎并不在意。代罪者是小组冲突和矛盾的牺牲品，一些组员把自己的不满、怨恨转嫁到代罪者身上，以减轻自己的压力。有的组员会甘心充当代罪者这一角色，这样的组员往往是没有自信、不懂得如何与人相处和建立关系的人，他们担心如若反抗会被抛弃，由于发现这样的角色可以让他们被小组接纳而自愿担任该角色。

因此，小组工作者发现小组中有此类组员后，要适时制止，让攻击者明白自己的行为给他人带来的伤害，应该直接处理小组的冲突与矛盾，找出问题的原因，而不是推卸责任。对代罪者以同理心反映其感受与处境，协助其以建设性的方式与他人建立关系。

总的来说，当出现了特殊组员时，小组工作者可以先看看小组有什么反应，因为处理特殊组员不单是小组工作者的工作。通常特殊组员的出现与整个小组的互动有关，如导师型组员和垄断者的出现，往往是其他组员退缩、沉默、不愿意向其挑战的结果，代罪者的出现是因为一些组员逃避责任，不顾及他人的感受。小组工作者应帮助组员找到原因，鼓励组员一起面对和解决问题。对一些由个人以前的经历等原因导致的严重问题或在小组中无法解决的问题，小组工作者也可以视情况，在聚会后单独面谈处理。

（二）特殊组员的观察与辨别[①]

小组工作者可以通过多种方法发现小组中的特殊组员。

1. 观察和记录组员行为

小组工作者可以用以下量表观察和记录组员的行为表现，找出小组中的特殊组员（见表 9-2）。

表 9-2　成员行为观察表

聚会次数：　　　　　　　　小组成员数：

	成员行为	成员代码	总次数
消极抗拒行为	1. 导师型组员		
	2. 悲痛者		
	3. 沉默者		
	4. 垄断者		
	5. 满怀敌意者		
	6. 代罪者		
	7. 其他（根据具体情况添加）		

① 何长珠．咨商员与团体．台北：大洋出版社，1981：79.

续表

	成员行为	成员代码	总次数
协助行为（任务功能）	1. 信息、意见提供者		
	2. 信息、意见探寻者		
	3. 协助者		
	4. 起始者		
	5. 其他（根据具体情况添加）		
协助行为（维持功能）	1. 鼓励者或催化者		
	2. 调和者		
	3. 妥协者或中立者		
	4. 观察者		
	5. 跟随者		
	6. 其他（根据具体情况添加）		

2. 组员自我观察与评估

小组工作者也可以让组员检查和评估自己在小组中的表现，引导其发现自己在小组中的角色（见表 9-3）。

表 9-3　小组会后反应表

本次小组聚会
（　）很温暖、友善。
（　）有很多攻击性的行为。
（　）成员都不感兴趣，不参与。
（　）成员想操纵局面。
（　）我们这个小组需要专家的帮助。
（　）多数谈话内容是无意义的。
（　）成员都非常客气。
（　）有很多钩心斗角的情形。
（　）以解决问题为主。
（　）这个小组对每个人都很有帮助。
我在小组中的行为
（　）我对某些人表现温暖、友善。
（　）我没有积极参与。
（　）我以解决问题为主要目的。
（　）我努力使每个人参与。
（　）我扮演领导者的角色。
（　）我对每个人都很客气。
（　）我的建议常常跟主题不合。
（　）我是个跟随者。
（　）我被激怒。
（　）我喜欢攻击别人。

注：请将表中有关小组聚会的情形与你的行为的各项描述排出等级，1 代表与实际情形最相似，10 代表最不相似。

资料来源：宋湘玲，林幸台．人际沟通活动．高雄：复文图书出版社，1989：96.

3. 通过游戏来反思

小组工作者还可以通过设计一些游戏，让组员在其中思考和发现彼此在小组中的角色，澄清自己与其他组员的关系，小组工作者也能从中获得信息。如“认亲戚”游戏。

“认亲戚”游戏：给每位组员发一些卡片，上面写着不同亲戚的名称，如父亲、母亲、哥哥、姐姐、弟弟、妹妹、爷爷、叔叔等（可自行变化）。组员根据自己的经验、心目中理想的亲戚形象和对其他组员的印象，分派卡片上的角色给其他组员。然后讨论：为什么这样分派角色？接到角色后有什么感受？

三、过程评估

小组进入生产期后，组员对自己在小组中的表现、其他组员对他的态度，以及组内的气氛都变得很敏感和在意。小组工作者要非常留意组员的各种情绪和反应，不断调整聚会安排和自己的角色，因此过程评估就非常重要，它可以帮助小组工作者及时得到信息反馈，同时也可以让组员思考自己在小组中的表现。下面是一些常用的过程评估表（见表 9 - 4 至表 9 - 6）。

表 9 - 4　本次聚会评估表

- 这次聚会，你参与的程度如何？
- 今天在小组里，你愿意投入的程度有多少？
- 以你自己的眼光衡量，今天在小组里，你表现出主动及奉献的程度如何？
- 你愿意在小组里冒险的程度如何？
- 今天在小组里，你对其他成员的信任程度如何？
- 今天在小组里，你对小组工作者的信任程度如何？
- 今天的讨论，刺激你思考自己的问题、生活情况的程度如何？
- 今天的小组中，触及你的情绪，或帮助你回想起生活上的情感负担的事情有多少？
- 在这次小组讨论里，你关怀别人的程度如何？
- 今天，你愿意把自己的感受、想法与别人分享的程度如何？
- 你对这次聚会目标了解的程度有多少？
- 本星期内你愿意主动练习新行为的程度如何？
- 此时，你盼望下周再回到这个小组的程度如何？
- 今天在参加聚会之前，你对自己或小组做了多少反省？
- 以你所见，你认为小组的活力、目标的明确性及积极性达到何种程度？
- 你认为这时候小组凝聚力及团结达到什么程度？
- 你愿意给予小组其他成员反馈的程度如何？
- 你愿意毫无防备地接受，并且仔细思考你所得到的反馈的程度如何？
- 你认为小组在你的生活中具有积极正向的力量以帮助你改变的程度如何？
- 本次小组功能发挥的程度如何？

资料来源：COREY G，等．团体技巧．台北：扬智文化事业股份有限公司，1998：230.

表 9-5 小组气氛问卷

回想小组其他成员对待你的情形，在每一项目前的括号内写下适当的字母。

A 他们总是这样　B 他们时常这样　C 他们偶尔这样

D 他们极少这样　E 他们绝不会这样

我觉得小组其他成员：

1.（　）诚实地对待我。

2.（　）抓到我说话的重点。

3.（　）打断或不理会我提出的意见。

4.（　）接受我。

5.（　）当我干扰他们的时候，他们很自然地让我知道。

6.（　）误解我所说的和所做的。

7.（　）对我感兴趣。

8.（　）提供一种气氛，使我能表现真实的我。

9.（　）有事藏在心里不让我知道。

10.（　）能洞悉我是怎样的一个人。

11.（　）无论什么事都能考虑我一份。

12.（　）对我采取判断式的反应。

13.（　）对我完全坦白。

14.（　）能察觉我的困扰。

15.（　）无论我的技术能力或地位如何，都能充分尊重我。

16.（　）如果我表现得异常的话，就嘲笑我或不表示赞同。

小组气氛问卷计分法

第 3、6、9、12、16 题是负向行为，先评分，A=0，B=1，C=2，D=3，E=4，其他的项目计分方式相反，A=4，B=3，C=2，D=1，E=0，然后按上述原则将各题分数相加，得出下面 4 种小组气氛的分数：

真诚（包括 1、5、9、13 题）

了解（包括 2、6、10、14 题）

尊重（包括 3、7、11、15 题）

接纳（包括 4、8、12、16 题）

资料来源：宋湘玲，林幸台．人际沟通活动．高雄：复文图书出版社，1989：103.

表 9-6 小组成长评价表

小组气氛

最初　现在

（　）（　）1. 小组把我当一个真正的人看待。

（　）（　）2. 我觉得和这个小组的每个人都很亲密。

（　）（　）3. 这个小组表现出了分工合作和团队精神。

（　）（　）4. 小组其他人协助我个人的成长。

（　）（　）5. 我信任小组里的其他人。

（　）（　）6. 小组中的每个人都互相帮助。

（　）（　）7. 作为小组里的一分子，我觉得很满意。

（　）（　）8. 我在心理上觉得和这个小组很接近。

（　）（　）9. 在小组中我觉得有成就感。

（　）（　）10. 在这个评价表上我很认真作答。

续表

资料共享
最初　现在
（　）（　）11. 我愿意与小组里其他人分享资料。
（　）（　）12. 我能自然地与小组里的人讨论我的私事。
目标
最初　现在
（　）（　）13. 我以个人目标为主，而不是以小组目标为主。
（　）（　）14. 这个小组使用整合而有组织的方法解决问题，而不是用竞争的方法。
（　）（　）15. 我能迅速而完善地处理小组里的重要问题。
（　）（　）16. 小组的活动能反映出全体成员的需要和欲望。
（　）（　）17. 小组的活动能满足我的需要和欲望。
控制
最初　现在
（　）（　）18. 全体成员对工作的完成很有责任感。
（　）（　）19. 我觉得被小组里的其他人操纵。
（　）（　）20. 我觉得我在操纵这个小组。

注：请就每一项目，根据小组最初的情形与现在的情形给予分数（1～7 分，7 分表示最接近事实，1 分表示与事实最不符合）。

资料来源：宋湘玲，林幸台．人际沟通活动．高雄：复文图书出版社，1989：107.

复习思考题

1. 在小组成熟生产期，组员往往会有哪些心理特点和表现？
2. 工作者在小组成熟生产期要完成什么任务？
3. 你知道哪些学习活动和反馈活动？
4. 如何有效处理特殊组员？
5. 过程评估有哪些方法？

推荐阅读书目

1. 王慧君，等．团体领导者训练实务．修订本．台北：张老师文化事业股份有限公司，2001.

2. 黄惠惠．团体辅导工作概论．台北：张老师文化事业股份有限公司，2001.

3. REID K E. 社会团体工作．台北：扬智文化事业股份有限公司，1998.

4. COREY G，等．团体技巧．台北：扬智文化事业股份有限公司，1998.

5. 何洁云．小组工作程序计划簿．香港：香港理工大学应用社会科学系，2004.

6. 刘梦．小组工作．北京：高等教育出版社，2003.

第十章

小组后期

本章要点

- 在小组后期，组员往往会有离情别绪、对外面世界产生担心、小组凝聚力消退等心理特点和表现。
- 小组工作者在小组后期的目标为整合学习成果，协助组员把小组学习效果延伸到组员的日常生活中，使组员带着最大收获离开小组。
- 小组工作者需要协助组员接纳小组即将完结的事实，处理离别情绪；总结及巩固小组的学习成果，为走进现实生活做准备；解决遗留问题；回馈与祝福，提醒保密；安排结束后的跟进工作；进行小组评估。
- 小组后期的程序设计，应着重营造结束的气氛，避免约束，降低对组员能力的要求，举办一些象征结束的活动，如文艺表演、会餐、合影留念、纪念册签名等。当然一些小组规则如保密、互相尊重、坦诚仍需要共同遵守。
- 离别情绪常常会带给组员负面的感受，需要工作者加以引导，避免出现破坏小组学习效果的后果。对于小组工作者来说，协助组员为走入现实生活做好准备，将小组学习效果延伸到日常生活中才是最重要的。
- 小组结束时要对初期制定的小组目标和组员个人目标的达成度进行评估。通过评估，组员可以更清楚自己在小组中的改变和表现。而小组工作者可以检讨自己在小组过程中的态度、行为，小组安排对组员的影响，自己的长处与不足，促进作为小组工作者的成长，这对今后的工作的改进十分重要。

关键概念

角色扮演；支持性资源；负面感受；结果评估

小组后期为小组的结束阶段。小组会因为很多原因而结束：一种是组员和小组都已经达到了目标而理想地自然结束；一种是小组开始即已经安排了何时结束，小组是按计划结束，大部分的小组尤其是封闭式小组都是如此；还有一种是小组没有达到目标，出现了特殊情况而无计划地结束，如组员流失过多、机构不提供支持、外来压力过大、小组工作者无法处理和控制小组冲突等各种因素导致无法继续小组时，小组不得不提前结束。

第一节　组员的特点与工作者的任务

一、组员的特点

出于小组目标的需要，无论是任务小组还是治疗小组、发展性小组，小组工作者都要求组员建立互相信任、帮助、支持的密切关系，并在小组过程中通过各种程序活动不断强化，增强小组凝聚力和吸引力。经过一段时间的相处，组员、小组工作者之间必然会建立深厚的感情。因此，面临离别，组员甚至小组工作者都会有强烈的情绪反应。

（一）离情别绪

无论小组是因为何种原因结束，经过一段时间的相处，组员、小组工作者之间都必然会建立深厚的感情，现在马上要分开了，怎能不叫人依依不舍呢？有的组员甚至会产生被遗弃的失落感。在这种气氛之下，有的组员不愿意就此结束小组，可能会提出延长小组时间的要求；有的组员会认为工作者因为不喜欢自己而要遗弃自己，产生消极、负面的情绪。

（二）对外面世界产生担心

在进入小组之前，很多组员在外面的世界里存在适应环境的困难，他们抱着满腔的期望进入小组，在内心经历了小组的复杂的历练之后，受到小组的接纳、肯定，与工作者、其他组员相处融洽、愉快，但时间没过多久，又要回到原来的环境，与以前的人、事接触，怎能不担心适应不了？

（三）小组凝聚力消退，呈现出松散状态

组员意识到小组快结束了，每个人都开始考虑自己的打算，小组内的人际互动频率和强度会降低，小组的影响力会减弱，小组规范也会松散，因而组员常常缺席小组活动，小组可能呈现松散状态。

二、工作者的任务

总的来说，小组工作者在小组后期的目标为整合学习成果，协助组员把小组学

习效果延伸到组员的日常生活中，使组员带着最大收获离开小组。

针对组员在结束阶段的心理和行为特点，小组工作者的任务如下。

（一）协助组员接纳小组即将完结的事实，处理离别情绪

工作者首先要处理好自己的情绪，应该充分认识到小组结束意味着小组目标的实现，组员已经获得了成长，其行为态度发生了改变。其次，工作者在小组结束前一两次活动时就应告诉组员，小组即将结束，让组员在心理上做好接受离别事实的准备。

（二）总结及巩固小组的学习成果，为走进现实生活做准备

工作者带领组员总结在小组中学习到的东西，给予组员强化、鼓励，使组员对自己产生自信与肯定，并协助其制订行动计划，将在小组内学到的知识与技巧运用于现实生活中。

（三）解决遗留问题

工作者如发现有些在小组中预定要做或想做而未做，或是一些应该处理而没有处理的事情，应该在最后阶段做个处理。如果实在无法处理，那么应该有一个交代。

（四）回馈与祝福，提醒保密

工作者发动组员在小组结束时彼此给予回馈，互相送上祝福的话语和希望，并强调保密的重要性。

（五）安排结束后的跟进工作

有些组员需要继续学习或接受进一步的服务，工作者应该提供有关信息和资源。

（六）进行小组评估

在小组结束的时候，工作者应该对小组的效能做出评估。

第二节 小组后期的工作技巧

一、小组后期程序设计技巧

学习活动：

小华暑期在社区活动中心开办了一个增进亲子关系、加强亲子沟通的小组，经过两个月，小组快要结束了，他需要安排最后一次聚会，请帮他设计一个程序活动

的计划。

一方面，由于小组后期工作复杂，需要运用很多专业技巧，如情绪处理、评估工作、日后跟进与转介安排等，因此，小组工作者的主导有助于维持小组的稳定，确保聚会的一切细节被安排妥当。另一方面，小组即将结束，组员应将其注意力和精力主要放在自己未来的生活安排及组外的事情的处理上，而不是放在组内事务上。因此，在小组后期的程序设计中，小组工作者需要像在开始阶段一样，成为小组的领导者，重新扮演策划者的角色，把握对小组的控制。

同时，小组后期的活动应避免约束，一些小组规则如保密、互相尊重、坦诚仍需要共同遵守；要提供适当的走动机会，让组员缓解不安的情绪；所设计的活动也要降低对组员能力的要求，使气氛轻松、积极。由于小组即将解散，小组工作者已不需要刻意鼓励组员的互动，而需要引导组员开放和坦诚地交流彼此的情绪、经验，给他人反馈，但也要减少组员间的交流和吸引力，鼓励他们独立做事，减少他们在组中得到的满足感，使他们能将注意力放在小组之外对将来生活的安排上。

至于奖励方面，工作者可以对在小组中表现突出的组员给予一定的奖励，如授予“最合作组员”“最大进步组员”等称号，也可以给予一定的物质奖励。但要避免给其他组员带来失败感。可以给每位组员发小纪念品，作为对小组经历的留念。

举办一些象征结束的活动，如文艺表演、会餐、合影留念、纪念册签名、互送象征性的礼物（如卡片、祝福语句）等。这种热闹、轻松的气氛可营造出积极的、支持性的离别气氛。

在未来计划方面，小组工作者可安排如“水晶球”和“三件我想改变的事”等活动，引导组员思考日后的改变计划和步骤，激发持续的改变行动。小组工作者也可安排一些活动，如“追踪联系”活动，追踪跟进组员日后的行动。

游戏举例：

1. “三件我想改变的事”

目的：协助组员澄清问题，或对将来的改变进行计划。

方法：让每个组员写下三件想改变的事，完成后轮流分享。组员必须详细解释为什么不喜欢它、想改变什么、计划如何改变等。

2. “水晶球”

目的：协助组员设计未来。

方法：将一物品当作水晶球，让组员轮流从“水晶球”中看到自己五年后的情形，其他组员就其叙述给予反馈。

3. “祝福语句”

目的：提供机会让组员彼此鼓励和支持。

方法：组员围圈而坐，小组工作者发给每个组员一张卡片，组员先在卡片的左上角写上自己的名字，表明他是这张卡片的主人，然后将它交给右边的组员。右边的组员就他对卡片主人的认识，写上一些祝福和鼓励的话语。写完后，再将卡片传给下一个组员，直至每个组员均在不同的卡片上写上了祝福语。最后每张卡片都传回给卡片主人保留。

4. “追踪联系”

目的：延伸小组的影响并提醒组员曾制订的计划。

方法：在小组结束阶段，让每个组员写一封信给自己，预期自己在一个月或几个月后所希望达成的改变。书信写好后，放在信封内，并写上自己的地址。小组工作者收集所有书信后，在约定的日期寄回给组员。

5. “爱的勋章”

目的：让组员从别人的反馈中增强自信。

方法：给每个组员发一定数量的卡片（根据组员的数量），然后每个组员为其他组员设计一个勋章。每个勋章中间必须写上个人认为接收者所拥有的一项优点。完成后，每人均取得别人赠予的勋章，送出者须解释勋章的设计。

小组工作者还可以利用一些语句，引导组员对他人提供反馈信息。例如，让每个组员送给其他组员几句话：“我担心你……”“我希望你……”“我最记得你……”“我最喜欢你的一点是……”“我认为阻碍你进步的一点是……”等。组员会对这些简短的评价记忆深刻。

二、离别情绪的处理

<u>学习活动：</u>

每个人都经历过分离，请回忆一下自己在高中毕业（或大学毕业、某个关系密切的团体结束）时有哪些感受，其他人当时有哪些表现，你们当时是如何处理的。

在小组后期，面对小组不可避免的结束，组员要接受即将分离的事实。他们既会有积极的满足感，对未来生活充满期待和信心，也会有一些负面感受。小组工作者尤其要注意组员的负面感受，并加以引导，避免带来破坏小组学习效果的后果。下面是一些通常出现的负面情绪反应。

（一）否定小组终结的来临

有些组员不承认小组的结束，不愿意接受小组结束的现实。具体的表现包括对预定的小组结束期表示不知情、忘记了或者不理会，仍然埋头做小组内的工作，甚至提出一些新计划和新话题等；或者不愿意讨论有关小组结束的问题，以缺席或减少在小组中的参与来逃避结束引起的不安、忧虑或不愉快的感受。

针对这种情绪，小组工作者应在小组开始时把小组的整个过程安排向组员说明，让每个组员对何时小组会结束心中有数。在小组结束前一段时间，再向组员预告，提醒组员小组已快到结束阶段，并且说明分离对组员来说可能是一件困难的事情，也许会给组员带来负面的感受。提前预告可以让组员早日思考这一问题，有心理准备，离别到来时不致感觉突然而难以接受。但也要注意，经常的提醒可能会让一些组员因害怕分离带来伤感而减少组内的投入，避免建立密切关系。

（二）愤怒

愤怒主要是源于组员感觉被小组工作者或小组遗弃，也可能由于组员不满小组的进展和安排，觉得没有得到收获，个人目标没有实现，因而对机构、小组工作者产生不满，甚至将不满情绪投射在某些组员身上。

组员愤怒情绪的表达可分为直接和间接两类。中国人含蓄、内敛和敬畏权威的性格，使一般组员都不会和不善于直接表达这种愤怒情绪，而多用间接方式表达，如有意迟到、缺席、对小组的结束表现出漠不关心或超出寻常的高兴等。成人小组经常出现这种情形。也有一些组员会用直接的方法表达愤怒情绪，如当面挑战小组工作者、故意与小组工作者意见相左、对小组工作者采取不太友善和不合作的态度、挑起组员间的相互争执等。这些情况比较多地出现在青少年小组内。一些有被亲密关系抛弃而受伤害经历的组员可能会有较大反应，小组工作者要特别注意。

面对组员的愤怒情绪，小组工作者应表现出谅解的态度，并且认同这些情绪是一些正常反应，鼓励组员做直接的表达。小组工作者的接纳态度会令组员感受到他们是受重视的，而不是被忽略和遗弃的。

此外，小组工作者在小组后期应尽力为组员提供资源，协助组员对未来做出计划和准备，以减轻组员因担心离组后无法单独面对自己的生活困境而产生的恐惧和孤单感。有时还需向组员保证，将来若组员有需要，小组工作者和机构的其他小组工作者仍然会乐意为组员提供必要的帮助。

当组员对小组进度和个人在组内的表现不满时，小组工作者应表示明白组员和接纳他们的态度。除让组员充分表达他们的感受外，小组工作者需协助其就在小组内的表现做较客观的自我评估，帮助组员肯定其在小组中已取得的成果，并理解接纳小组本身的限制，避免组员对自己或小组产生过分苛刻和不切实际的要求。

（三）讨价还价

这种情况表现为组员虽然已知道小组将要完结，但仍告诉小组工作者，他们还需要小组，希望小组能延续下去或另外增加其他活动和事务，尝试与小组工作者讨价还价，延长小组期限。

小组工作者当然需要考虑组员的要求是否合理，小组是否有必要继续下去或另订新契约。如果组员建议加插的活动并无明确的目标，对小组的发展没有多大的帮助，那么小组工作者除对组员热切希望延续小组活动表示理解外，还应非常坚决地表示小组要如期结束，并且鼓励及协助组员更积极地完成未完成的工作。

（四）沮丧、伤感

这样的情绪较常出现于一些组员关系已相当密切的小组中，通常表现包括忧伤甚至流泪，对小组的后期活动显得木然、提不起兴趣，或重新提及小组曾出现的失败事件，等等。

小组工作者要表示理解组员的离别感受，同时也可以分享小组工作者本身对小组结束的感受，引发组员尽情表达他们对分离的感觉。之后，小组工作者可以进一步介入，引导组员讨论他们在小组中彼此建立良好关系的过程和当中各人所做的努力，使组员对离组后在日常生活中与其他人建立较密切的关系更有信心，同时也知道如何去做。

（五）行为倒退

有些组员在小组临近结束时，突然行为倒退到小组开始阶段，似乎小组学习的效果消失了。这种行为倒退并不意味着组员行为需要重新处理或小组已回到较早期阶段，这其实是组员不愿意离开小组的不安和紧张表现，他们想向小组工作者表明自己并非如小组工作者想象中那么有能力去处理自身的事情，实际上仍需依赖其他组员、小组和小组工作者的帮助。

小组工作者要充分了解和辨别这些反应背后的原因，同时要让组员知道小组工作者是不会在组员没有做好离开小组的充分准备时就将小组解散的，借此减轻组员的失落与不安全感。

处理离别情绪很重要的一点是协助和引导组员尽情表达自己的情绪，而不要掩饰和隐瞒，以出现破坏性的行为。在这方面，小组工作者可通过一些语言技巧鼓励组员将自己的感受说出，例如：

“我明白要谈及一些有关小组结束的事情的确很困难，而我们似乎想尽量不说这些，不过剩下来的时间已不多了，我们曾经有过难忘的经历，在这个快要互相说再见的时刻，我想大家也会有很多不同的感受吧！”

“我的经验是当小组快结束时，组员通常都会出现一些既舒畅又失落的特别感受，能认真谈一谈这些对大家是会有很大帮助的。”

小组工作者还可以讲述自己察觉到的一些组员感受，主动分享自己在小组分离时的情绪，协助组员做进一步的表达，过程中要避免夸大组员的情绪反应。尤其要特别协助在小组中发言较少的组员表达感受，以免他们保留了较多的负面感受。控制一些发言较长的组员的表达时间，保证每个组员都有机会发言。

了解了各种情绪后，小组工作者可就组员的反应做出适当的处理，例如给予组员适当的支持，协助有关组员肯定自我价值和能力，或在有需要的情况下通过为一些组员提供组外的协助和离组后的安排来减低组员的彷徨和不安，等等。鼓励组员将来仍保持联系，预告会安排一次跟进聚会也是效果很好的方法。当组员知道将来他们还有机会联系、见面后，伤感不舍情绪会减弱不少。

案 例

小林的下岗女工自强小组历经三个月，马上就要结束了，最后一次聚会时，小林安排了一个大会餐。每个组员都从家里带来了自己做的一样拿手好菜一起分享，然后拍照。整个过程每个人看起来都很开心，前一次聚会中对小组结束不满的组员也很投入，在欢声笑语中，小林结束了小组。

以上案例中欢送会式的分离局面似乎没有不妥之处。但如果组员只着眼于彼此关系中较正面和满意的部分，而逃避处理和检讨彼此关系中较不满意的部分，换句话说，组员实质是借着欢乐的气氛去掩饰可能存在的不安和紧张的心情，这种做法就是不健康的，也妨碍了组员在处理人际关系方面的成长。其实，除了一些中途夭折的小组，大部分小组是以欢送会、联欢会或大会餐的形式终结的，当中有部分组员会较乐意分享彼此愉快的经验和感受，但对于讨论及处理一些较负面的经验或个人感受则采取回避的态度。

因此，小组工作者对于组员可能出现的各种反应要有高度的敏感，既不要被表面欢欣的分别场面蒙蔽，也不能因为害怕处理充满挑战和冲突的负面情绪，只要组员不直接提出就装作不知。其实让组员尽情抒发离别情绪和感受，处理离别带来的心理冲突，学会正确面对亲密关系的分离，对组员来说是一个很好的学习机会，进行适当的介入能使组员有进一步的成长。为整个小组过程画上一个完美的句号，也能保证小组在组员心中留下美好的回忆，在今后生活中持续发挥作用。

三、为走进现实生活做准备

小组后期出现这样或那样的负面情绪的一个主要原因是组员对离开小组后独自面对现实生活心存恐惧和担心。因此，对于小组工作者来说，协助组员为走入现实生活做好准备，将小组学习效果延伸到日常生活中才是最重要的。毕竟个人加入小组是为了改变自己的行为，更好地应对现实生活，小组只是他们人生道路上某个时段的同行者，每个人最终还是要自己独立面对人生任务的挑战。

（一）进行模拟的角色扮演练习，给予积极反馈，树立信心

在小组后期，组员已经有了一些收获，小组工作者需要和组员一起扼要地总结小组过程的要点，整合、巩固及牢记在小组中所学到的东西。在小组内以角色扮演的方式进行模拟演练，如人际交往模拟、求职过程模拟、亲子沟通模拟等。提供机会使组员能互相给予建设性的反馈，不逃避批评，加以改进。鼓励组员互相给予积极肯定，树立信心，敢于在日常生活中运用所学，以保证小组学习的持续效果。

（二）制订离组后的计划

小组工作者要协助组员将他们新的领悟、观念和决定付诸实行，并贯彻于日常生活中，思考在没有小组协助的以后日子里，自己准备如何行动，制订较详细的改

变行为的计划，以及把学习成果应用到日常生活中的具体步骤。在小组解散的最初一段时间，小组工作者可能需要安排跟进，以督促组员实施计划。如上文提的“追踪联系”。

（三）提供支持性资源

鼓励组员独立，并不意味着从此他就不需要服务了。小组工作者要根据组员的具体情况，为有需要的组员提供进一步的服务、转介服务或介绍其他资源。告知组员如果有需要可以寻找哪些服务，尽量确保组员能有资源再进一步。并鼓励组员身边的人如家人、学校教师等，为其提供支持，督促其保持学习效果的持续性。

（四）鼓励建立个人社会支持网络

当组员离开小组之后，发掘、创造个人的社会支持网络也是一个重要的方法。在一些治疗性、发展性和互助性的小组内，由于组员之间已经建立了非常深厚的感情和密切联系，他们非常珍惜这段经历，觉得在小组之外可能很难再找到这样一个互助的网络。在可能的条件下，小组工作者可以鼓励他们在小组结束后仍然继续保持联系，建立社会支持网络，保持个人持续的成长。

案　例

小梦在一个社区老年活动中心实习时，为一些退休老人开展了一个发展性的兴趣小组。小组要结束了，可是组员之间已经建立了深厚的感情，这段时间以来，小组已经成为他们晚年生活中一个重要的情感支持，他们不愿意解散。小梦走后，由于组员们都住在同一社区，很容易见面，因此，在几个热心组员的组织下，仍然定期聚会，自己策划活动，最近还准备策划为社区做志愿活动。

四、结果评估

小组结束时要对初期制定的小组目标和组员个人目标的达成度进行评估。评估既是对小组成员负责，也是对小组工作者、支持小组开展的机构负责。通过评估，组员可以更清楚自己在小组中的改变和表现。同时，小组工作者可以检讨自己在小组过程中的态度、行为，小组安排对组员的影响，自己的长处与不足，促进作为小组工作者的成长，这对今后的工作的改进十分重要。机构则可以了解资金、人力、物质的投入效果，以做下一步的投入计划。因此，评估不仅是小组工作者的事，组员也需要对自己在小组中的表现和收获进行全面评估。

评估既可以以问卷、量表的方式（见表 10－1）进行，也可以通过口头评价、行为观察等方式进行。特别要注意的是，评估要求客观、全面，小组工作者要从多方面收集资料进行评估，鼓励组员客观、深入地评估，不能因为顾及颜面或关系密切而只做肯定评价，以一团和气结束。具体评估方法在“小组评估”一章会具体论及。

表 10-1 成员自我评估表

1. 小组经验对你的生活有何影响？
2. 小组给你留下的最深刻印象是什么？
3. 有什么特别的原因使你对自己的生活、个人态度及人际关系更为了解？
4. 你生活中的哪些改变为来自小组的经验所影响？
5. 小组工作者所运用的方法中，哪一种对你影响最为深远？哪一种对你的影响最少？
6. 你对工作者及其风格的了解有多少？
7. 当你想在小组外完成你在小组内所做的决定时，你遇到了什么问题？
8. 小组经验对你是否有负面的影响？
9. 对小组应该如何进行，你有何批判性的看法？
10. 你参加这个小组，对你生活中的重要他人是否造成了影响？
11. 如果你不曾参加这个小组，你的生活与现在会有什么不同？
12. 如果要你以一句话来说明小组对你的意义，你将如何回答？

资料来源：COREY G，等．团体技巧．台北：扬智文化事业股份有限公司，1998：245.

五、小组结束后的跟进

虽然小组结束了，但是有些工作可能并没有完成，小组工作者要做好处理和安排。如个别组员可能还有需要，或有问题没有解决，小组工作者应根据个别组员的需要继续跟进，或转介其接受其他服务。

组员能否在小组结束后继续保持改变，小组工作者也是很难肯定的，因此制订明确的追踪与评估计划，既可以确定小组的效果持续性，也可以促进组员保持学习效果。

（一）追踪访问

小组工作者可在小组结束几个星期或几个月后安排一次个人跟进访问，这样既可以督促组员继续改变，也可以评估小组工作的效果。如果组员将学习成果应用于现实生活中有困难，那么小组工作者也能及时提供建议和帮助。追踪访问可采用访问面谈、电话、信件等多种方式进行。

（二）鼓励组员彼此互相联系

小组工作者可以鼓励组员在小组结束后仍然保持联系，比如打电话、写信，交流彼此生活的进展，为组员建立一个支持系统，提供支持力量。

（三）适当时候安排跟进聚会

小组工作者还可以在小组结束几个月后安排一次小组聚会，组员之间交流自己的情况。一方面，由于有再相见的机会，组员会觉得在结束后仍有共同语言，因此愿意保持联系。另一方面，小组工作者也可以了解整个小组的学习效果，并鼓励组员寻找进一步成长的机会。

附：一个老人小组的详细活动设计

小组名称：“悠悠岁月从头说”

小组性质：治疗性小组

小组产生的背景、理论基础：（略）

小组目标：1. 协助老人缓解情绪上的困扰，重拾自我的观念。

2. 通过生命回顾，让组员认同其成就，建立自尊和自信。

3. 鼓励老人开放自己，积极与他人接触，建立社会支持网络，以积极心态过晚年生活。

小组成员：某社区10位退休老人，年龄60岁以上，生活能自理，健康状况尚可。

聚会时间及次数：每周二下午2：00—3：30，共八次。

地点：社区老年活动中心及户外

招募及宣传：（略）

程序安排：（图中时间、地点略）

小节名称	目标	内容及形式	所需物品
第一节：初相识，吾乡吾土	1. 帮助组员互相认识，建立初步关系。 2. 澄清小组目标、组员期望及小组规范。	1. 播放一些旧时代的歌曲，并和一些组员一起哼唱。在此气氛下，组员、小组工作者互相认识，介绍姓名。 2. 小组工作者介绍小组目标、内容与安排。 3. “猜猜看，我的家乡在哪儿”：给组员每人分发一张彩纸，颜色相同的两人为一组，互相介绍自己的家乡，讨论并写下三点你认为最能代表你的家乡的人、地点或物品等。介绍完后，请对方向全组报告，让全体组员猜，他的家乡是哪儿。增加组员的沟通和进一步认识。 4. 组员讨论自己对小组的期望及小组规范，如守时、保密、互相尊重支持等。 5. 总结本次活动，预告下次活动内容及聚会时间、地点。 6. 填写评估表。	播放设备、歌曲、彩纸、笔、评估表

续表

小节名称	目标	内容及形式	所需物品
第二节：童年篇，儿时杂趣	1. 分享童年及青少年时期的美好回忆，缓解不快情绪，重拾快乐与激情。 2. 提高组员之间的交往与沟通水平。	1. “百宝箱”：小组工作者拿出事先准备好的旧时玩具和物品，激起组员兴趣，引发组员对往事的回忆。 2. 介绍本次活动的内容与目的。 3. 每人可介绍一些自己童年时玩的游戏。缓解组员对童年不愉快经历回忆的伤感，组员们互相鼓励。 4. 手工制作：挑选一种简单的幼时玩具，如鸡毛毽子、纸灯笼或纸风筝，组员一起动手做，强调合作。 5. 总结，分享感受。 6. 下次要外出参观，预告之前的活动准备。	收集旧玩具和旧物品，准备手工制作所需物品
第三节：历史篇，难忘那年代	1. 增强组员之间的关系和小组凝聚力。 2. 重温自己生活的历史背景及其对自己的人生历程的影响。加强以后的小组讨论与分享。	1. 参观本地历史博物馆，重温组员们生活的年代。如路途遥远，可在车上播放一些旧时歌曲。 2. 提醒下次聚会时间，并每人准备一张照片或一件物品，以说明自己以前的职业。下次聚会带来。	外出所需物品，如水、小食品、必备药品等，歌曲，播放设备
第四节：工作篇，爱岗敬业	1. 分享彼此的工作经历，加强自我肯定与满足，建立自我形象。 2. 鼓励组员互相支持，建立关系。	1. 介绍本次活动的内容与目的。 2. “猜猜我的职业”：每位组员展示自己带来的照片或物品，简单解释，让其他组员猜猜看自己以前的职业是什么。 3. “我的故事”：组员分享自己在职业生涯中最难忘的故事。讨论职业生涯中的贡献、乐趣。 4. 总结。 5. 预备下次聚会，带一件当年结婚时的纪念品。	
第五节：婚姻篇，白头偕老	鼓励组员开放自己，建立小组归属感和互相信任。	1. 播放旧时结婚仪式的影片，提供一些图片资料和物品，引发回忆与讨论。 2. 介绍本次活动的内容与目的。 3. 分享带来的结婚纪念品背后的故事、婚姻生活的故事。 4. 组员讨论，总结，预告下节内容。 5. 填写评估表。	搜集传统婚姻的影片、图片、物品等，播放设备，评估表

续表

小节名称	目标	内容及形式	所需物品
第六节：父母篇，养儿育女	1. 分享为人父母的喜怒哀乐，促进组员对自我价值观和自我概念的认识。 2. 加强彼此的支持与互助。	1. 介绍本次活动的内容与目的。 2. 分享养育子女的经历与成就感、管教子女的心得。 3. 讨论子女成人结婚后离开家庭给自己带来的感受。鼓励组员互相支持。 4. 总结，预告下节内容。	
第七节：老年篇，最美不过夕阳红	1. 协助组员面对老年生活，加强自尊感。 2. 协助组员抒发自己晚年的生活需要，开放，不压抑自己。 3. 组员之间互相支持和鼓励。	1. 简单回顾前几次小组聚会的内容与小组目标、个人目标，预告小组会在下次结束。 2. 介绍本次活动的内容与目的。 3. “我的一天”：组员介绍自己一天的生活安排。 4. 讨论老年生活的需要。 5. “如何面对老年”：小组工作者介绍一首广为人知的健康诗。 6. “优点轰炸”：组员之间就这段时间的相处和了解，为其他组员找到一个优点，并告诉对方。 7. 总结，预告下次内容为做汤圆，做好准备，并说明为最后一次聚会。	健康诗
第八节：未来篇，老有所为	1. 处理离别情绪。 2. 协助组员重整经验，计划未来，积极面对晚年生活。 3. 鼓励组员在将来继续互相支持，建立自己的社会支持网络。	1. 总结整个小组过程，讨论个人变化和离别情绪。 2. “我的愿望”：写出自己在将来想做的几件事、自己的未来计划并分享。 3. 做汤圆，煮食。营造欢乐的离别气氛。 4. 拍合影，因组员在同一社区生活，鼓励他们将来继续保持联系，建立关系网络。 5. 小组评估。 6. 安排跟进工作。	相机、煮汤圆材料与物品、评估表

预计会引发的困难及解决方案：（略）

财政预算：（略）

评估方法：（略）

复习思考题

1. 在小组结束期，组员往往会有哪些心理特点和表现？
2. 工作者在小组结束期要完成什么任务？
3. 哪些活动适合小组结束期？
4. 离别情绪通常会引发哪些负面情绪反应？

5. 工作者如何协助组员为走入现实生活做好准备？

6. 结果评估有哪些方法？

7. 小组结束后有哪些跟进工作？

推荐阅读书目

1. 王慧君，等．团体领导者训练实务．修订本．台北：张老师文化事业股份有限公司，2001.

2. 黄惠惠．团体辅导工作概论．台北：张老师文化事业股份有限公司，2001.

3. REID K E. 社会团体工作．台北：扬智文化事业股份有限公司，1998.

4. COREY G，等．团体技巧．台北：扬智文化事业股份有限公司，1998.

第十一章
小组评估

本章要点

- 小组评估是通过科学方法对整个小组的开展进行的持续的工作，小组评估以组员的需求和问题为重点，目的是及时发现问题，改进方案，保证小组的有效性。
- 小组评估的模式主要有周哈里察觉模式和二二向度模式。周哈里察觉模式从两个维度出发，将小组互动分为四个区域，并通过大多数组员的沟通互动所处区域来对整个小组进行评估。二二向度模式通过两个角度对小组结果进行评估。
- 小组评估的方法设计主要包括实验设计、准实验设计和单一系统设计。实验设计是指研究者在妥善控制一切无关变量的情况下，通过有意识、有目的地操纵实验变量以观察实验变量的变化对因变量所产生的影响效果的一种评估方法。准实验设计是指运用原始群体，而非随机安排受试者，在较为自然的情况下进行实验处理的研究方法。单一系统设计利用时间顺序的方法来评估干预的效果或者政策对单一体系的影响力。
- 小组报告的撰写在小组评估中占据了重要的地位，是一系列的评估工作结束之后，对获得的数据进行分析和总结，形成总结性报告的工作，其内容是评估的结果，包括评估发现的问题、改进措施和建议等。

关键概念

小组评估；评估模式；周哈里察觉模式；二二向度模式；实验设计；准实验设计；单一系统设计；评估报告

第一节　小组评估概论

一、小组评估的概念

小组评估是指通过一系列科学的评估方法、工具和步骤，收集并应用相关的资料、技术，在整个小组的开展过程中，以组员的需求为重点，对小组工作的需求、目标、范围、过程与结果等进行全方位、持续的单一或综合的评价。评估的目的是评价和分析社会工作者干预小组的效果，从而发现问题、提供信息，作为决策和改进的依据，以保证小组工作过程和结果的有效性。

小组评估的内容是多方面的，包括组员的评估、对社会工作者的评估、方案的设计、方法和技巧的应用、小组的环境评估等。小组评估的范围应该尽可能多面化，才能更为全面、系统地评估。托斯兰德和里瓦斯提出评估的三个层面的架构，即小组成员、小组整体和小组环境。通过修正，从小组评估的层面来分析，可以分为对小组成员的评估、对小组工作者的评估、对小组整体的评估、对小组环境的评估。表 11-1 可以展示评估的四个层面和每一个层面对应的内容。

批判性思考问题：

请从一个实际的小组案例出发描述小组评估的内容。

表 11-1 小组评估内容

评估层面	评估内容
1. 小组成员	● 个人 ● 人际沟通 ● 环境性处境
2. 小组工作者	● 价值理念 ● 专业技巧 ● 关系处理
3. 小组整体	● 沟通互动 ● 凝聚力 ● 社会控制 ● 动力 ● 领导和权力模式 ● 目标
4. 小组环境	● 机构 ● 机构之间 ● 社区

（一）小组成员层面

每一个小组成员都有其独特性，其所面对的问题或具有的特征可能与其他人都不一样，因而小组成员作为小组的基础是小组评估的必要层面也是重要的一环。对小组成员的评估主要包括个人、人际沟通和环境性处境三个方面。小组成员个人的评估包括个人的期望、动机、状态、情绪和能力等；小组成员人际沟通的评估包括与其他组员的相处情况、互动情况，以及与家人、同事等其他小组外成员的相处情况；环境性处境的评估主要是指其所处的环境对小组成员的影响，包括哪些环境因素促进了小组成员的积极变化，哪些环境因素导致了小组成员的消极变化。

（二）小组工作者层面

小组工作者是小组介入工作的计划制订者和实施者。小组工作者价值理念的评估，包括专业态度、专业价值观等；专业技巧的评估，包括小组服务计划、使用的技巧、小组的机构控制等；关系处理的评估，包括小组工作者与组员的相处关系、关系程度，以及小组工作者与其他工作者的关系，等等。

（三）小组整体层面

组员形成一个小组，随着小组的发展会形成一个有其自身特色的结构和规范的整体。对小组整体的评估要随着小组不同的发展阶段不断改变，在小组的前期、中期和后期是不同的。因而对小组整体的评估主要是评估其行为模式。如在小组的前期，沟通互动是比较重要的，它能够帮助组员形成联系，增强小组的认同感。随着小组的发展，会出现领导者，带领小组的发展。

评估小组整体的行为模式的发展要具体评估小组的沟通互动如何、凝聚力怎样、小组的发展模式、小组成员的角色怎样、小组的动力怎样等，以及这些因素对小组的发展有怎样的影响。

（四）小组环境层面

环境不仅是小组成员的影响因素之一，也能够影响整个小组。对小组的环境评估主要集中在机构、机构之间和社区三个方面。机构的目标、资源、社会工作者的地位会影响小组的服务。如机构的目标会对小组的目标有限定；机构的财务情况和财务来源对小组的经费使用有限制，会影响小组的服务开展；机构的服务特点会影响小组工作者的服务特点；小组工作者争取资源的力量与其在机构中所处的位置是有关系的。处于同一行业的机构之间的环境对小组也是有影响的，不同机构开展的类似的小组可能会涉及本小组的组员。[①] 小组成员处于社区之中，社区拥有丰富的资源，小组可以从中获取知识和资源。

小组工作是一个持续性、发展性的过程，评估是为了对小组工作进行评级和鉴定。与小组的发展性的特征一致，小组评估贯穿于小组工作的全过程，是方法与技巧的结合，小组评估既可以被看作结果，也可以被看作过程。根据小组评估的概念，小组评估具有如下特征：

第一，评估是全过程的、持续性的工作。

第二，评估工作应该以组员的问题和需要为重点。

第三，评估的目的是为制订或改进后续的计划和采取行动提供依据和基础。

第四，评估的基本功能是度量组员转变效果和为指导实务工作提供经验。

第五，评估是有计划、有步骤的过程。

---

① 张洪英．小组工作．济南：山东人民出版社，2012：222.

第六，评估的主体包括小组工作者、组员、观察员及机构等。

第七，评估应该是个别化、有针对性的。

第八，评估要以小组工作的理论和方法为指导，渗透着专业判断与决策。

批判性思考问题：

小组评估的作用还有哪些？小组的具体功能包括哪些？

二、小组评估的类型

（一）过程评估与结果评估

1. 过程评估

过程评估又称形成性评估，是对小组全过程——从小组的计划、方案到尚在进行的活动进行的多方位的评估。过程评估包括组员的表现、社会工作者的表现、计划、方案和技巧的评估。

通过过程评估，可以明确小组过程中存在的问题和改进的方向并获取改进工作的依据，寻求更理想的工作效果。如小组过程中组员的行为和社会工作者的技巧变化情况：这些变化是否是积极的？导致这些变化的因素有哪些？通过过程评估可以及时地发现问题，改进工作，以保证组员的需求能够得到有效的满足，获得理想的工作效果。同时，通过评估，社会工作者可以总结经验。

过程评估的特点是特别重视评估的问题诊断和反馈调节功能，不太重视评估得分等鉴定功能。过程评估能通过对被评估者的首次测验和检查来发现问题和成绩，并以此为基点，观察其未来的发展趋势。其优点在于真实性强，能反映评估对象的发展变化走向和影响结果评估的具体原因；其缺点在于操作比较复杂。

过程评估是对社会工作者干预小组所开展的介入工作所进行的细致监督和检验，从中发现和了解在介入过程中所产生的一系列变化和使用的方法和技巧等，并发现成绩和问题，从而分析和判断小组在某个方面或者在总体上为什么有效或者无效。小组的介入过程包括所有小组过程中为实现目标而展开的活动，如谁基于什么样的标准做出了什么样的决定、介入方法或小组后的跟踪面谈等。一个小组在筹划时会界定小组的服务人群，说明潜在案主的特殊需要，只有用小组介入才能够满足这些需要。如果案主的需要没有得到满足，或小组没有为目标人群提供充分的服务，那么过程评估就必须确认小组使用了什么样的评估程序、工作者是否按照原定计划工作、工作者的专业能力是否胜任该项工作、小组提供了什么样的干预方法、小组的记录保存得怎么样和小组工作是否到位等。

2. 结果评估

结果评估又称终结性评估或者总结性评估。结果评估通常在小组结束时进行，是以总结一个经历较长阶段并告一段落的活动为目的而进行的评估。其主要用途是对评估对象进行鉴定、区分等级及预测未来发展趋势，如组员的变化情况和程度、变化与目标是否一致、变化是否与社会工作者的介入有关等。结果评估重视结果，评估结果的有效性而不是过程评估中持续的关注。

结果评估的特点是比较关注结果，较少关心过程。结果评估既可以为决策者提供继续、修改或终止活动的信息，也可以为下一个活动做出方向性指导。结果评估一般依据明确，结论性强，但无法反映过程，难以了解评估对象纵向发展变化的轨迹，并易使评估对象追求终极结果，忽视过程中的提高。

（二）定性评估、定量评估及定性与定量相结合的评估

从方法上分，评估可分为定性评估、定量评估及定性与定量相结合的评估。定性评估是根据评估者的学识和经验做出判断的一种评估方法。定量评估则是根据事先拟定的评价设计，按一定的程序和方法计算结果的一种评估方法。定性与定量相结合的评估是把以上两种方法相结合的一种评估方法。

（三）事前评估、事中评估、事后评估和跟踪评估

从时间上分，评估可以分为事前评估、事中评估、事后评估和跟踪评估四类。

事前评估是在小组工作实施前进行的评估，主要包括实施该小组工作的必要性和可行性两方面内容。必要性是指小组成员必须接受小组干预才能够满足其需求，必要性评估主要是小组成员需求评估、小组方案评估等。需求评估是小组开展前必须开展的评估工作，小组成员的需求是小组开展的基础，需求评估贯穿于小组整个过程。[①] 通过需求评估，确定进行小组介入的必要性并制订恰当的服务计划。如在开展新生适应性小组的时候，就需要评估新生是否有介入的必要、心理状况、生活状况、学习状况以及时间等，工作者自身还要评估是否能够开展此类小组。可行性评估是在必要性评估之后进行的，主要是针对根据需求评估的结果能否制订回应小组成员需要的计划，是否具备操作性，是否能够做出具体而有逻辑的服务计划。

事中评估是对小组的整个发展过程进行监测，着重检验小组是否按照预定的目标、计划执行，对前面工作的进展与预期效果进行比较，并对未来进行预测，以发现问题，调整或修正目标与策略。事中评估的内容主要包括组员的发展情况、小组的发展情况、目标的实现情况等，如在人际交往障碍介入小组中，要评估组员人际交往能力的变化程度、与预期的计划是否有差距、在小组发展的过程中组员的关系如何、组员在小组中分别扮演了什么角色、小组形成了怎么样的行为模式等。

事后评估是小组工作完成后进行的评估，重点评估小组工作的目标实现情况以及小组工作的水平、效果和影响。

跟踪评估是小组工作完成一段时间后的后效评估，是对小组成员离开小组后的后续关注，重点评估小组工作的整体效果以及目标制定以及计划管理等综合影响和经验，从而为以后的小组工作提供参考。如在行为治疗小组结束后，小组工作者或者机

① 张洪英．社会工作．济南：山东大学出版社，2012：222.

构对参与小组的组员进行跟踪回访，关注其行为是否有所改变、小组的效果怎样。

批判性思考问题：

小组评估类型还可以怎样划分？

案 例

某市城郊的一个城中村的主要居住者为外来务工人员。他们在附近的制造业工厂上班，许多务工人员没有时间关心子女的成长，不少孩子初中毕业后就辍学，流落社会，经常聚众滋生事端，比如打架斗殴、破坏公物等。某社工机构决定开展一个小组并对此做了需求评估。

通过个案访谈和走访社区发现：其中不少家庭的父母从事的是强度大、压力大的劳力工作，根本没有时间关心孩子；父母文化程度低，教育孩子的方式简单粗暴；家庭经济条件差，小孩初中毕业就不再读书；孩子们没有工作，在街道上游荡，寻衅滋事，成了社区和居民的困扰。

该社区的青少年可能面临的主要问题如下：

（1）父母工作忙，对青少年缺乏管教和帮助；（2）受家庭条件限制，青少年既无法继续学业，又无一定技能以竞聘工作，导致其游手好闲，对未来缺乏希望；（3）性格比较散漫，组织性、纪律性差，可能存在攻击性行为和暴力倾向；（4）朋辈群体成为其唯一的精神依靠和寄托，一些不良群体的影响导致青少年在社区中横生事端。

请你评价该社工机构对此所做的需求评估，并思考如何开展介入工作，制订一个服务计划。

三、小组评估的意义

评估是小组工作的一个重要组成部分。小组评估的意义主要表现在以下四个方面。

（一）对机构的作用

通过小组评估，机构可以知道某项小组工作是否有效。此外，不同阶段的小组评估还可以实现以下一些功能：评估获取大量经验，有利于促进机构提高服务质量和水平；了解小组目标的实现程度；收集小组的相关信息；计算小组工作对资金的需求量；为机构决策提供参考依据；获取外界对机构的信任。

（二）对小组工作者的作用

评估是小组工作者应掌握的基本工作技巧之一。评估可以使小组工作者了解他们在小组工作中的某些介入是否有效，并且了解到哪些因素导致了介入工作的积极性影响、哪些因素导致了介入工作的消极性影响；从评估中得到的资料，可以帮助小组工作者了解到介入方法和技巧如何对组员发挥作用，并帮助小组工作者改善工作技巧；评估可以帮助小组工作者获知组员在完成目标上是否有进步；评估给小组工作者扩展经验的机会，让小组工作者可以与其他有相似目的、相似情境的人分享其使用的小组方法。

（三）对小组成员的作用

评估可以促使小组成员反思，帮助他们了解自己参与小组后的改变情况；小组成员可以观察到其他成员通过小组发生的改变，从而增强自信心；评估可以成为小组成员和其他可能受到小组工作影响的人表达对小组的满意或不满意的一个渠道。

（四）对社会工作教育的作用

评估是小组工作的重要教学内容之一。评估不仅可以使小组工作成为一个完整的过程，而且可以检验小组工作的各种方法与技巧，从而形成对这些方法与技巧的全面客观的评价。

不过，尽管评估具有如此重要的意义，但小组工作的评估对于大部分小组实务工作者来说并不是一件轻松愉快的事。这是因为：一方面，小组工作者对于评价他们的工作感觉有压迫感；另一方面，评估需要开展的工作十分广泛，往往需要耗费大量的时间、精力和经费。事实上，由于我国的社会工作发展还不够成熟，对评估也不够重视，当前我国系统的小组评估工作还有待进一步开展。

第二节　小组评估的模式

一、小组过程评估的代表模式

目前，随着小组工作的发展，已出现多种小组过程评估模式，其中，被广为认可的是鲁夫特的周哈里察觉模式。鲁夫特认为，观察小组过程中组员的沟通形态，有助于评估小组的发展结果和成效。这一模式从“自我是否察觉”和“他人是否察觉”两个维度出发，将小组互动分为四个区域（见表 11－2），并通过大多数组员的沟通互动所处区域来对整个小组进行评估。普遍说来，在小组形成之前，组员的开放性和互动性在未知区，经过一段时间的小组运作，组员状态将发展到开放区，并且，在一个沟通良好的有效小组中，小组工作者与组员的互动多出现在开放区。

表 11－2　周哈里察觉模式

	自我察觉	缺乏自我察觉
他人察觉	开放区Ⅰ	盲目区Ⅱ
他人无法察觉	隐藏区Ⅲ	未知区（潜能区）Ⅳ

Ⅰ区：当事人了解并开放自我，小组其他组员也了解当事人的想法、感觉和行为。该区域的发展取决于当事人自我心灵开放的程度、个性张扬的力度、他人的关注度、开放信息的利害关系等因素。

Ⅱ区：当事人对自己缺乏了解，由其他组员将观察到的想法、感觉和行为反馈给当事人，促进其进行自我探索。该区域的发展与自我观察、自我反省的能力有关。

Ⅲ区：当事人有意识地隐藏自己的真实想法、感觉和行为，使其他组员无法了解自己，小组组员之间的互动只能停留在表层。在一定程度上，Ⅰ区和Ⅲ区的大小成负相关关系。若该区域过大，容易导致小组成员对当事人的误解和曲解，造成他评和自评的巨大反差，不利于小组的发展。

Ⅳ区：不仅当事人不了解自己的想法、感觉和行为，其他组员对当事人也缺乏了解。

对于周哈里察觉模式，鲁夫特提出了11点说明：

(1) 上表中四个区域关系密切，任何一个区域的变化都会即时引起其他三个区域的变化。

(2) 在小组内的人际互动上，Ⅰ、Ⅱ、Ⅲ区的组员能量消耗较大。

(3) 一旦小组信任感增加，就将促进组员Ⅰ区的发展。

(4) 如果工作者及组员试图用非理性的手段去强迫组员开放或察觉，那么小组成效会受到消极影响。

(5) 小组的人际互动与学习有助于扩大组员Ⅰ区的自我状态，缩小其他三个区域。

(6) 小组的人性化活动有助于组员学习知识、获得信息，并促进小组目标的实现。

(7) 小组内倾向Ⅰ区的组员越少，小组内部的沟通就越困难。

(8) Ⅳ区容易因不良的背景、不当的习惯反应、反社会行为以及各种负面心理影响的存在而扩大。

(9) 基于Ⅰ、Ⅱ、Ⅲ区比较敏感的原因，工作者和组员应该互相尊重，确保组员的隐私安全。

(10) 小组运作的过程将会影响各区域的变化，有效小组会促进Ⅰ区逐渐扩大。

(11) 小组的运作将影响组员在各区域的变化，适度的沟通和正面“交锋”有助于澄清个人价值观并开放自我。

知识窗

心理学家鲁夫特与英格汉提出“周哈里窗”（Johari Window）模式。“窗”是指一个人的心就像一扇窗，周哈里窗展示了关于自我认知、行为举止和他人对自己的认知之间在有意识或无意识的前提下形成的差异，由此分割为四个范畴：一是面对公众的自我塑造范畴，二是被公众获知但自我无意识的范畴，三是自我有意识但在公众面前保留的范畴，四是公众及自我两者均无意识的范畴，也称为潜意识。普通的窗户分成四个部分，人的心理也是如此。因此把人的内在分成四个部分：开放我、盲目我、隐藏我、未知我。小组过程评估中的周哈里察觉模式就是在此基础上发展而来的。

二、小组结果评估的典型模式

由戴伊提出来的二二向度模式是小组结果评估中的典型模式，该模式用多元的方式、人员和角度来评估小组效果，主要通过“小组内与小组外”和“自我与他人”两个角度对小组结果进行评估（见表11－3）。戴伊认为，对小组效果或个人成长的评估可以通过以下四个方面来进行。

表11－3　二二向度模式

项目	小组内	小组外
自我报告	（1）行为检查表，个人行为及反应评估； （2）小组经验日记； （3）自我成长与进步报告。	（1）辅导前后有关问题的检测，人格测验； （2）自传； （3）职业及生涯规划； （4）单独向工作者及组员咨询； （5）小组后评估、问卷调查。
他人反馈	伙伴、工作者、观察者 （1）组员行为、态度的评估； （2）小组行为的评估； （3）社会测量法； （4）分析录音、录像带。	教师、父母等 （1）评估及测量方法； （2）非正式的、开放性的报告； （3）亲友和教师的反馈； （4）出席率、成绩及表现。

第三节　小组评估的方法

一、实验设计

实验性评估是众多小组评估方法中较难实施的一种，因此，它也是小组工作者需要多加学习及操练的对象。实验设计是指研究者在妥善控制一切无关变量的情况下，通过有意识、有目的地操纵实验变量以观察实验变量的变化对因变量所产生的影响效果的一种评估方法。在小组工作中，我们常常想探究某种现象产生的原因，希望了解一个小组的变化是否是小组活动实施所产生的结果，实验设计可以帮助我们实现这一点。

在实验设计中，有三组概念是非常重要的，分别是自变量与因变量、前测与后测以及实验组与控制组。实验评估的中心目标是探讨变量之间的因果关系，进而考察自变量对因变量的影响。前测主要是在小组开始前的测量，后测则是在小组结束后的测量。小组评估者通过比较前测与后测的结果，来衡量因变量在实验前后发生的变化。如在治疗性的小组中，通常会通过前测和后测来对比参加者行为的改善情况。实验组就是在小组和评估过程中接受实验刺激的一组对象，控制组则是没有接受刺激的一组对象。在评估过程中，小组评估者不仅要观察实验组，也要观察控制组，并进行两组实验结果的对比，来说明实验的作用。[①]

（一）实验法的典型特征

1. 随机化

即在一个已界定的群体中，任意一个个体被抽取作为研究对象的概率都是相同的。在通常情况下，最常用的实验研究中的随机化步骤有两个：一个是随机抽样，另一个是随机分配。两个随机化步骤的主要目的在于尽量控制所有可能给实验结果带来影响的无关变量，使实验组和控制组除研究者所操纵的实验变量不同外，其他各个方面都达到近乎完全相等或相似的程度。

2. 控制变量

控制变量的主要目的在于经由适当的实验设计对实验变异量、无关变异量和误差变异量加以控制。主要体现在以下三个方面：（1）增加实验变异量到最大。研究者必须尽可能使几个干预者彼此之间有很大的不同。（2）排除无关变异量。无关变异量是由研究者没能控制好的一些变量所产生的。这些无关变异量常混淆实验的结果，并使实验结果的解释产生困难。因此，研究者必须设法控制实验变异量以外的所有无关变异量。（3）减低误差变异量到最小。在实验过程中，误差的主要来源有两个：一个是测量误差，另一个是无法认定和控制的个别差异因素。在实验中，总变异量通常由两个部分组成——组间变异量和误差变异量。在总变异量一定的情况下，误差变异量越大，组间变异量越小；相反，误差变异量越小，组间变异量就越大。所以，误差越小，组间平均数的差异就越有可能达到统计上的显著水平。

（二）影响实验效度的因素

实验效度是指实验方法达到实验目的的程度，分为内在效度和外在效度。内在效度是指研究者所操纵的实验变量对因变量造成影响的真正程度，即干预是否确实造成了有意义的差异。外在效度则指实验结果的代表性和可推广程度，即研究结果是否可推广到研究对象之外的其他受试者。外在效度通常要回答的问题是：研究结果是否具有代表性并能解释一般的情形？研究结果有多大的概括性？在类似情境中能否验证研究结果？

---

① 张洪英．小组工作．济南：山东人民出版社，2012：225－226.

1. 影响内在效度的主要因素

（1）偶然事件。在实验进展过程中，受试者可能会从实验的情境内外经历一些之前没有预料到但又突然发生的事件，这些事件可能会影响到因变量而干扰到实验结果。

（2）成熟程度。即受试时间在受试者身上产生的作用。受试者在实验期间，不论生理还是心理都会产生变化，为了避免这一因素的影响，最好设计一组用于比较的控制组，以假定两组均有相同的成熟度和发展经验。

（3）测验。许多实验常在干预前对受试者进行测试，但若前测与后测的题目完全相同，则常常会造成后测的分数受到影响。

（4）测试手段。在测量过程中，观察者、研究者的不同可能改变实验的结果，并且测试手段的不统一也会给实验结果带来影响。

（5）统计回归。挑选受试者过程中的误差容易产生统计回归问题。例如，研究者根据某项心理特质的极端分数选择研究对象，尤其是在有前、后测的实验设计中更容易出现这样的问题。统计回归现象是指受试者的测量分数在第二次测量时有向小组平均数回归的倾向。也就是说，高分组的受试者在第二次测量时，其分数由于向平均数回归而有降低的趋势，但低分组的受试者，其分数却有升高的趋势。极端分数会有向平均数回归的现象，主要原因是机会误差的因素对极端分数的影响比对普通分数的影响大。

（6）受试者的选择差异。在采用两组或者多组的实验研究中，研究者最好通过随机分配或者挑选的形式，来尽量保证组与组之间的对等性，即通过不同组别的各方面特质达到相等或相似以减少选择的偏差。

（7）受试者的流失。研究样本在实验期间的流失是影响两组或者多组实验设计内在效度的重要因素。

（8）因素间的交互作用。即以上因素交互作用形成的另一种影响因素。

（9）因果方向不明。在研究中分不清自变量和因变量的情况并不多见，但有时由于研究设计的不确切，两个变量之间很难确定谁是因、谁是果，这种现象在相关性研究中尤为普遍。一旦因果关系不明，对研究结论的解释就会受到挑战。

案　例

在探讨教师期望与学生学业成绩的关系时，如果设计不明确，就可能很难由研究结果断言是教师期望影响学生学业成绩，还是学生学业成绩影响教师的期望水平。

2. 影响外在效度的主要因素

（1）取样的偏差。即由于抽样范围的限制，样本不具有代表性，无法将研究结果类推到样本以外的人群，从而影响研究的外在效度。

（2）测试的反作用或交互作用效果。在有前测和后测的实验设计中，前测的经验往往会限制研究结果的推论性。其原因是受试者对干预会更具敏感性，对于平常情境下未曾注意到的问题或现象，此时变得更为敏感和警觉，以致实验结果可能部分来自前测的经验。

（3）受试者与实验处理的交互作用。当被研究者选取进行实验的受试者具有独特的心理特质时，交互作用效果就容易产生。交互作用就是不同变量之间的影响相互不一致。当实验受试者与实验处理具有交互作用时，样本推论总体就受到限制，研究结果就可能只适用于解释总体中的某一种特征的人，而不是总体中的全部成员。

（4）实验安排的反作用效果。这就是著名的霍桑效应。这个因素的产生，主要是由于参加实验的受试者察觉到他们正在接受一项实验研究，因此，为投研究者所好，他们可能改变正常情况下所表现的行为方式，倾向于表现出研究者所期许的行为。

（5）多重干预的干扰。当同样的受试者重复接受两种或多种干预时，由于前面的处理通常不易完全消失，因此几项干预间会相互产生干扰作用。

（三）实验的控制方法

1. 物理的控制

研究者在实验期间不仅需要注意使各组在实验程序、实验说明和实验态度等方面相同，还应该考虑实验情景的物理条件是否保持恒定、刺激的呈现是否标准以及反应的记录是否客观等。

2. 选择的控制

主要有随机法、因子设计法、配对法和排除变量法。

3. 统计的选择

当无关变异量的控制不适合使用上述控制时，就必须采用统计的控制，通常采用共变量分析。统计资料常常受到各种因素的影响，而使个别个体的某些特征发生变化，这种影响因素所造成的变异的观察与检定的统计方法就被称为方差分析。常用到的方差分析方法有单因子完全随机实验、双因子无重复实验、双因子重复实验和拉丁方格等。

（四）实验设计具体类型

1. 实验组与控制组的前后测设计

设计模式如表 11－4 所示。

表 11－4　实验组与控制组的前后测设计模式

小组	前测	有无干预	后测	差异
实验组	O_{A1}	√	O_{A2}	$A=O_{A2}-O_{A1}$
控制组	O_{B1}	×	O_{B2}	$B=O_{B2}-O_{B1}$

其中，O_{A1}表示实验组在被干预前的情况，O_{A2}表示实验组在被干预后的结果，O_{B1}表示控制组在被干预前的情况，O_{B2}表示控制组未被干预再进行测验的结果。

设计步骤如下：

(1) 用随机方法选出受试者，并随机分派为实验组和控制组；

(2) 在进行干预之前，两组均接受前测；

(3) 实验组接受干预，控制组不接受干预；

(4) 在进行干预之后，两组均接受后测。

从统计分析来看，最适合的统计分析方法是共变量分析，即以两组的前测分数作为共变量，进行变量分析，最后的差异为$A-B$。倘若A等于B，则表示干预效果不显著，相反，若A与B有显著差异，则代表干预效果有正有负。

2. 控制小组的后测设计

设计模式如表 11－5 所示。

表 11－5　控制小组的后测设计模式

小组	有无干预	后测
实验组	√	O_A
控制组	×	O_B

其中，O_A表示实验组被干预后的结果，O_B表示控制组未接受干预再被测试的结果。O_A-O_B则为干预的结果。

设计步骤如下：

(1) 用随机方法选出受试者，并随机分派为实验组和控制组；

(2) 实验组接受干预，控制组不接受干预；

(3) 在进行干预之后，两组均接受后测。

从实验效度来看，这种设计方式可以完全控制内在效度，并避免测验的反作用效果。统计分析则可以使用检验独立样本均值差异显著性的t检验，而干预结果可以从O_A-O_B的差异大小中得知。

3. 拉丁方格测验

设计模式如表 11－6 所示。

表 11－6　拉丁方格测验设计模式

	干预模型	行为模型
女性小组工作者		
男性小组工作者		

设计步骤如下：

(1) 评估者从机构中找出具有相同问题和特征的若干人组成小组；

（2）将这些组员随机分派给性别不同的男女小组工作者，同时他们将采用不同的小组干预模式；

（3）在接受不同的干预模式之后再次给予测试。

拉丁方格测验设计不仅可以检验出不同性别使用同一类小组工作模型的差别，也可以检验出相同性别使用不同干预模式的效果。

4. 所罗门四个等组设计

设计模式如表 11－7 所示。

表 11－7　所罗门四个等组设计模式

小组	前测	有无干预	后测	差异
实验组	O_{A1}	√	O_{A2}	$A=O_{A2}-O_{A1}$
控制组	O_{B1}	×	O_{B2}	$B=O_{B2}-O_{B1}$
实验组		√	O'_A	$O'_A-O'_B$
控制组		×	O'_B	

设计步骤如下：

（1）随机选取受试者，再随机分派到四个组；

（2）在被干预前，第一、二组均接受前测，其他两组不接受前测；

（3）两个实验组接受干预，控制组不接受干预；

（4）最后四组均接受后测。

此种实验设计的特殊之处在于，它不仅可以检验干预的效果，还可以分析前测与干预之间的交互作用。从统计方法来看，二因子变异数分析是此种设计的理想统计分析法。

5. 多因子实验设计

在此项设计中，可以同时控制两个或两个以上实验变量对因变量的影响。因此，该设计不仅可以提供自变量对因变量单独的影响效果，而且可以提供这些自变量对因变量的交互作用效果。

二、准实验设计

准实验设计是指运用原始群体，而非随机安排受试者，在较为自然的情况下进行实验处理的研究方法。由于在小组评估中，评估者常常既无法随心所欲地采用随机抽样方法分派受试者，也无法严格控制小组工作的情景，此时更适合采用准实验设计。

（一）准实验设计的特征

对比前文所描述的实验设计，准实验设计有以下特点。

1. 降低控制水平，增强现实性

这种评估方法不能完全控制研究的条件，在某些方面降低了控制水平。但同时，它却在接近现实的条件下，尽可能地运用实验设计的原则和要求，最大限度地控制因素，并进行实验处理实施，因此其实验结果更容易与现实情况联系起来，即现实性较强。

2. 研究进行的环境更真实

准实验设计进行的环境是现实和自然的，因此实验设计与现实的联系也就更密切。

3. 实验效度上具有差异性

准实验设计利用原始组进行研究，无法证明实验组是否为较大的群体的随机样本，同时任何因素都可能对原始群体起作用，所以由挑选受试者带来的偏差将损害研究结果的可推广性，影响其外在效度。

（二）准实验设计的具体类型

1. 相等时间样本设计

设计模式如表 11－8 所示。

表 11－8 相等时间样本设计模式

	干预	观测	控制处理	观测	干预	观测	控制处理	观测
小组	X_1	O_1	X_0	O_2	X_1	O_3	X_0	O_4

实施步骤如下：

（1）一组受试者选取两个相等时间样本；

（2）其中一个时间样本中出现实验变量 X_1，另一个时间样本中不出现实验变量，即为 X_0 的设计；

（3）前一个时间样本经历干预、观测两次步骤循环，后一个时间样本经历控制处理和观测两次步骤循环。其顺序为 X_1O_1、X_0O_2、X_1O_3、X_0O_4。

这种设计的典型特点是干预与控制处理在相等的时间内交互间隔出现，每位受试者均重复接受这些处理。在统计分析上，分析此种设计的理想方式是变异数分析。

案 例

以观察智能不足且具有攻击性的男孩对增强行为的反应为例。所谓增强行为，是指当被观察者出现攻击行为时，给予谴责；当一段时间没有攻击行为时，给予奖励。

实验过程：先观察一个星期并做记录，接下来的四个星期给予增强行为，即当被观察者出现攻击行为时，给予谴责，如果一段时间内没有攻击行为就给予奖励。这段给予增强行为的期限为四个星期。之后两个星期恢复成原来的不给予增强行为，观察不给予增强行为期间被观察者的攻击次数是否有改变。之后的三个星期再给予增强行为。上述实验结果显示增强行为会影响攻击行为的输出量，攻击行为呈现出有效的减少。

2. 时间系列设计

设计模式如表 11-9 所示。

表 11-9　时间系列设计模式

小组	前测	干预	后测
实验组	O_1、O_2、O_3、O_4	X	O_5、O_6、O_7、O_8

实施步骤如下：

（1）在进行干预前，对受试者做一系列的定时重复观测；

（2）给予受试者干预；

（3）在干预后，再对受试者做一系列的定时重复观测。

这种设计较为适合的统计分析方法是趋向分析。依靠重复的测量，可以了解干预影响的稳定性，因为前测和后测的次数多，临时事件的影响就较小，因此增加了评估结果的可靠性。

3. 配对非等量控制组设计

设计模式如表 11-10 所示。

表 11-10　配对非等量控制组设计模式

小组	前测	有无干预	后测	差异
实验组	O_{A1}	√	O_{A2}	$A=O_{A2}-O_{A1}$
控制组	O_{B1}	×	O_{B2}	$B=O_{B2}-O_{B1}$

实施步骤如下：

（1）用非随机方法选出受试者，并分派为实验组和控制组；

（2）在进行干预之前，两组均接受前测；

（3）实验组接受干预，控制组不接受干预；

（4）在进行干预之后，两组均接受后测。

这种评估方式由于可控制“同时事件”“测验”“成熟程度”“测量工具”等因素，因此内在效度较高，但外在效度较低。同时，其最佳统计分析方法是以两组的前测分数作为共变量进行分析。

其优点是在实施前测时可了解两组的条件是否整齐。如果两组的前测分数一致，那么可以说成熟程度、测验与工具等主要的影响因素均受到控制，因此可以肯定干预所造成的影响。其缺点是无法随机选取与分派受试者，无关变异量无法控制。

4. 平衡对抗设计/拉丁方设计/轮换设计

设计模式如表 11-11 所示。

表 11-11　平衡对抗设计/拉丁方设计/轮换设计模式

组别	干预	观测	干预	观测	干预	观测	干预	观测
组 A	X_1	O_{A1}	X_2	O_{A2}	X_3	O_{A3}	X_4	O_{A4}
组 B	X_2	O_{B1}	X_4	O_{B2}	X_1	O_{B3}	X_3	O_{B4}
组 C	X_3	O_{C1}	X_1	O_{C2}	X_4	O_{C3}	X_2	O_{C4}
组 D	X_4	O_{D1}	X_3	O_{D2}	X_2	O_{D3}	X_1	O_{D4}

实施步骤如下：

(1) 选择四组受试者作为四个实验组；

(2) 四个组的受试者在第一次实验时间分别接受四种不同的实验干预，再测量各组在被干预后的因变量；

(3) 在后三次实验中重复步骤 (2)。

平衡对抗设计/拉丁方设计/轮换设计旨在利用轮换的方式将每种实验方式都呈现给每组对象，从而控制每组间的实验误差。在此设计中，有干预、组别以及干预顺序等三个自变量，因此，最适合的数据统计分析方法是重复测量变异数分析法。

案　例

比较两种小组处理方法对学习的成效。

实验过程：首先，第一组采用 A 方法完成第一个单元，第二组采用 B 方法完成第一个单元，结束后实施结果测试；接着，第一组采用 B 方法完成第二个单元，第二组采用 A 方法完成第二个单元，然后进行测试。最后，通过变异数分析得出两种方法对结果的影响状况。

三、单一系统设计

单一系统设计利用时间顺序的方法来评估干预的效果或者政策对单一体系的影响力。单一体系可以是个人、家庭、社区、社会机构或其他组织，每一个体系都可以被看成是一个分析单位。①

这种设计要求反复测量针对单一体系某个特定问题的行为指标，资料的收集在干预前后进行，然后比较前后两组资料，找出变化，其目的在于观察干预开始时是否建立了对目标问题有所改善的支援模式②。

在单一系统设计中，主要的模式有 *AB* 设计、*ABA* 设计、*ABAB* 设计、*BAB* 设计和多基线设计等，接下来详细介绍这几种设计模式。

① 张洪英．小组工作．济南：山东人民出版社，2012：226.

② 刘梦．小组工作．北京：高等教育出版社，2003：213-214.

（一）AB 设计

AB 设计是最基本的单一系统设计。如图 11－1 所示，*A* 为基线期，*B* 为干预期。在受试者接受干预之前重复进行测试的阶段称基线阶段，即控制阶段，其功能类似控制组的作用。在受试者接受干预的过程中收集资料的阶段即为干预阶段。通过对这两个阶段的比较，了解相关变量是否有所改变，再得出干预是否成功的结论。图 11－1 反映了单一系统设计结果支持了干预的有效性。

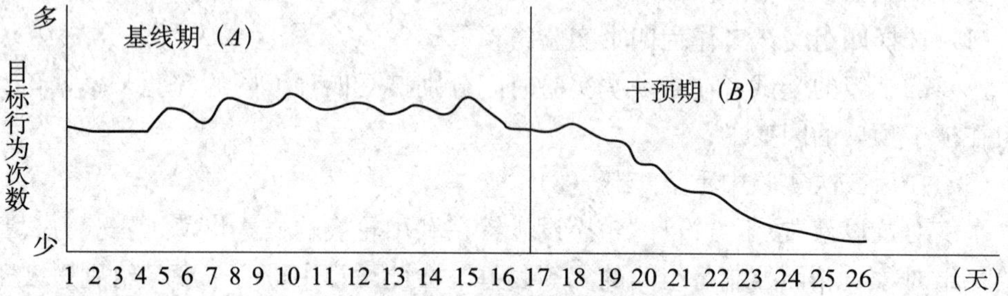

图 11－1　*AB* 设计前后测数据对比

在这种研究设计中，为了保证资料的客观性和可靠性，在资料收集过程中，需要采用三角测量的方式，具体做法如下：

（1）选择一种以上的测量方式。在测量目标行为时，要采用一种以上的测量工具。

（2）有一个以上的人进行测量。为了保证测量的效度，需要有多人使用同一测量工具对目标行为进行测量。

（3）选择一个以上的指标对目标行为进行测量。在目标行为的确定中，要选择超过一个以上的行为，这样才能全面说明干预给当事人目标行为带来的变化。①

（二）ABA 设计

这一设计不同于 *AB* 设计之处在于当受试者的外在干预停止之后，再观察一段时间以了解其回归基线的情形。如图 11－2 所示：A_1 是基线期，*B* 是干预期，A_2 是追踪基线期。同时，该图反映的是单一系统设计结果支持了干预的有效性。

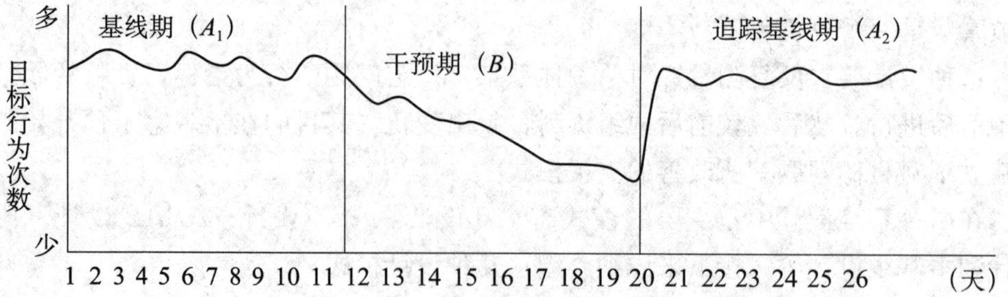

图 11－2　*ABA* 设计前后测数据对比

① 刘梦．小组工作．北京：高等教育出版社，2003：214.

(三) *ABAB* 设计

ABA 设计往下推一个阶段，就是 *ABAB* 设计。这种设计模式不设对照组，通过比较自身两次前测和后测的数据，来证明干预的有效性。*ABAB* 设计比 *ABA* 设计多一个阶段，即在基线期 A_1、干预期 B_1、追踪基线期 A_2 后增加了一个追踪干预期 B_2。

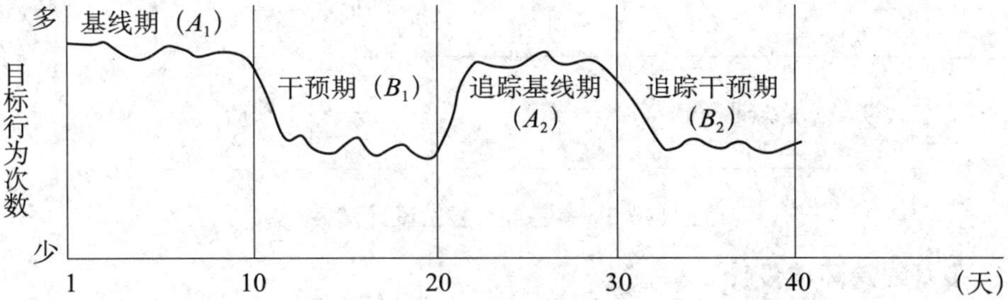

图 11－3　*ABAB* 设计前后测数据对比

在图 11－3 中，反映的是单一系统设计结果支持了干预的有效性，即一旦干预停止，就出现反弹现象，再次干预后，又出现了行为的稳定，表明了干预的有效性。

(四) *BAB* 设计

该种设计模式没有干预前的基线期，直接从干预期开始进行。这一设计的主要原因是有些小组必须一开始就进行干预，不允许有观察的基线期。图 11－4 反映的 *BAB* 设计结果支持了干预的有效性。

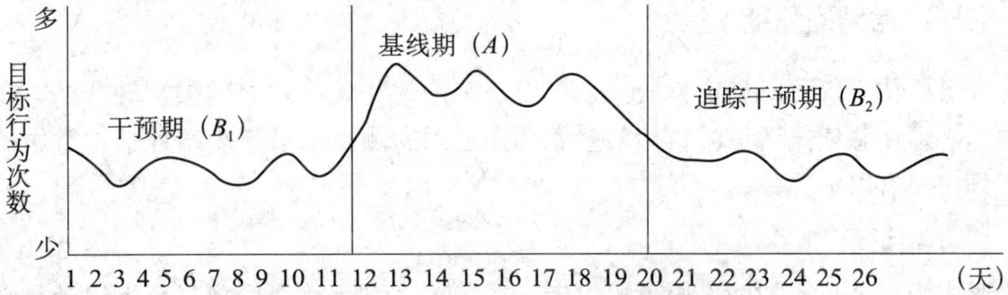

图 11－4　*BAB* 设计前后测数据对比

(五) 多基线设计

这种设计模式区别于前面四种设计之处在于：它的对象不再是单一的行为（主体、环境），而是两个或两个以上的行为（主体、环境）。多基线设计主要分为以下三种模式。

1. 多基线跨被试设计

找到一个或者若干个与所要研究的行为接近的行为，被试各应用一个基线期和干预期，并且不同被试有长短不一的基线期。设计模式如图 11－5 所示。

2. 多基线跨行为设计

对一个被试的两种或两种以上的不同行为，各有一个基线期和干预期。

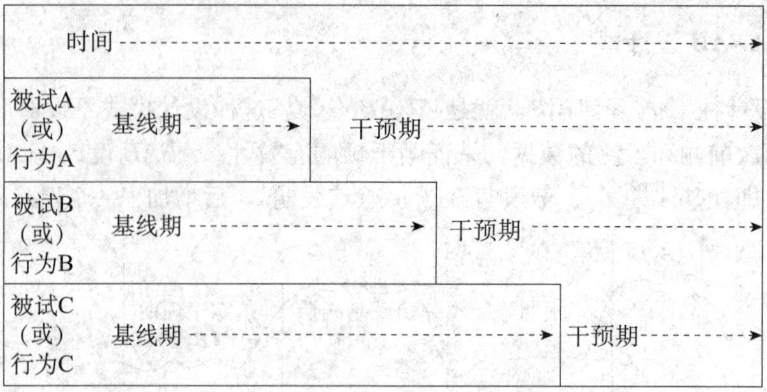

图 11－5　多基线跨被试设计模式

3. 多基线跨环境设计

对于具有同一行为的同一被试所处的两种或两种以上的不同测量环境，各有一个基线期和干预期。

批判性思考问题：

如何研究一个强迫症治疗小组的组员在自己家中和工作环境中所出现的不同频率的强迫症表现？

四、测量工具

（一）常用的测量工具

小组评估不仅可以是定量的，也可以是定性的。无论是哪种类型的评估，在评估中都必须注意依据评估的目标与对象选择适当的测量工具。小组评估中常用的测量工具主要有以下几种。

1. 小组记录

要成为一个负责的助人服务提供者，在每次小组活动之后撰写小组记录是必不可少的任务之一。通常而言，小组记录主要包括：完整的小组过程记录、组员在活动中的表现及对事件的反应、小组工作者或组员对小组发展造成重要影响的对话内容等。主要采用的记录手段有：事后回忆、小组观察员的观察笔记和在小组成员同意的前提下采用录音或录像方式获取的资料。倘若时间比较紧张，还可采用重要事件记录方式，主要记录所提供的信息足以影响这个小组或至少对部分小组造成重要影响的事件。此外，小组摘要记录也是较常被使用的记录方式，其主要通过记录表格来记录小组活动的内容。记录表格一般包括小组名称、小组开始和结束的日期、小组带领者的姓名、小组次数、缺席组员名字、小组目的、该次小组的目标、小组进行的活动、小组带领者的分析和未来计划等项目。

除单次的小组记录之外，小组工作者还应撰写小组进度记录，主要记录小组的过程进度，分析小组的过程发展。

2. 问卷

问卷是小组评估中最常用的测量工具。它在形式上是一份精心设计的问题表格，用于测量人们的行为、态度与社会特征等方面。从结构上来看，问卷包含封面信、指导语、问题、答案、编码、致谢这几个部分；就调查形式来看，分为自填式问卷与访问问卷，前者是由被调查者自己阅读和填写的问卷类型，后者是由调查者依据问卷向被调查者逐一提出问题并依据被调查者的回答进行填写的问卷类型。

在小组工作中，问卷不仅可以帮助小组工作者收集到基线资料，还可以让小组工作者看到小组给组员带来的变化和影响。问卷方法可以运用到组前和组后，以及跟进测量中，可以比较全面地掌握组员的情况。①

3. 量表

量表是一种针对性较强的评估工作。当前常用的评估量表有以下几种：

（1）目标达成量表：用于测量在小组中个人和小组目标实现的程度和水平。

（2）任务完成量表：用于测量小组工作者与组员共同努力完成的工作任务水平。

（3）情绪的自我评估表。

（4）价值澄清量表。

本部分主要以介绍小组工作者的自我评价——小组领导技巧量表为例。

表 11－12 主要用以评估小组工作者的小组领导技巧。在下表中，小组工作者需对每一选项圈选最适合自己的技巧层次或情景答案，并在每一段落最后增加其他技巧并进行评价。另外，在每个句子的开始，需加上“在这个小组中，我……”。

表 11－12　小组领导技巧量表

	需要做更多	现在做得很好	需要少做一点
观察： 确认组员是否紧张 注意谁对谁说话 注意谁被遗漏了 了解小组对我的意见的反应 发现什么时候小组逃避一个话题 确认角色 注意非语言行为			
沟通： 主动地参与 简短地和简要地说话 肯定的行为 主动地倾听 拘泥于某个主题 中断讨论 从聚会到聚会的桥梁			

① 刘梦．小组工作．北京：高等教育出版社，2003：216.

续表

	需要做更多	现在做得很好	需要少做一点
沟通： 说话前先思考 同理组员 使用重新架构 鼓励用“我的信息”			
忍受情绪的情景： 面对冲突/生气 容许沉默 忍受紧张 接受亲密/感情 接受悲伤 对挑战做出反应 接受预期的冒险 表现没有防卫性			
与组员的关系： 挑战/面质个人 抽离对自己的注意力 使用隐喻 自发性的反应 嘲笑自己 创造一个安全的气氛 分享控制 以此时此地做反应			
自我表露： 以言语表达生气 表现幽默 感谢的话语 隐藏感情 分享个人经验			
其他： 耐心等待 邀请回馈 示范接纳 对过程的评价 鼓励组员采取行动			

（二）测量工具的信度和效度

为了保证测量工具的效度，即测量结果的可靠性，在选择测量工具时，我们通常采用一些现成的、得到人们认可的监测量表，再设计一些问卷，对其信度和效度进行监测，并采用不同的测量方式进行测量。

测量工具的效度，也就是测量结果是否准确。在小组评估中，效度是指我们提出的目标行为是否可以通过我们的测量工具得到全面有效的反映。由谁来进行测量会影响效度问题，这意味着有一些指标可以由别人通过观察发现。另外，可以通过三角测量的方式来保证测量结果的效度。①

第四节 评估报告的撰写

一、撰写准备

小组报告的撰写在小组评估中占据了重要的地位，是一系列的评估工作结束之后，对获得的数据进行分析和总结，形成总结性报告的工作，其内容是评估的结果，包括评估发现的问题、改进措施和建议等。

（一）文献的收集与整理

小组以开展实务工作为主，然而小组评估报告需要将其转化为文字资料，不同的小组涉及的领域不同，作为一种研究结果，小组评估报告需要对相关领域的研究做一个回顾总结，指出过去研究中的主要发现、不足与争议点，让读者对研究的意义与重要性有一个基本的了解，明确自己所做研究的重要性。这就需要对已有的文献资料进行收集、分析。

（二）写作的要求

写作的基本要求是必须明确研究的领域、研究的理论、研究的方法等，这是任何一种研究都必须具备的。评估报告的基本目的是与他人交流自己的研究成果，其读者既可能是同事或者资金赞助者、机构领导者，也可能只是对该项评估感兴趣的一般读者。作者应依据读者对象的不同，选择相应的写作格式与行文方式。对于资金赞助者，研究的文字应尽可能通俗易懂，明确研究的重要性和意义；对于一般的读者，要将专业术语尽可能转化为一般的语言，否则一般的读者不容易读懂。

二、研究性评估报告的基本格式

一个完整的评估报告的框架一般包括问题、方法、发现、讨论几个部分，如表 11－13 所示。

---

① 刘梦．小组工作．北京：高等教育出版社，2003：217.

表 11-13 社会工作研究性评估报告框架

组成部分	主要内容
问题	研究背景，理念，研究重要性，相关文献和理论回顾，研究问题和变量
方法	研究设计，调查方法，研究对象和抽样方法，资料收集过程，测量工具描述
发现	展示主要发现（包括图表），介绍相关的分析过程
讨论	对结果进行讨论，解释数据，评估对理论和实务的指导意义，研究的不足，与其他研究的关系，总结和结语

小组评估报告的具体框架和内容主要有以下几个方面。

（一）摘要

简要叙述开展评估的原因、目的、意义、主要结论及建议，摘要一定要简明，其内容一般包括：评估对象及内容，评估的原因、目的、意义，主要结论与建议。如果允许或需要，那么还可以增添有没有在评估的基础上做出决定。如果有，是什么样的决定？评估报告为什么而作？有哪些人可以使用？是否存在紧迫性因素？是什么样的因素？

（二）前言

主要描述评估方案的由来、目的、研究意义。内容多少、详略依据报告使用对象而定。

（三）评估研究的设计

主要包括研究方法、资料收集的方法与过程、具体的测量工具等。具体的内容有：研究方法的选择与运用，解释为什么选用这种方法；研究的变量，对变量的操作化；介绍评估对象的基本情况和评估过程；资料收集的方法与过程；选用的具体测量工具，不同的测量工具之间的异同；研究设计有何独特之处，有何不足之处。

（四）评估的结果

将评估的结果依据一定的逻辑逐步陈述，可以使用图表，使评估的结果一目了然并具有对比性。报告要求真实展现评估结果，并对结果进行合理解释。

（五）讨论

讨论通常与结果部分结合，一般只在比较复杂的、专业性很强的评估研究中才能独立成为一个部分。一般应集中于以下一些内容：第一，通过评估的结果，可以得到什么推论；第二，与已有的相关评估结果相比，自己的评估有什么优点与不足；第三，关于此类评估还可以做些什么。

（六）结论

总结评估的结果，提出基本结论。在结论部分，还可以提出具体的意见、建议，为未来的决策、计划等提供参考。

（七）参考文献

按照国际通用的标准，列出参考文献，这是基本的学术规范。列出参考文献，一方面是为了保护著作权、版权，另一方面也是为了充分展现作者的知识水平和对所研究领域的熟悉程度，同时使读者能够了解哪些是作者本人的研究成果。

复习思考题

1. 结合自己参与过的小组，谈谈你对小组评估的理解。

2. 一个正在进行的大学新生适应小组，希望了解小组工作中存在的问题及如何改进，你认为哪种设计类型比较适合该项评估？具体的评估步骤如何进行？

3. 如果你准备在职业学校招募一个中职生职业规划小组，那么你会怎么进行需求评估和过程评估？你认为哪种设计模式比较适合该小组的结果评估？你将如何进行具体评估步骤？

4. 假设你在某一青少年福利机构实习，该机构专门服务于有偏差行为的青少年，机构督导希望你能够设计一个小组工作服务方案，为 10 名有逃学、撒谎、偷窃等行为的青少年提供服务。请针对这一情况，拟订一份小组工作服务方案。请写出事前评估的内容。

5. 请结合自己组织过或者参与过的小组写一份评估报告。

推荐阅读书目

1. 刘梦．小组工作．北京：高等教育出版社，2003.

2. GINSBERG. 社会工作评估：原理与方法．上海：华东理工大学出版社，2005.

3. 杜晓新．心理与教育研究中实验设计与 SPSS 数据处理．北京：北京大学出版社，2013.

4. 扎斯特罗，等．社会工作实务应用与提高．北京：中国人民大学出版社，2005.

第十二章

小组工作的运用和反思

本章要点

- 全面认识小组工作在青少年、妇女、老年人和其他群体中的作用和运作方式。
- 社会工作伦理是社会工作依据其哲学信念和价值取向发展而成的一整套伦理实施的原则。它是社会工作者用来表明专业特征并在处理案主、同事、服务机构以及社会之间关系过程中所遵循的一组道德标准和原则，是引导与限制助人活动的依据。
- 小组工作的本土化是指产生于外国（或其他地区）的小组工作进入另一国家或者地区时发生变化的过程。小组工作在中国的本土化是指产生于外部的社会工作模式进入中国（这一套经济的、政治的、社会文化的制度体系），同其相互影响进而适应中国社会的需要而发挥功能的过程。
- 小组工作本土化的三个阶段：引进阶段、本土化阶段、扎根阶段。

关键概念

小组工作的运用；社会工作价值体系；社会化理论；社会资源理论；标签理论；本土化

第一节　小组工作的运用

一、在青少年群体中的运用

青少年及其群体不仅是社会的重要组成部分，也是社会人群中最活跃、最敏感的群体，他们的成长直接影响着社会的发展和变迁。因此，青少年社会工作是社会工作中极为重要的内容，需要予以特别的关注。

对“青少年”概念的定义因人而异，通常指从儿童向成年人过渡的时期。其起始年龄为12～13岁，即青春期来临的时期，其上限的具体年龄则根据不同时期的社会环境而定，在不同的时代背景和社会环境下，这个上限是存在差异的，目前在中国一般认为应在25岁至30岁之间。

心理社会理论的代表人物埃里克森将人的一生划分为8个阶段，认为每个阶段的美德都是在克服了心理社会危机后产生的。这8个阶段为：婴儿期，信任对不信任；幼儿期，自主对羞愧和怀疑；学前期，主动性对内疚感；学龄期，勤奋对自卑感；青少年期，认同对角色混乱；青年期，亲密对孤独感；中年期，关注后代对关注自我；老年期，完美对绝望。在此期间，青少年处于自我辨识与认定的时期，需要辨别是非善恶，逐渐形成自己的价值体系。青少年社会工作者应该帮助青少年顺利地度过认同危机，建立自信心。

青少年小组活动是促使青少年健康成长的必由之路，是富有实践性、趣味性和创造性的活动，它可以激发参与者的各种热情，使参与到活动中的青少年获得多方面的收益。通过小组活动进行辅导的方法很多，主要有如下几种。

（一）榜样示范

在青少年中树立层次不同、远近各异的榜样和典范。发挥榜样的形象性、示范性和感染性作用，促使青少年产生赞美、敬慕、仿效等情感和行为动机，达到学习榜样的效果。

（二）行为锻炼

在实践过程中对行为进行不断反复，在反复行为中使其认识、感情、需要、动机、态度、价值观等得到转变以支持这种行为方式，从而达到养成习惯、磨炼自己的目的。

（三）情景感染

活动中情景对参与者具有巨大的感染力，可以使参与者受到美的熏陶、思想的影响和情绪的调动，好的活动需要注意营造适宜的情景。

（四）竞赛激励

运用评比、竞赛、奖励等手段，可以促进参与者奋发向上，亦符合青少年争强好胜、积极向上的心理特点，使其感情性动机和获得自尊、自我求成的需要更加强烈。在体育、游戏等小组活动中应用此种方法，不仅可以使活动更加富有生气，而且能够激起青少年的积极性，对青少年产生积极的影响。

（五）角色模拟

即社会工作者通过让青少年模拟某种社会角色，使其能够体验到这种角色的社会预期。这种角色模拟的过程可以使青少年在掌握社会交往技能的同时进行不同的角色互换，使其对不同角色有不同的认识，在此基础上，使得青少年能够更好地扮演自己的社会角色。

小组工作对于青少年的成长来说是极为重要的，其功用很大，这对于青少年社会工作者来说是不能够忽视的。下以儿童互助成长小组为例。

案 例

一、基本信息

小组名称："阅成长"儿童阅读学习小组

服务对象：因隔代教育或因特殊家庭条件缺乏教育及基本素质的小学年级留守儿童

小组人数：8～12名

活动节数：7节

活动地点：×村村委图书室

活动时间：×年×月×日至×月×日每周六下午3：00—4：00

小组类型：成长性小组

二、背景及需求分析

（一）背景

根据2017年教育统计数据，我国处于义务教育阶段的农村留守儿童大约有1 550万人。在×村，外出务工人口多，留守儿童数量较多，社会工作者通过前期的走访和访谈调查发现，村内大多数留守儿童由祖父母辈照顾，形成了普遍的"隔代教育"现象，而隔代教育易产生溺爱现象。例如，祖父母辈因心疼孩子无父母陪伴，而放任孩子在家或外出玩耍，未引导孩子正确利用和安排学习时间，留守儿童缺乏阅读兴趣与习惯培养；或者由于家庭条件较差，祖父母辈无法给孩子提供较丰富的学习资料等，不利于对孩子的行为方式和性格的培养。同时，由于城乡教育资源分配存在不均衡现象，农村地区留守儿童难以接受与城市地区同等水平和质量的教育，可利用的发展与学习资源远远少于城市儿童。因此，社会工作者认为有必要开展阅读互助小组，通过互助小组的形式，培养留守儿童阅读的良好习惯，为留守儿童提供一定的补偿教育和素质培养。

（二）问题与需求评估

（1）图书资源利用率低，留守儿童缺乏阅读兴趣与良好的阅读习惯。农村地区相对城市地区缺乏图书阅读资源建设，有限的图书资源多集中于各村村委会且主题不适合儿童阅读，农村小学中图书资源也很有限；隔代教育缺乏对留守儿童阅读兴趣的培养与习惯引导。农村留守儿童需要图书资源及阅读习惯引导。

（2）生活卫生等基本意识不足，生活自理能力较差。与农村祖父母辈较为低下的文化素质以及相沿成习的社会风气等相关，他们的教育思想、理念等也多较为落后或是不正确的。如他们认为只要孩子能够吃饱穿暖就行；又如因婆媳关系问题，祖父母辈多不敢或不愿对孩子提出过多、过严的要求，这也在事实上制约了孩子生活自理能力的提高和良好习惯的培养。

(3) 基本的学习习惯和能力欠缺。家庭教育也是儿童能力和素养提升的重要途径。部分祖父母辈虽然承认孩子的学习重要，但无足够的能力辅导或不愿辅导孩子的学习，并在事实上对孩子的学习采取不闻不问的态度。这无法与孩子在学校中的学习形成良好的呼应，不良的学习习惯也无法被及时发现并纠正。这导致了部分留守儿童的学业成绩不够理想。

(4) 个性品质发展脱离正确的轨道。由于祖父母辈对留守儿童的溺爱、骄纵以及对其心理精神成长等的漠视等，多数留守儿童在道德品质的发展过程中，无法获取正确的行为范式，从而导致在个性品质发展的道路上出现脱轨现象。部分祖父母辈持有“树大自然直”的观点，从而加剧了对儿童性格引导的忽视。隔代教育对孩子的未来成长缺乏良好的规划。

因而，社会工作者拟采用充分运用儿童图书馆资源，以小组工作的方式针对留守儿童的个人素质提升、生活卫生意识培养、阅读习惯改变等方面进行介入，在阅读与实践中实现其发展与成长。

三、介入理念与理论

(一)“镜中我”理论

在与他人的互动过程中，我们通过感知他人对我们的反应和评价，建立起我们的自我意识、自我形象和自我评价。他人犹如一面镜子，我们正是从他人这面镜子里发现了我们的自我。在本次活动中，留守儿童通过从同伴处获得赞美与肯定，更加认识自己的优势，增强达到他们的期望和目标的信心。

(二) 社会学习理论

班杜拉的社会学习理论主要探讨个人的认知、行为与环境因素三者及其交互作用对人类行为的影响。在观察学习的过程中，人们获得示范活动的象征性表象，并引导适当的行为。儿童的行为很大程度上都是后天习得的，这种习得的认识与所处的环境使他们产生了行为。由此，可以通过外界力量创造一定的条件，让儿童习得一些科学且正确的行为。社会学习理论重视榜样的作用，强调个人对行为的自我调节，主张建立较强的自信心。社会工作者可通过树立榜样或者让留守儿童明白榜样的意义，相信组员们的学习能力，及时通过奖励肯定他们好的行为和细微的改变，对组员的偏差行为给予惩罚，从而使其更好地学习。

(三) 认知教育理论

认知教育理论推崇 KAP 模式，取自 knowledge、attitude、practice 的首字母，中文叫“知一信一行”模式。知（知识和学习）是基础，信（信念和态度）是动力，行（促进积极行为）是目标。社会工作者不再是控制者，而是组员安全认知的有力支持者和指导者。了解留守儿童先前的认知，并通过模拟实验、角色扮演等多种形式，让其通过实践—认识—再实践—再认识，从而得出自己该怎么做的结论。而正是因为组员参与了实践和认识的全过程，他们的认知和信念将逐步推进，最终形成更有利的自我规范行为。

四、小组目标

（一）总目标

通过本次小组活动，提升组员的阅读兴趣，改善组员的阅读习惯，提升组员的基本素养，促进其多方面发展。让组员在实践与游戏活动中获得良好的体验与行为模式，了解到自己的问题与不足并努力改进；开阔视野，对自己的人生规划产生新的认识；建立自尊自强的自我意识，形成组员互助支持网络。以“图书阅读”与社会工作结合的方式达到提升留守儿童素质的作用，为地区的教育改善创造良好基础。

（二）分目标

（1）资源整合。充分利用图书室等资源，发掘儿童志愿者的潜力。

（2）增强社会工作者与留守儿童群体的关系，深入发现该群体的优势与不足，提升对村庄情况的掌握。

（3）促进组员间建立互助支持网络，通过儿童间的互动，实现集体学习与发展，并形成模范带头作用，带动村中其他留守儿童的发展。

（4）提高社会工作机构在社区的认同感。

五、工作执行进度及分工

（略）

六、具体活动安排

第一节活动　我们相遇在这里

活动时间：×年×月×日，星期六，下午3：00

活动地点：×村村委图书室

活动目标：建立关系，让组员间相互认识，促进组员间的关系，使组员了解图书阅读及素质培养

第一节　我们相遇在这里					
环节	目的	活动内容	所需物资	时间	备注
社会工作者开场	自我介绍，消除陌生感。	社会工作者自我介绍、对小组的内容意义进行说明。		5分钟	
破冰游戏	组员自我介绍，促进组员相互认识。	认识游戏：小兔情缘 （1）组员围成一个圆圈，社会工作者将小玩具传向组员，放音乐，当音乐停止时，接住小玩具的组员开始自我介绍（姓名，居住地，家中其他成员，兴趣爱好，希望在小组中有何收获）。之后，继续传递小玩具，接住的组员复述上一个自我介绍的组员的一些信息，然后进行自我介绍。介绍完毕后，将小玩具传向其他组员。以此类推。 （2）社会工作者提问组员对其他组员的认识情况。	1个毛绒小玩具	15分钟	

续表

环节	目的	活动内容	所需物资	时间	备注
确定小组名称和签订契约	增进凝聚力与个体归属感。鼓励做出承诺、遵守约定。激励组员适度表达自己的想法和建议，并尊重他人的意见。	组员共同讨论，为小组起一个名字，订立契约，并写在纸上。 (1) 遵守时间，不可迟到。 (2) 不能来要提前请假。 (3) 在听到要求安静后要保持安静，不可破坏秩序。 (4) 说话时要等别人讲完再发言。 (5) 组员间相互尊重，不可争吵。 (6) 读书时应专心，不打扰别人。 (7) 遵守秩序，不争抢书籍。 (为自己的小组鼓掌 5 秒钟)		15 分钟	
设立积分表、发放阅读笔记本	提升组员的参与积极性，促进组员对通过阅读所获得的知识的积累。	(1) 设立积分表，每次游戏活动获胜或回答问题踊跃的组员可获得一积分，在所有小组活动完成后按总积分排名发放奖品。 (2) 给每位组员发放阅读笔记本，可用于记录每次通过阅读所获得的知识与感受。小组活动结束后也可继续使用笔记本。	笔记本		
游戏活动	在彼此认识的基础上，增强团队氛围，建立良好关系。促进合作性、创造性。	游戏：集体创作 (1) 把组员分成数队。 (2) 每队秘密抽取一个题目，只能小队内知道，队员间也不可交流。各队队员轮流在白板上作画，每人只能画一笔。画完后由大家猜所画的是什么。 (3) 画得最完全、最好的获胜。 (4) 组员分享在绘画过程中的感受（如合作、与他人配合才能完成任务、同伴间的默契）。	白板、白板笔、写有题目（大象、汽车、小羊、小猪、小猫、小牛）的抽签纸	30 分钟	
我期待	了解组员的期待。	每位组员以“我期待”为主题，说出对小组活动的期待。		10 分钟	
结束	本节小组活动结束仪式。	约定下次小组活动时间。			

第二节活动　合作的力量

活动时间：×年×月×日，星期六，下午 3：00

活动地点：×村村委图书室

活动目标：使组员通过阅读认识到合作的重要性，在合作完成任务的实践中增加对合作方法的认知

第二节　合作的力量					
环节	目的	活动内容	所需物资	时间	备注
社会工作者开场	巩固成果，引出本次主题。	组员间再次相互熟悉。回顾上节小组活动内容，说明本节小组活动主题。		10分钟	
阅读	通过阅读学习有关合作的知识。	(1) 让组员在书架上找出有关合作的书。 (2) 组员间用20分钟传阅书籍。			
游戏活动	训练合作默契。	游戏：香蕉运动 (1) 两人一队，并将两个人的左手绑在一起。 (2) 让每队拿一根香蕉在左手，然后叫开始，让他们合作用右手一同剥去香蕉皮，并用最快速度把香蕉吃掉。 (3) 最快的一队胜利。	香蕉、绳子	10分钟	
观看视频与讨论	使组员认识合作的重要性。	观看有关合作的视频，看完后邀请组员讲从游戏和视频中学到的道理。 (1) 合作能让力量凝聚。 (2) 合作需要合适的方法。	投影仪、电脑、有关合作的视频	15分钟	
游戏活动	培养共同努力、合作的意识。	游戏：纸龙门 (1) 三人一队，各执一条折好的报纸。 (2) 三人接力将乒乓球从屋子的一端运到另一端。 (3) 若乒乓球掉落，需要重新开始。 (4) 速度最快的一队胜利。 备注：若后面没有队员前去及时接上，球就会掉落。因此必须有足够的合作技巧和精神才能取胜。	乒乓球、一叠报纸	20分钟	
讨论	促进组员思考如何达到良好合作。	请组员分组讨论，怎样通过与他人的良好合作来完成任务，以及如何培养自己与他人的合作意识。能提出最多想法的小组受到表扬。 (1) 在合作中，只要有一个人没能配合好，就会影响整体。 (2) 合作需要有共同的目标，齐心协力。 (3) 要有良好的交流。		10分钟	
总结	回顾与总结。	总结本节小组活动内容、活动的开展情况及收获，评价组员的表现。		10分钟	
结束	本节小组活动结束仪式。	约定下次小组活动时间。			

第三节活动　读出好卫生

活动时间：×年×月×日，星期六，下午3：00

活动地点：×村村委图书室

活动目标：培养组员的生活卫生习惯，增强组员的卫生知识

第三节　读出好卫生					
环节	目的	活动内容	所需物资	时间	备注
社会工作者开场	巩固成果，引出本次活动主题。	回顾上节小组活动内容，先让所有组员去洗个手，请大家猜本次活动主题“卫生”，说明本节小组活动内容。		15分钟	
阅读	通过阅读学习有关卫生的知识。	（1）让组员在书架上找出有关卫生与生活习惯的书。 （2）组员间用20分钟传阅书籍。			
游戏活动	促进组员认识生活中与卫生有关的行为。	将组员两人分为一队： （1）每队队员一人看，一人猜，写有词语的纸板是背对着猜的队员的。 （2）每队的任务就是在规定的时间内，看的队员用各种方式（可借用橡皮泥和纸板）将词语表达给搭档，但不能说到词语中的任何一个字，否则视为无效。 （例词：洗手、洗脸、香皂、刷牙、洗澡、扫地、擦窗户、洗衣服、扔垃圾、擦桌子、洗水果、剪指甲。）	橡皮泥、纸板、带有卫生相关词语的抽签纸		
阅读与学习	通过阅读增加组员的卫生健康知识。	（1）请组员在图书馆寻找与“卫生”相关的书籍，在阅读15分钟后请每位组员给大家讲解一个卫生知识。如“洗手时要洗到指甲缝”“刷牙后牙刷应洗净放在干净干燥处”。 （2）由社会工作者发放卫生知识资料，讲解卫生知识，培养组员的卫生习惯。可采用提问与抢答的方式。	卫生知识资料	45分钟	
实践活动	引导组员学会保护牙齿的正确方法。	让组员洗手后数数自己有多少颗牙齿，每人得到一把牙刷，学习刷牙技巧。 （1）每天应该刷两次牙，早晚各一次。 （2）吃东西后漱口，早晚刷牙，不咬过硬的东西，不吃过冷过热的东西，睡前不吃东西，患牙病及时治疗。	牙刷、牙膏、刷牙方法图示	10分钟	
绘画活动	引导组员重视手的卫生、勤洗手。	绘画活动： 每位组员得到一张纸，用笔把自己手的轮廓描到纸上。 用彩笔装饰和打扮自己的手的轮廓，并谈谈如何让它一直好看。 （1）勤洗手。 （2）不摸脏东西。 带领组员承诺一直让自己的手干干净净，保持好看。	纸、笔、彩笔、折纸、胶棒或双面胶	30分钟	
结束	本节小组活动结束仪式。	回顾总结本次小组活动内容，约定下次小组活动时间。			

第四节活动　“略读”与“细读”

活动时间：×年×月×日，星期六，下午3：00

活动地点：×村村委图书室

活动目标：提升组员阅读技巧与能力，注重读书的“略读”与“细读”之分

第四节　“略读”与“细读”					
环节	目的	活动内容	所需物资	时间	备注
社会工作者开场	巩固成果。	回顾上节小组活动内容，说明本节小组活动主题。		15分钟	
阅读实践活动	培养在阅读中抓住重点和中心思想的能力。	（1）每位组员从图书室书架上选择一本自己感兴趣的书，专注阅读20分钟。 （2）集合回到座位，组员依次向大家分享自己阅读到的故事与内容。要求分享能抓住重点与中心思想。 （3）请分享得好的组员谈谈阅读方法与技巧。 （4）社会工作者为大家讲解“略读”的技巧（查看目录、抓准关键词、借助配图理解）。	图书	30分钟	
游戏活动	热身游戏，同时检查组员是否记得上节小组活动内容“吃东西前要洗手”。	游戏：点心塔 （1）每队3人一起负责叠饼干，互相协助。 （2）3分钟内将饼干叠得最高的队获胜。 （3）结束后各队可一同吃完自己的饼干。	饼干、桌子	10分钟	
游戏活动	培养精细阅读与寻找细节内容的能力。	游戏：词汇树 （1）分小队。 （2）每队队员抽签得到一个主题（如喜怒哀乐、时间变化、万千色彩、飞禽走兽）。 （3）每队寻找书籍阅读15分钟。寻找与主题相关的词语、成语。 （4）在纸上画出词汇树，看哪队写出来的词汇多且树叶最繁茂。	抽签纸、图书、纸、彩笔、中性笔	40分钟	
讨论	为图书室制定规则。	小组讨论“图书室应当设立怎样的规则”： （1）洗干净手后再看书。 （2）不应大声喧哗、打闹。 （3）借书应登记。 （4）读书要专心。 （5）读书时不可以吃东西、喝饮料。		10分钟	
讨论	制订自己的读书计划。	（1）用纸写下自己的读书计划。 （2）每个月读几本书？ （3）读书后要记录下读后感。	纸、笔		
结束	本节小组活动结束仪式。	回顾总结本次小组活动内容，约定下次小组活动时间。			

第五节活动　人生规划与目标

活动时间：×年×月×日，星期六，下午3：00

活动地点：×村村委图书室

活动目标：增强组员对自己的认知，明确目标

<table>
<tr><th colspan="6">第五节　人生规划与目标</th></tr>
<tr><th>环节</th><th>目的</th><th>活动内容</th><th>所需物资</th><th>时间</th><th>备注</th></tr>
<tr><td>社会工作者开场</td><td>巩固成果，说明本次主题。</td><td>回顾上节小组活动内容，说明本节小组活动主题。</td><td></td><td>5分钟</td><td></td></tr>
<tr><td>阅读</td><td>通过阅读，学习有关职业的知识。</td><td>（1）让组员在书架上找出有关职业启蒙（如消防员、厨师、科学家、教师等职业）的书。
（2）组员间用20分钟传阅书籍。</td><td>职业启蒙系列书籍</td><td>20分钟</td><td></td></tr>
<tr><td>游戏活动</td><td>厘清组员所看重的优势与品质、价值观取向。</td><td>游戏：价值观大拍卖
拍卖规则：
你有5 000元（道具钱），可以随意叫卖下表中的东西。每样东西都有底价，每次出价以500元为单位，价高者得到东西，有出价5 000元的，立即成交。
<table>
<tr><th colspan="2">底价表</th></tr>
<tr><td>1. 爱情500元</td><td>10. 财富1 000元</td></tr>
<tr><td>2. 友情500元</td><td>11. 长命百岁500元</td></tr>
<tr><td>3. 健康1 000元</td><td>12. 诚实500元</td></tr>
<tr><td>4. 美貌500元</td><td>13. 勇敢500元</td></tr>
<tr><td>5. 聪明1 000元</td><td>14. 分辨是非的能力1 000元</td></tr>
<tr><td>6. 威望500元</td><td>15. 大学毕业证书1 000元</td></tr>
<tr><td>7. 自由500元</td><td>16. 孝心500元</td></tr>
<tr><td>8. 快乐500元</td><td>17. 专业技能证书1 000元</td></tr>
<tr><td>9. 爱心500元</td><td>18. 地位500元</td></tr>
</table>
讨论：
（1）你是否后悔得到你所买的东西？为什么？
（2）在拍卖的过程中，你的心情如何？
（3）有没有组员什么都没有买？为什么不买？
（4）假如现在你已经处于人生的尽头，请看看你手上买到的东西，它们对你来说是否仍有意义？
（5）你是否后悔刚才为自己争取得太少？
（6）你争取回来的东西是不是你最想得到的东西？
（7）你是否甘愿为了拥有金钱、声望而放弃一切呢？
（8）金钱是否一定会带来快乐呢？
（9）有没有比金钱更值得追寻的东西呢？</td><td>代表500元的纸券、底价表</td><td>20分钟</td><td></td></tr>
</table>

续表

环节	目的	活动内容	所需物资	时间	备注
知识学习	促使组员对自己的人生发展产生一定认识。	讲解接下来组员将经历的教育发展（小学—初中—高中—大学）与可能的人生选择方向（工作、创业）。		10分钟	
游戏活动	引导组员认识所有职业都是重要的，不存在高低贵贱之分。	游戏：把谁扔下船 (1) 组员分为两队。 (2) 由社会工作者在黑板上画出两艘小船，每艘小船上都坐着某些职业的人。现在船遭遇到故障，需要扔人到海里。 (3) 依次对每艘船上的职业进行优势分析，若对应小队队员能够讲出该职业的三个优点或能发挥的作用，即可不将该职业的人扔下船。 (4) 若整艘船的人都能留下来，即可得到天神眷顾，整艘船上的人都会获救。对比两艘船上留下的人数，人数多的或整艘获救的即为胜利。 (5) 游戏结束，社会工作者引导大家看到被扔下船的职业也有其功能和不可替代性；指出只有不同场景和情况需要的职业，而没有不重要的职业。	白板、白板笔	40分钟	
讨论与思考	让组员明确自己的目标。	让组员谈谈自己以后想从事的职业和理想。为什么想要从事这个职业？		10分钟	
结束	本节小组活动结束仪式。	约定下次小组活动时间。			

第六节活动　交际与友情

活动时间：×年×月×日，星期六，下午3：00

活动地点：×村村委图书室

活动目标：为组员树立正确的交际观，学习交际方法

第六节　交际与友情					
环节	目的	活动内容	所需物资	时间	备注
社会工作者开场	巩固成果，说明本次主题。	(1) 回顾上节小组活动内容，说明本节小组活动主题。 (2) 说明在本次活动全程中，如果发现了组员中某人的优点或表现好的时刻，偷偷记下，即可找社会工作者换取积分。		5分钟	

续表

环节	目的	活动内容	所需物资	时间	备注
阅读与学习	通过阅读，学习有关人际交往的知识。	(1) 让组员在书架上找出有关人际交往的书。 (2) 组员间用20分钟传阅书籍。	共12+8本人际关系培养系列丛书		
游戏活动	分辨出大家都喜欢的朋友是怎样的，为组员树立交际规范，让组员思考自己的交际形象。	游戏：魅力测试站 (1) 社会工作者描述情景：你参加了一个夏令营，在这个夏令营里，你结识了很多性格迥异的人。社会工作者在白板上写下以下特质：真诚的、善解人意的、乐于助人的、体贴的、热情的、善良的、活泼开朗的、风趣幽默的、聪明能干的、自信的、心胸宽阔的、面带笑容的、勇敢大方的、脾气古怪的、不友好的、爱打人骂人的、饶舌多嘴的、自私自利的、自负傲慢的、虚伪的、恶毒的、不守信用的、性情暴躁的、孤僻的、冷漠的、固执的、心胸狭隘的等等。 (2) 组织组员进行讨论：你最不愿意和哪三种人做朋友？你最愿意和哪三种人做朋友？依次请组员上前在愿意与之做朋友的人的特质前画红花，在不愿意与之做朋友的人的特质前画黑叉。简要地说明理由。 (3) 请每位组员在心底对自己做一个评判（不需要说出来）：你认为自己最类似于以上哪两种人（优缺点各选一个）？然后，仔细倾听其他组员对此性格特质的评价，从而了解自己的性格在人际交往中的受欢迎程度。 (4) 社会工作者记录下每种性格的魅力指数和被厌恶指数。最愿意和某三种人做朋友，那么根据喜欢程度的高低，对这三种性格分别记3朵花、2朵花、1朵花；相反，最不愿意和某三种人做朋友，那么根据讨厌程度的高低，对这三种性格分别记3个叉、2个叉、1个叉。当所有成员发完言后，计算每种性格的总分，得出该性格的魅力指数（每朵花加1分，每个叉减1分）。	白板、白板笔（黑、红）		
思考与讨论	促进组员反思自己的交际形象及其不足和改进方法。	请组员思考：自己的人际关系是怎样的？在小组活动中自己是怎样与其他组员交往的？邀请组员谈谈如何改善或做得更好。		15分钟	

续表

环节	目的	活动内容	所需物资	时间	备注
游戏活动	两个游戏分别体现人际关系中的对抗和配合。让组员感受。	游戏一：斗气比赛 （1）两人一队。 （2）把乒乓球放在桌子中间，在桌面上画记号。 （3）两人把下巴贴在桌上，在指定时间内把乒乓球吹过另一方的记号即获胜。 游戏二：夹气球跑 （1）两人一队。 （2）两人背靠背夹住一只气球从起点向终点跑。终点还要放一把椅子，到了终点后要把气球放到椅子上然后坐爆，再返回起点继续夹气球。 （3）如果在跑动时气球落地，那么两人要从起点重新出发。在同样时间内哪组爆破的气球最多哪组获胜。一般爆破气球的任务由一人完成，另一人此时要尽快返回起点准备好气球。 游戏结束后，请组员谈谈：怎样的人际关系才是令人愉悦的？对抗的人际关系会给自己的生活与心情带来怎样的影响？互帮互助的人际关系会带来怎样的影响？	桌子、乒乓球、气球、椅子	20分钟	
学习与讨论	让组员学习交际规范与良好交际的方法。	社会工作者为组员讲解人际交往的原则与技巧。同时提醒组员回忆在活动前通过阅读所获得的知识，在部分问题上请组员思考并举手回答。	人际交往资料	5分钟	
结束	本节小组活动结束仪式。	总结本次小组活动内容，约定下次小组活动时间。			

第七节活动　小组虽结束，我们还是好朋友

活动时间：×年×月×日，星期六，下午3：00

活动地点：×村村委图书室

活动目标：巩固已获得的成果，处理离别情绪，展望发展

第七节　小组虽结束，我们还是好朋友					
环节	目的	活动内容	所需物资	时间	备注
活动总结	巩固组员已获得的成果。	（1）对开展的所有小组活动进行总结。 （2）请组员总结与回答之前所学的内容，分享自己在小组中的收获与感受。		15分钟	
评价与奖励	评价组员的表现。	评价每个组员的表现，依照积分表发放对应的奖励并给予鼓励。	积分表、奖励物品	20分钟	

续表

环节	目的	活动内容	所需物资	时间	备注
游戏活动	引导组员关系，促进支持网络的建立。为结束做准备。	游戏：心有千千结 (1) 全组人围圈站着。 (2) 当组长数出“1、2、3”时，大家便要一同伸出两只手，握着其他人的手，记着一手握一手。 (3) 握好后便可开始解结。用穿、转、爬、拗手等方法都行，但握着的手不可放开，如果尝试多次仍解不开便为输。 备注：谨记不可握你左右两边的人的手。 在小组中的共同学习与活动是组员共同的宝贵经历。互相帮助，互相支持，互相监督，互相促进，保持良好的习惯。热爱阅读，追求知识与眼界的开拓。		15分钟	
歌曲齐唱	结束仪式。	齐唱歌曲《童年》作为小组结束仪式。		4分钟	
小组结束	结束。	宣布小组结束。		3分钟	

七、评估方法

(1) 对组员进行访谈，了解成果与收获。

(2) 收集每节小组活动的组员的分享与意见。

(3) 记录社会工作者的观察结果。

(4) 统计出席率与参与及投入程度。

八、预计困难与应变措施

预计困难	应变措施
招募不到足够的组员	社会工作者亲自打电话招募，或者直接邀请符合条件的孩子参加。
组员热情不高，参与性不强	社会工作者发挥调动氛围的技巧，采用具有趣味性的活动，适当奖励。
组员迟到或不来	在活动开展之前与组员订立契约。
组员过于活跃或调皮	活动环节张弛有度，社会工作者保持对氛围的把控。

九、结案

目标：目标达成结案，组员的基本要求得以满足，认识到自己的提升。

(1) 和组员一起制订结束后的发展计划。

(2) 保持与组员的持续联系，关注其后续发展与改变情况。

(3) 促进组员发挥模范带头作用，带动身边的留守儿童共同发展。

下面再来看一个大学生社会交往能力提升小组的案例。

案 例

在生活中，人的许多需要都是在社会交往、人际交往中得到满足的，健康的社会交往有利于人们身心健康地发展、愉快地生活，相反，如果社会交往不顺利，或者不能够妥善地处理社交关系，人们的内心需要可能就被剥夺，或满足需要的愿望受挫折，因而会产生孤立无援或被社会抛弃的感觉。

当青少年进入大学之后，会遇到各种各样的社交问题，人际交往和互动会变得多样化和复杂化，如宿舍同学的人际交往、同学与同学直接的人际交往、老师与同学之间的人际交往等，这突如其来的变化，使得很多大学生措手不及。根据小组工作理念，通过合理的设计，让大学生讨论、分享自己在社会交往中出现的困惑和心理阻碍，并通过一系列的活动、游戏加强高校大学生的自我认知；通过优势视角，层层挖掘大学生自我社会交往能力的潜质；并配合对社交礼仪、社交技能以及沟通技巧的学习和演练，能够提升大学生的社会交往能力，使他们能够更好地融入社会、融入校园生活，获得更好的发展。

一、理论支持

发展心理学；优势视角；抗逆力理论；“镜中我”理论。

二、小组设置

（一）小组目标

1. 整体目标

小组的整体目标是全面提升小组成员的社交能力，让这些高校大学生能够更好地适应学校生活、融入学校生活。

2. 分目标

(1) 加强组员的自我认知。

(2) 挖掘组员的内在潜能和资源。

(3) 提升组员的表达、沟通能力。

(4) 增强组员的自信心，提高抗逆力。

（二）服务对象

本小组的服务对象主要是希望提升自我社交能力和沟通能力的高校大学生，包括本科生和研究生。

（三）小组特征

1. 小组性质

发展性的社会化小组。

2. 小组的规模、时间、地点

小组规模：通过招募，选取8名高校大学生，男女比例为1∶1。

小组时间：本小组将开展8期小组活动，每周五下午进行，每期的小组活动时间暂定为90分钟，具体时间将根据组员的实际情况和组员的要求进行适当的微调。

小组地点：小组活动的具体地点暂定为本校的社会工作实验室，具体地点将根据小组的活动内容来确定。

（四）招募方法

采用自愿参与报名的方式来招募。设置招募点，进行人员招募和宣传；发动所认识的人，通过网络等方式进行宣传和推荐；制作招募海报，并在校园内张贴。

三、小组具体实施方案

小组	时间	地点	目标	内容	所需物资
第一期	90 分钟	小组活动室	（1）让小组成员了解小组的目的；（2）让小组成员初步建立关系。	工作者和组员相互介绍；通过“新闻达人”游戏破冰；介绍小组目的与内容；订立小组规范；分享聚会的感受和意见。	助理一名；纸笔若干
第二期	60 分钟	小组活动室	（1）进一步进行组员的沟通与交往；（2）在组员的相互交往、沟通以及游戏过程中发现组员自身存在的优缺点。	寻找相似组员，让组员互相熟悉；进行信任游戏；分组谈论组名、组长、组徽、宣言并展示；小组合作进行竞赛游戏；邀请组员分享感受及意见；工作者总结。	助理；游戏道具
第三期	90 分钟	××活动室	（1）让组员了解在社交活动中沟通技巧的重要性；（2）让组员了解基本的沟通技巧，同时在活动（游戏）当中让组员掌握基本的沟通技巧，并让组员在小组内尝试运用这些沟通技巧。	进行撕纸游戏，感受沟通的重要性并分享游戏感受；沟通小剧场，两两配对，合作表演；工作者与组员讨论处理情境的方法及分享经验。	游戏道具
第四期	90 分钟	××活动室	（1）进一步加深组员的沟通技巧训练，让组员进一步认识沟通的重要性；（2）引导组员根据自身的优缺点，改进自身的沟通方式，并学会运用所掌握的这些沟通技巧在社交当中扬长避短。	首先回顾前三期小组活动；进行游戏“盲人带路”，体验无助的感受和沟通的重要性；分享、交流；情境扮演，让组员练习应对特殊情境；分享、总结。	纸制障碍物；情境卡片
第五期	90 分钟	小组活动室	（1）小组活动前半段主要是进一步加强、巩固组员的沟通技巧，并引导组员结合自身的特点创建一套适合自己的沟通技巧；（2）小组活动后半段，让组员了解除了沟通外，个人形象以及基本的社交礼仪对于建立良好的社交同样重要。	进行“肢体语言”游戏，使组员关注肢体语言，反思让人不舒服的非语言表达；工作者分享经验；简单的社交舞比赛；工作者分享经验，并选出一组表演较佳的组合。	小礼品两份

续表

小组	时间	地点	目标	内容	所需物资
第六期	90 分钟	社工实验室	(1) 通过小组活动让组员发觉自身在个人形象以及社交礼仪方面所存在的不足； (2) 通过小组活动，让组员初步了解基本的社交礼仪方面的知识。	进行“魔镜”游戏，通过自身观察与别人的反馈，发现自身的特点，为下一期“华丽转身”做准备；开展“礼仪小课堂”，工作者向组员介绍不同场合的社交礼仪；组员们一起讨论刚才的经验，并分享生活实践；邀请组员表达感受，并颁发“形象达人组员”。	穿衣镜、纸、笔、相机、礼品
第七期	70 分钟	社工实验室	(1) 巩固、加强社交沟通、礼仪以及自我形象的综合训练； (2) 通过小组活动，让组员进一步增加沟通技巧以及社交礼仪方面的知识，希望组员在日后的生活当中逐渐地将所学的知识内化并运用到社会实践当中。	进行“华丽转身”游戏，请组员关注彼此相距上次的改变（主要说优点）；工作者提供服装、配饰物品图片，并给出社交场景，选择组员进行交流表演；商讨下一期大餐会事宜；邀请组员表达感受，颁发“形象达人组员”。	第六期的图片、资料，不同风格的服装、配饰图片，礼品，等等
第八期	30 分钟	××活动室	总结分享、交流会，让组员分享前七期的小组活动心得。	与组员分享小组内容；请组员在其他组员的卡片上写下“社交达人”的优势；邀请组员写下参与小组的感受；投票产生“最优社交达人”“进步最神速达人”“最佳社交技巧”等，并颁奖；做组后问卷；大餐会，全组联欢。	卡片、纸、笔、礼品、问卷、联欢物资等

四、预计问题和应对措施

包括小组成员和工作者两方可能出现的问题及应对措施，其中小组成员的问题可能出现在前、中、后各个阶段。

五、小组方案评估

（一）小组评估内容

小组评估的内容主要包括两个部分。第一部分是对小组进行的过程进行评估，即过程评估；第二部分主要是对小组的效果进行评估，包括在小组活动开展之前对小组成员的社会交往能力进行初步测量，即效果评估，在小组活动结束之后再次测量小组成员的社会交往能力，前后对比，同时对小组成员进行后续的追踪调查。

（二）小组评估方法

1. 定性测量

在第一期小组活动开展前以及最后一期小组活动中，让组员两次填写同一份问卷，对比组员们参与小组前后的变化，看看他们的社会交往能力是否有所改善。

2. 观察测量

根据社会工作者以及观察员在活动当中对组员们表现的观察进行分析。根据小组成员的出席率、参与和投入程度进行评估。

3. 深度访谈和追踪测量

通过与小组成员交谈，了解小组成员自身是否改变；同时通过电话或网络对小组成员进行后期的追踪访问，进一步查看小组的成效。

4. 收集小组成员的意见和反馈

在每期活动结束时，让小组成员谈一谈自己的感受和想法，以及对下一次小组活动的期待。同时结合工作者和观察员的意见，对小组活动过程进行评估，并及时对下一次小组活动做调整。

资料来源：任新悦．高校大学生社会交往能力提升小组计划书．武汉：华中师范大学，2014.

二、在妇女群体中的运用

妇女社会工作是以社会工作的专业理念与方法增进妇女权能及其相关福祉等的专业努力的总和。妇女社会工作不仅是针对妇女的服务，还包括更为广阔且深远的妇女意识提升、妇女充权、妇女组织建设以及妇女社会运动等诸多面向。当前我国正处于社会加速转型时期，社会流动和分化加快，社会组织程度较低，加大了对原本处于相对弱势的妇女群体的冲击，留守妇女、打工女性、单亲母亲等弱势群体的生存发展问题日益突出。作为现代社会管理和公共服务的一种重要手段，妇女社会工作在服务目标上更强调从“解决困难为主”向“助推成长为主”转变，在更深层面上满足妇女的实际需要，为我国妇女工作创新发展开辟科学路径。

作为妇女社会工作重要的方法之一，妇女小组能够有效帮助妇女们正视和证实她们有权拥有现在的感觉，了解她们需要空间去谈论和交换观点，获得她们需要的服务和协助，克服社会疏离，在相对安全的氛围中体验自主、发起新的行动等。

下以丧偶妇女减压互助小组为例。

案　例

在我国，丈夫的去世往往在经济、社会和文化等方面对丧偶妇女及其子女造成许多不利。她们既要通过辛勤工作来保证家庭收入来源，又要照顾家庭、子女和老人，无论是生理还是心理的压力都非常大。因此，南京师范大学王森等人在充分分析了丧偶妇女需求的基础上，于2011年年底开设了“丧偶妇女相伴同行小组”，旨在通过小组的支持作用，帮助小组成员舒缓压力，促进自我成长。

一、活动目的

首先，通过小组成员之间相互给予情感支持，稳定案主情绪。

其次，协助案主正视当前的困难，增强其对生活的信心。

最后，分享应对压力和解决问题的经验和技巧，如应对生活方面压力的经验和技巧、亲子互动方面的经验和技巧，通过对这些方面的学习促进个人的成长。

二、小组成员的招募

在社区中进行活动宣传，筛选报名人员，向报名者澄清有关疑虑、小组存在的理由、日后准备要探讨的一些问题。筛除有偏差人格特质的报名者，如有自杀倾向的、极度以自我为中心的等。

三、活动安排

活动	目标	主题	活动流程	时间	所需材料
第一单元	(1) 建立小组，协助成员相互认识，建立互动关系。 (2) 澄清成员需求和对小组的期待，营造良好的小组气氛。 (3) 建立小组规范。	大家来相识	(1) 暖身游戏：介绍自己，了解他人。 (2) 相识：叠罗汉。 (3) 澄清成员的需求以及对小组的期待。 (4) 订立小组契约，创立小组规范：小组讨论。 (5) 总结并结束。	120 分钟	略
第二单元	(1) 增进小组成员的熟悉程度，进一步融洽小组气氛。 (2) 促进成员的默契共识，帮助成员更好地融入小组。 (3) 提升小组凝聚力和培养小组成员之间的信任感。	我们可以相互信任	(1) 暖身游戏：回忆其他成员的信息。 (2) 全身倾倒游戏。 (3) 分享与反馈。 (4) 总结、结束并布置家庭作业：准备三个自己与压力、困难处理相关的故事。	110 分钟	略
第三单元	(1) 促进成员进一步融入小组，袒露自己的内心。 (2) 增进成员的情感交流，培养成员合作的态度，便于以后小组工作的开展。 (3) 通过成员之间的分享、讨论，给予提供分享的成员情感、技巧上的支持，并让成员进行学习运用。	讲出你的故事	(1) 暖身活动：学唱歌曲《从头再来》。 (2) 讲讲我的故事：成员分享自己的故事，其他成员聆听后分享自己的感受或者对发言者的困惑给予解答和帮助。 (3) 分享与反馈。 (4) 总结、结束并布置家庭作业：让成员将自己在这次活动中所学到的技巧积极运用到自己的实际生活中，在下次活动中与大家分享。	115 分钟	略
第四单元	(1) 设定不同的压力情景，成员运用上次活动所学来的技巧进行角色扮演。 (2) 帮助成员提高适应力和弹性，即令其明白原来解决一个问题可以有不同的方式。	大家来扮演	(1) 暖身游戏："优点轰炸"游戏以及对上次家庭作业的分享。 (2) 角色扮演：应对特定压力情景的表演。 (3) 分享与反馈：分享观看表演的感受并讨论更好的应对方法。 (4) 结束与总结。	140 分钟	略

续表

活动	目标	主题	活动流程	时间	所需材料
第五单元	（1）帮助成员树立积极向上的态度。 （2）了解自身需求，学会处理生活中的压力。	我想要的生活	（1）暖身游戏："腹背受敌"气球游戏。 （2）我想要的生活：成员分享自己想要的生活，及要实现自己想要的生活需要做什么，自己做了哪些，还需要做什么，现在的困难和压力有哪些，等等。 （3）分享与反馈。 （4）结束并总结：成员分享对整个活动的感受；工作者总结成员的表现；布置家庭作业，总结自己在小组中的收获和成长。	125分钟	略
第六单元	（1）巩固成员在小组中学到的技巧。 （2）帮助成员树立未来生活的信心。 （3）帮助成员顺利结束小组活动。	明天会更好	（1）暖身活动：通过音乐放松。 （2）明天会更好：在《明天会更好》的音乐中，成员们发表宣言："我相信我的明天会更好，我会运用我的所学，积极乐观地应对生活、家庭带给我的压力，我会活得更好！" （3）分享与反馈：成员一起回顾小组历程，分享自己的成长与改变，处理离别情绪。 （4）小组结束：工作者分享对小组的感受，成员之间相互祝福与道别。	110分钟	略

四、项目评估

本项目的评估方式包括预评估、过程评估与结果评估。

1. 预评估

通过观察法、访问法，了解丧偶妇女的生活和工作现状、困难和需求。

2. 过程和结果评估

在小组中观察活动气氛；在每次小组活动后，与成员倾谈，了解她们对小组的感受和意见；通过目标核对表评估目标达成情况。

资料来源：江苏省妇女联合会．妇女儿童家庭社会工作实务案例．北京：中国人民大学出版社，2013.

三、在老年人群体中的运用

随着中国进入"老龄化"社会，老年人问题日益引起人们的普遍重视。在西方社会工作人文关怀理论和中国传统的"老有所养、老有所依、老有所为、老有所学、老有所乐、老有所伴"思想的指导下，老年社会工作在中国得到了较为迅速的发展。

目前社会对老年人的年龄界限尚未形成统一的认识，世界卫生组织将 60 岁作为老年的起始年龄基本上得到了学术界的认可。

老年小组工作的功能就在于重建老年人的社会角色和自尊、自我引导、相互支持与重建自我信心。基本上，运用小组工作的方式来实施老年社会工作主要基于以下几个方面的考虑：

（1）老年人需要接受心理及生理改变的事实，同小组和同龄人相互支持与帮助最能增强这种效果；

（2）老年小组可以提供老友重逢欢聚的机会，并增加结识新朋友的机会；

（3）老年人参加小组可以有效地增强他们的认同感；

（4）小组是老年人隶属于他个人与家庭之外的工具，通过小组，老年人可以与他人保持一致的行动、表达看法、享受经验，甚至可以发挥自己的能量为社会工作以证明自己的存在和价值；

（5）老年人在小组中可以获得应有的承认与地位。

下文对老年人抑郁情绪改善小组这一案例加以介绍。

案 例

老年是人生历程的最后一个阶段，伴随着生命的成长和成熟的过程，老年人从生理、心理方面都要面临一系列的变化，社会角色和人际关系也会发生改变，需要重新适应和调整，而生活在养老机构中的老年人的生活不同于居家老年人的日常生活，这些老年人更容易产生情绪问题。

按照心理测量结果，W 养老机构入住的 50 位老年人中，24 人有不同程度的抑郁症状，其中轻度抑郁占大部分，总发生率还是比较高的。社会工作者通过观察、访谈以及比对老年抑郁量表的测量结果，了解到 W 机构中具有抑郁情绪的老年人主要的需求为心理需求、精神需求和社会支持需求。面对具有抑郁情绪的老年人，社会工作者根据社会工作专业理论和方法的指导，规划和设计了治疗性的缅怀往事小组进行介入，期望通过小组活动改善他们的抑郁状况，满足他们的需求，从而达到提升他们晚年生活质量的目标。

一、理念

抑郁被称为“精神杀手”，居住在养老机构中的老年人更容易面临抑郁问题。很多时候，人的愤怒、抑郁等负面情绪都源于个人的需要和关注得不到满足。养老机构固然能够为老年人提供专业、及时的日常生活照料，但是这并不一定完全符合入住老年人的需要，老年人的心理社会需要往往是被忽视的。这个带有治疗性质的缅怀往事小组的焦点，是试图利用小组所具有的解决问题的力量，来帮助老年人改变不良的或功能失调的行为模式。缅怀往事，回忆以前的生活事件，对老年人能够起到特定的作用。数十年的生命历程通常会带给老年人非常丰富的人生经历，这些经历弥足珍贵。通过对过去愉快的回忆、幸福的往事的缅怀，可以帮助老年人改善当前的情绪状态。回想以往取得的成就，能够使他们更加清醒而正确地认识自己，建立积极正面的乐观情绪，放下消极负面的悲观兴趣，并重新获得对自己人生的掌控感。在与他人互动的过程中，老年人通过聆听、陈述、分享，可以有效降低自己的无助和失落感，提升自己的自我满足感。另外，在小组中，组员面对同样的问题，有着共同的需要，在组员的互动及相互支持中，还可以建立一个支持网络，从而使组员有更大的信心达成目标。

二、目标和目的

小组目标为改善老年人的抑郁情绪，满足他们的需求，提高他们晚年的生活质量。

目的之一：让老年人回忆起愉快、幸福的往事，帮助他们改善当前的情绪状态。

目的之二：通过查看老年人过去如何成功地应对人生难题来改善老年人的自尊和应对技巧。

目的之三：改善老年人的社交技巧。

三、服务对象

服务对象的招募范围在老年抑郁量表分数介于11分至20分的有抑郁症状的老年人当中，排除行动和个性偏激、严重创伤的老年人，再根据社会工作伦理守则中的自愿原则，此次小组共招募服务对象6名。

四、小组特征

性质：老年人缅怀往事小组（封闭型小组）

次数：8次（每周一次）

日期：2012年7月28日—9月8日

人数：6人

地点：机构内老年人活动室

五、小组计划书

活动	主题	目标	内容简介	时间	物资	活动地点
第一次	“缅怀往事”之破冰之旅	通过互动小游戏达到彼此交谈的目的，增加组员之间的了解，尽快打开局面。 组员一起订立小组规范，明确组员要承担的责任，使组员建立归属感。	工作者与组员认识；启发组员谈谈各自遇到的麻烦和处理的方法，希望到小组来获得什么帮助；订立小组规范；邀请组员分享参加小组的感受。	90分钟	略	机构活动室
第二次	“缅怀往事”之儿时趣事	通过情绪表了解、面对自己的情绪表达，正确认识现在存在的负面情绪。 通过回忆、叙述、分享儿时趣事，激活与往事连在一起的正面情绪，改善当前的情绪状态。	回顾上周活动；情绪分析，并跟组员分享你表达的正面情绪多还是负面情绪多，什么原因或事件导致你有现在的情绪状态；工作者总结；组员分享儿时趣事；工作者总结并邀请组员分享感受及意见。	90分钟	情绪表	机构活动室

续表

活动	主题	目标	内容简介	时间	物资	活动地点
第三次	“缅怀往事”之同学少年	通过验收家庭作业，请专业人士普及关于抑郁的知识，促使老年人理性面对已产生的问题。通过互动游戏从他人眼中认识自己，提升自信，增强小组凝聚力。通过回忆、叙述、分享彼此美好的少年时代，激活与往事连在一起的正面情绪，改善当前的情绪状态。	志愿者普及抑郁症知识；游戏“戴高帽”：工作者指定两两一组说出彼此的3个优点，然后在小组范围内共同分享；每位组员轮流讲述少年时刻苦读书、努力奋斗的时光中最难忘的事；工作者简要总结，邀请组员说说对这次聚会的感受及意见。	90分钟	心理学专业志愿者1人	机构活动室
第四次	“缅怀往事”之当年勇	通过角色扮演，增强组员的互动和认同。结合新中国历史，通过回忆、叙述、分享自己青年时期的往事，重建有意义的生活角色，提升自尊自信。	回顾上周活动；播放战争题材的老电影或歌曲；鼓励组员分享自己年轻时的重要经历与重大历史事件；让组员扮演自己年轻时所从事过的职业，其他组员配合，协助完成；组员抒发感受；工作者总结本次活动。	90分钟	视频光碟，音乐器材	机构活动室
第五次	“缅怀往事”之而立之年	通过分享老照片，回忆从前的美好时光。通过分享自己中年时期的成功和经历，认识自己与从前相比发生了哪些改变，同时了解成功和快乐掌握在自己的手中，重建有意义的生活角色，提升自尊自信。	回顾上周活动；分享家庭合影、工作合影或朋友合影，讲述为何珍藏这些老照片以及老照片背后的故事；轮流讲述一件自己在而立之年最成功或带来快乐的事情；采用圆桌会议的方式，总结各自多年来的变化；工作者总结组员各自有意义的人生；组员分享本次活动的感受。	90分钟	老照片，纸笔	机构活动室
第六次	“缅怀往事”之夕阳正好	游戏互动，尝试让组员合作，从对方的角度去看事物，学习处理人际关系和应对状况的技巧。通过分享退休后的情形，让组员直面退休生活，使组员能认识到退休后的生活其实不可怕，要正确应对以后老年生活可能遇到的各方面问题，让老年人对自己的闲暇生活做出积极安排，感受到“夕阳正好”。	回顾上周活动；游戏“小剧场”：工作者以抽签形式将组员配对，进行情境表演；工作者与组员讨论大家处理情境的方法并分析经验；“你言我语”：让组员自愿分享自己的退休生活，之后组员讨论并自愿发言；工作者简要总结，强调有积极正确的老年生活心态与观念很重要；让组员表达对聚会的感受。	90分钟	情境卡，纸笔	机构活动室

续表

活动	主题	目标	内容简介	时间	物资	活动地点
第七次	“缅怀往事”之还看今朝	鼓励组员展示自己的特长，分享各自的兴趣爱好，增添趣味性。 选择大家喜爱的、便于开展的集体活动作为机构内未来的日常活动，增添生活乐趣，提高晚年生活质量。 为下周的联欢会做准备。	回顾上周活动；“欢乐老年合唱团”：播放组员耳熟能详的红歌，大家一起哼唱；组员展示各自的兴趣爱好；总结大家都比较感兴趣的活动；商讨联欢会事宜。	90分钟	诗歌集、老年健身舞视频，老歌曲	机构活动室
第八次	“缅怀往事”之新的启程	重温小组内容，组员分享感受，畅谈收获。 通过分享，增强面对离开小组以后的生活的信心，对未来有所希望。	组员分别在纸上写出自己的改变、新发现或期望，写完后相互交换，并在小组中分享；工作者与组员分享小组的内容；请每位组员分享参与小组的感受与离开后的打算；做组后问卷；联欢会。	90分钟	问卷，纸笔，联欢物品	机构活动室

六、小组评估

1. 评估工具

小组工作记录表格；访谈记录；问卷；老年抑郁量表。

2. 过程评估

小组工作过程的评估包括组员的表现、工作者的表现和技巧、小组目标的达成度、小组工作的不足等。通过对小组过程的评估，可以帮助工作者发现组员的前后变化、工作者自身的工作技巧、是什么导致了组员的积极变化、又是什么导致了组员的消极变化等。过程评估可以帮助工作者总结经验，提高工作水平和质量。

3. 结果评估

对小组的结果的评估在小组结束后进行，通过收集组员对小组各方面工作的评价、组员个人状况的改善程度等来评估小组是否达成了预定的目标。

七、介入反思

包括价值伦理、工作技巧、工作者角色、社会工作未来发展趋势四个方面的反思。

四、在其他群体中的运用

（一）戒毒小组

吸毒是成瘾的，单一个体戒毒非常困难，而且成功率很低。小组工作应介入戒毒活动之中。成立戒毒小组不仅能够提高戒毒的成功率，而且能够使戒毒人员体验到人文关怀，从而减轻其戒毒的痛苦。云南省昆明市××社区就有这样一个戒毒小组成功的典型案例。

在××社区，工作人员成立了“戒毒班”，借助小组力量，彼此互动，从而形成一个相互支持的系统，使参与戒毒的小组成员建立信心，实现自身价值。在“戒毒班”上，每次的活动都由戒毒小组中的成员自己来主持，自己设计节目，小组成员在小组活动中彼此分享，共同提高。

“××社区模式”采用小组工作的形式，利用小组的力量，矫正吸毒者的不良行为，在“戒毒治疗”和“戒断巩固率”方面取得了明显的成效。××社区模式属于小组社会工作中的矫正或治疗性质，以培养能够促进成员成长和改变的自我觉醒能力为重点。在工作方法上需要专家的指导、专门的治疗技巧并执行治疗过程，目的是帮助那些明确要求改变自身某些行为的人学习解决问题和应对环境的方法，解决一些已经存在的行为问题和人际关系问题。

（二）疾病康复小组

医务社会工作是指实施于医疗机构中的社会工作实务，起源于 18 世纪和 19 世纪的英国和美国，是西方普遍使用的社会工作法之一，在中国香港、台湾地区也应用广泛。小组工作被运用到医疗机构，尝试让病人或家属处于适宜的环境中，通过团体成员的互动，从而增强对疾病的认识程度和抵抗能力。小组的成立，为病人提供了同病相扶的机会。

下文将以上海市同济大学附属东方医院社会工作部进行的糖尿病康复小组为例进行介绍。

案　例

病人来源：

主要以门诊病人为主，一般由门诊医生及志愿者介绍，也有病人在看了社会工作部自制宣传资料及宣传板报后，自愿报名参加社会工作部组织的糖尿病病人小组活动。

报名方式：

由社会工作部工作者向病人介绍以小组为单位的活动的目的、意义、时间、内容、方式及规则，并通过自行设计的调查问卷，了解病人面临的主要问题、情绪状态，并让病人填写参加活动的申请表。

形成小组：

通过调查问卷、个别会谈，在了解病人相关情况后，再根据病人的年龄、性别、存在的问题及其情绪状态进行分组。一般把不同年龄、不同情绪状态但问题相对集中的病人安排在同一小组，小组人数控制在 25 人左右。

小组工作者：

小组工作的主要负责人为社会工作部工作人员1名，邀请内分泌科医生1名、社会工作部实习生1名及2～3名志愿者。

小组活动时间：

一般平均每2～3周活动1次，持续时间为2小时左右，每组共活动6次。

小组活动内容：

讲授糖尿病的基本知识，综合治疗包括教育、饮食控制、运动、药物治疗、血糖监测及心态调整等。

小组活动形式：

专家讲座，看录像，播放幻灯片，围绕讲座内容设置提问，设置各类游戏以促进组员间相互了解和活跃小组活动气氛，并使组员间形成互动、经验交流与分享，针对存在的问题进行小组讨论，请老病友谈体会，个别咨询与辅导，根据糖尿病病人食谱进行聚餐活动及户外活动，等等。

小组工作流程：

设计小组框架；招募组员；面试；通过调查问卷了解病人；小组成员介绍小组计划；重新修正小组计划；确定小组活动程序及预期目标；每次活动后进行评估；调整小组计划和目标；小组结束前进行评估；小组结束；工作人员整理评估。

小组活动的总体目标：

获取知识、加强交流、彼此互动、分享经验、掌握明天健康。

分目标：

了解基本知识，彼此初步认识；掌握饮食控制法，彼此建立关系；理解治疗和血糖监测的重要性，树立正确的医疗观念，激发自我表达意识；加强分享，彼此交流与鼓励，建立共有经验，改变不良生活习惯；要健康，更要美味。

小组效果：

通过运用小组工作法对糖尿病病人进行健康教育后，各种人员发现病人不仅仅得到了糖尿病的保健知识，改变了不良生活习惯，更建立了良好的心态，能从容面对疾病，同时病人的血糖也得到了有效控制。在通过多次小组活动后，有10名病人自愿组成糖尿病宣讲团走向社区，为更多的病人康复及社会适应做进一步的服务，至今已到社区演讲3次。有4名病人根据个体意愿，被发展为医院探访志愿者，到病房与住院病人进行交流谈心，减轻住院病人的焦虑情绪，帮助住院病人树立战胜疾病的信心。

整个小组活动在具有总体目标和分目标的前提下，在小组工作人员有条不紊的指导和带领下顺利进行。让组员（糖尿病病人）通过活动掌握糖尿病的相关知识，了解预防糖尿病并发症的方法，缓解患病后的焦虑心情，对治疗糖尿病产生积极的态度，最终达到缓解症状、预防或延缓慢性并发症发生的目的。让组员知道糖尿病病人也能延年益寿，也能和健康人一样工作、学习、享受美好生活的乐趣。

资料来源：康文萍，张一奇．小组工作在糖尿病病人健康教育中的运用．中华护理杂志，2004（5）．

第二节　小组工作的本土反思

一、价值与伦理的反思

价值体系是个体评判事物是非善恶以及价值大小的标准和准则。社会工作的价值体系不仅是社会工作者所必须遵循的重要理论标准和确定社会工作目的的准则，也是社会工作者在进行社会工作的过程中自我约束的准则。作为文化范畴的价值体系，其产生和发展都基于特定的物质以及社会文化背景。社会背景特别是文化背景的差异可能会直接导致价值体系的差异。

（一）中国的社会工作价值体系

两千年来，中国一直是个农业大国，自给自足的小农经济使得中国社会一直以来都是一个以家庭为单位，以家族、亲友、邻居为社会共同体的“熟人社会”。在文化价值方面，中国既崇尚传统的儒家思想，同时又深受道家、佛教思想的影响，人们的社会准则和价值准则就是“忠、孝、悌、怜”，并将这种思想推广为“老吾老以及人之老，幼吾幼以及人之幼”。由于人们一直生活在一个“无外人”的亲友圈子之中，对他人很少求助，因此，在中国历史上并未产生真正专业意义上的社会工作，专业意义上的社会工作价值体系也是不存在的。

知识窗

20 世纪 40 年代，费孝通先生在《乡土中国》一书中，以经验事实为基础，提出“熟人社会”概念，以分析中国社会人际关系结构特征。费先生力求以质朴的语言赋予“熟人社会”大胆朴素的文学化构想：“这是一个熟悉的社会，没有陌生人的社会。熟悉是从时间里、多方面、经常的接触中所发生的亲密感觉。这感觉是从无数次的小摩擦里陶冶出来的结果。”

在 20 世纪二三十年代，基于探求民族和国家的生存与发展之路，一群爱国知识分子在农村推动了轰轰烈烈的乡村建设运动，其中由晏阳初倡导并极力推行的定县平民教育运动最为典型。晏阳初作为受中西方文化影响的知识分子，儒家的“民本”思想和西方基督教的“自由博爱”理念都在其行动中得到了体现，可以说这一时期的乡村建设运动带有专业色彩较强的社会工作价值思想。

知识窗

晏阳初，1890 年 10 月出生，中国平民教育家和乡村建设家，被誉为“世界平民教育运动之父”。他认为中国的大患是民众的贫、愚、弱、私“四大病”，主张通过办平民学校对民众首先是农民，先教识字，再实施生计、文艺、卫生和公民“四大教育”，培养知识力、生产力、强健力和团结力，以造就“新民”，最终达到强国救国的目的。著有《平民教育的真义》《农村运动的使命》等。

新中国成立后，特别是从20世纪80年代末开始，随着社会工作在中国高等教育中位置的确立，海内外社会工作者开始纷纷构建中国社会工作的价值体系。其中较有代表性的主要有：

陈福堃在1988年“亚太地区社会工作教育研讨会”上探讨了社会工作的价值体系。陈福堃先生将其划分为4组：（1）社会性的人生最终状态：自由、平等、民主、公义、和平、进步。（2）个人性的人生最终状态：爱、安全、舒适、个人成就、社会赞誉、自我实现。（3）与道德有关的行为模式：同情、正义、勇气、谦让、尊敬、诚实。（4）与个人能力有关的行为模式：慎重、真诚、忠诚、能干、纪律、同情心。

宋林飞等人认为中国社会工作价值体系应该划分为7个部分：（1）要尊重每一工作对象的尊严和价值。（2）帮助工作对象满足基本的、合理的需要。（3）有责任协助工作对象发挥潜能，全面发展。（4）促进工作对象健康发展，使其能对社会有所贡献。（5）维持公平和秩序，提供人们所需要的各种资源和创造人们发展所需要的社会条件是社会主义国家履行自身职责和义务的手段。（6）要动员众多他人的支持与参与。（7）要正确地协调个人与社会之间的关系。

王思斌等人认为社会工作的价值体系主要包括4个层次的内容：（1）社会价值：平等、信誉、独立、礼貌、孝顺、抱负、勤奋和竞争。（2）专业价值：敬业、接纳、自决、个别化和尊敬人。（3）专业伦理：社会工作者要善于掌握适当的行为举止，对当事人、同事、雇主和雇佣组织、专业和社会要恪守一定的伦理责任。（4）正确地把握价值、知识和技术的操作守则。

综观新中国成立以来中国社会工作价值体系的构建，我们可以发现，目前中国的社会工作价值体系主要是在对中国古代社会工作实践价值理念进行继承和对西方发达国家社会工作的价值体系进行吸收的基础上建立起来的。但通过仔细的研究，我们又可以发现中西方的价值体系还存在着较为明显的差异，突出表现在：西方的社会工作价值体系明显带有偏重个体利益的色彩，推崇民主、自由、平等、博爱的价值理念，在西方，社会工作的实施旨在保障每一个个体有平等的发展机会；而中国的社会工作价值体系则更偏重社会整体利益，虽然在中国社会工作价值体系的探讨过程中，学者们试图将“社会整体利益”与“个体独立利益”协调起来，但在此过程中却有意无意地强调着在保障社会整体利益的前提下来实现个人利益需求的满足。

知识窗

美国社会工作者协会（NASW）伦理守则规定的社会工作专业核心价值：服务、社会公正、个人的尊严与价值、人际关系的重要性、正直、能力。

（二）价值观和职业伦理的适应性

商登斯坦曾说过："社会工作是一个以价值为本的专业，它不仅是做事情的一种方式，而且是关于做什么事情有价值和它应该去做的准则。"作为一个成功的社会工作者，价值是其生命意义的全部。在精神上，他是为价值所武装和充满的；在行为上，他是为价值所指导和驱动的。

伦理是群体社会的规则，它通过引导人的行为来实现维护社会既有秩序的功能。违反伦理就是破坏社会秩序，这种行为虽然一般不会受到法律的处罚，但却会受到舆论的谴责和同行的抵制。

社会工作伦理是社会工作依据其哲学信念和价值取向发展而成的一整套伦理实施的原则。它是社会工作者用来表明专业特征并在处理案主、同事、服务机构以及社会之间关系过程中所遵循的一组道德标准和原则，是引导与限制助人活动的依据。

在中国，中国社会工作联合会也专门制定了社会工作者的伦理守则，归纳起来主要有以下几个方面的内容：(1) 应当以人为本，具有人道主义精神和高度的专业责任感。(2) 应该以平等、接待和不批评的态度来对待案主。(3) 要承认每个案主的潜能。(4) 保守秘密。(5) 应当尊重同事和合作者，与他们协同工作。(6) 要遵守对机构的承诺，致力于消除社会歧视，促进社会福利。

价值和伦理是相适应的，即二者是紧密联系在一起的。其中价值关注的是"什么是好的、善的和有意义的"，它强调的是人的信仰；而伦理涉及的是"什么是正确的、适当的"，它强调的是"人际关系中怎样对待并应用这些信仰"。在社会工作中，二者的本质是具有一致性的：伦理的核心是善，而善恰恰又是社会工作价值观的重要内容。伦理来源于价值且又必须与价值保持一致。伦理是操作层面上的价值，是把价值观念转变为行动的行为准则。虽然价值观和伦理存在着一致性，价值观能够指导社会工作者做出正确的伦理选择，但有时候二者存在着偏差，价值本身并不能完全指导社会工作者做出正确的伦理选择，进而出现价值与伦理的冲突。如下面的案例：

案　例

余先生最近从精神病院出院了，并在社会工作者的帮助下获得了一份工作。可是，有一天，余先生喝得醉醺醺的，满腔怒火地对社会工作者说，他已经被解雇了。他还说要杀了那个解雇他的老板，然后自己上吊自杀。在这种情况下，社会工作者是严格遵守保密的原则，还是把消息泄露给余先生的老板，以免发生意外？

案　例

一位学校社会工作者发现阿强最近学习成绩下滑，精神恍惚，就对他进行了家访。原来，阿强的父母离异，阿强现在由母亲抚养。阿强的母亲告诉社会工作者，她最近失业了，精神压力很大，生活水平也下降了很多，所以对阿强脾气不好，可能因此影响了阿强的生活，并让社会工作者替她保密。几天后，这位社会工作者接到法庭传票，要求出庭作证阿强的母亲不能提供给阿强正常的生活，因为阿强的父亲要求拥有阿强的抚养权。社会工作者该怎么办？是透露实情，还是侵犯案主的权益？

由上面的案例我们可以看到，在社会工作中，价值观对于职业伦理也存在着“非适应性”的一面，即存在着“伦理困境”。雷默在《社会工作价值和伦理》一书中分析了在对个人和家庭提供直接服务时，可能存在的一些“伦理困境”：（1）告诉案主的真实情况与保护案主的隐私之间的矛盾；（2）法律、法规、政策与治疗目标之间的冲突；（3）保密与特殊的知情权的冲突；（4）提供的服务违反了案主的意愿；（5）结束服务违反了案主的意愿。对于这些伦理困境，雷默提出了一些解决的指导原则：（1）获得个人行动的必要先决条件，如生活、健康、食物、住所、精神平衡等是最重要的，它比说真话更重要，在此情况下（案主失去个人行动的必要先决条件时）可以说谎、失信；（2）获得个人行动的必要先决条件的权利应优先于获得个人自由的权利；（3）个人自由的权利应优先于个人幸福的权利；（4）个人幸福的权利应优先于团体规则。

虽然在中国社会中，伦理困境现象也存在，但雷默所提出的原则是基于西方社会“个人主义”原则的，在重视社会整体利益的中国并不完全适用。因此，积极探求适合中国国情的解决上述伦理困境的指导原则是推动社会工作本土化过程的一个重要内容。

二、小组工作技巧的反思

（一）可行性反思

小组工作不仅是一项与人沟通的活动，也是一门艺术，需要一定的技巧。在社会工作理论中，通常将小组工作的一般技巧概括为 8 个方面：（1）建立关系的技巧；（2）观察的技巧；（3）组织和介入的技巧；（4）领导小组的技巧；（5）沟通的技巧；（6）参与小组的技巧；（7）运用资源的技巧；（8）评估小组过程的技巧。

以上小组工作的技巧能够在实践中得以实施是有一定的理论依据的。以下分别从社会化理论、社会资源理论以及标签理论加以说明。

1. 社会化理论

在社会学界对社会化的研究中，占重要地位的主要是库利的“镜中我”理论和米德的“角色借用”理论。前文曾提到，库利的“镜中我”理论认为，个体以他人为“镜子”，从他人的言论、表情以及对自己的态度中了解别人对自己的看法，由此来帮助个体认识自己，并得出对自己的看法和感觉，进而调整自己的行动。库利还注意到了“初级群体”在个性发展和个体社会化过程中的作用。同样作为符号互动论代表人物的米德也研究了个体的自我意识，他将自我分为“主体我”和“客体我”两部分，即未经社会化的“我”和已经社会化的“我”。米德认为，社会就是人们之间用反应、手势和面部表情进行交流信息、态度和印象的持续和混合。个体通过把他人的态度进行内化，并按照社会上其他的一般预期来判断自己行为的过程就是社会化。在米德看来，社会化的过程就是一个从只能借用有限的、特定的角色到能够借用普通的“一般他人”角色的演进过程。社会化理论提供了一个个体与个体、个体与群体互动的视角，探讨了个体行为的准则是如何认知的。正是因为初级群体在个体社会化过程中承担着重要的功能，所以在小组工作中，控制一定的条件就可以影响案主或小组成员的行为和认知。

2. 社会资源理论

美籍华裔社会学家林南提出了社会资源理论。他认为，那些嵌入个人社会网络中的社会资源——权力、财富和声望，并不为个人所直接占有，而是通过个人直接或间接的社会关系来获取。在社会资源效应的假设中，林南认为人们的社会资源越丰富，工具性行为的结果越理想。正是因为社会资源的重要作用，在小组工作中，小组工作者要实现小组的目标，就要善于动员各种社会资源。

3. 标签理论

标签理论源于互动理论。与前面的理论不同，标签理论不是从客观的条件上探讨个人与他人的互动，而是侧重于主观方面的探讨。标签理论被较多地运用到社会越轨原因的分析上。它认为，社会上之所以会有越轨行为，是因为社会中的某些权威对某些社会成员及其行为贴上了越轨的标签。标签理论强调个体是按照团体、社会对自己的认知和预期来调整自己的行为的。鉴于此，社会工作者便可以在小组工作中给小组成员赋予“良好行为者”的标签，进而在实现小组工作的目标时使成员能够按照“标签”来行动。

知识窗

心理学家克劳特在 1973 年做了一项实验。他要求人们为慈善事业做出捐献，然后根据他们是否有捐献，标上“慈善的”或“不慈善的”标签。另一些受试者则没有被用标签法。后来再次要求他们捐献时，标签就有了使他们以第一次的行为方式去行动的作用，即那些第一次捐了钱并被贴上“慈善的”标签的人，比那些没有被贴上标签的人捐得更多，而那些第一次没有捐钱、被贴上“不慈善的”标签的人比没有被贴上标签的人捐得更少。由此可见，标签效应影响着人们的印象管理。

（二）本土技巧的发展

中国从恢复建立社会工作专业以来，便开始积极地探索具有中国特色的社会工作方法与技巧，并取得了一定的成效。以下仅以南京市儿童福利院希望家庭资源中心为例介绍本土技巧的发展。

案　例

南京市儿童福利院在其下设的儿童康复医院的基础上，于1999年成立了希望家庭资源中心。该中心的工作宗旨是向残疾儿童及其家长提供康复医疗方面的专业知识，提供康复社会工作的专业服务，尽可能帮助残疾儿童恢复个人生活能力，扩展其社会生活的参与能力，最大限度地帮助残疾儿童家长充分挖掘自身资源，合理运用社会资源来减轻他们因孩子残障所承受的各种压力，最终使残疾儿童在生理、心理和社会功能上充分发挥潜力。该中心在其宗旨的基础上开办了“同路人”家长小组。

一、小组工作的目标

“同路人”家长小组被定位为一个支持小组，其工作目标如下：

帮助家长正确、全面地认识弱儿、接受弱儿；

介绍教育和训练弱儿的技巧；

加强家长的支持系统，使家长之间建立友谊，互相支持；

帮助家长充分发掘自身资源，合理运用社会资源。

二、小组工作的筹备

(1) 中心社会工作者强化培训。由于小组工作方法的运用在国内刚刚起步，社会工作者没有小组工作的实际经验，因此中心对社会工作者进行了小组工作的专业培训。

(2) 确定工作对象。通过个别访谈，了解家长的意愿、动机及期望，并对中心会员的情况进行案例分析，初步确定了小组的目标对象，邀请了6位家长参加小组。

(3) 建立专业工作关系。由于小组成员经常来中心参加讲座、培训、康乐等活动，与中心社会工作者接触密切。为了能够对6位家长的状况有一个比较深入的了解，组长特拜访了6个家庭，走访了入学儿童的学校、幼儿园。组长和组员建立了信任、真诚与亲密的关系。

三、小组结构与内容

小组活动分为8节，每次活动基本上可分为热身运动、主题讨论、分享心情等，大致经历了4个阶段：

阶段	活动	小组情况概述
第一阶段　创始阶段	第一节　初次见面	家长倾向于安静、局促不安，讨论偏向非个人化和一般性的问题。
第二阶段　过渡阶段	第二节　我家有宝 第三节　倾诉心中情	逐渐形成小组沟通网，彼此出现信任与合作，小组未出现难以处理的组员。
第三阶段　委身阶段	第四、五节　集思广益 第六、七节　坦然面对	家长开始做深入的个人分享，主动参与互相帮助。最可喜的是家长将领悟转化为行动。
第四阶段　终结阶段	第八节　临别总结	小组先是进入了伤感之中，家长表现出对小组的依恋之情。但是组长提醒大家回顾小组快乐时光并展望今后的旅程。

四、组长的角色扮演

在整个小组中，组长对于每一个家长都有很重要的作用及影响：首先，“同路人”小组的组长是一位专业的社会工作者，也担任过教师。在小组开始时，她便通过不同的途径来塑造小组工作的氛围，同时也对家长的行为做出积极的正面回应。其次，组长是一个有爱心和修养的人。“同路人”小组的组长也是一个模范的参与者，她一直注意做个人化的分享，分享自己在弱儿康复工作中所遇到的挫折，不断强化与家长之间的关系，也给组员起到了模范作用。她在小组中不掩饰自己，不做自我防卫，肯承认自己的错误，这一切都对组员起到了积极作用。

三、小组工作本土化思考

（一）什么是本土化

“本土”是一个内涵十分丰富且外延很宽广的概念。它不但有地理学上的含义，即指人们原本生活的地方，而且包含有社会及文化的含义，指浸润于那个地方的文化、社会制度。按照这种思路去理解，本土化指的是外来的东西进入某一社会文化区域，与原来的社会制度相配合，共同支持人们共同生活的过程。本土化对于外来者而言是文化适应的过程，对“本土”来说则是文化选择、融合与接受的过程，它反映了两种行为模式、处理问题的方式之间的互动。

可见，本土化所反映的是一种变化和过程，它指的是外来的东西进入另一社会文化区域（“本土”）并适应后者的要求而生存和发挥作用的过程。本土化不但强调外来者对它所进入的社会文化区域的适应性变迁，而且特别强调后者的主体性，即它是站在后者的立场上来提出问题和分析问题的。小组工作的本土化是指产生于外国（或其他地区）的小组工作进入另一国家或者地区时发生变化的过程。小组工作在中国的本土化是指产生于外部的社会工作模式进入中国（这一套经济的、政治的、社会文化的制度体系），同其相互影响进而适应中国社会的需要而发挥功能的过程。

（二）本土化的过程和阶段讨论

小组工作作为“舶来品”，要在中国进行运用，必然经过一个本土化的过程。小组工作本土化的过程大致上可以划分为三个阶段。

1. 引进阶段

在这个阶段，我们需要大量引进西方小组工作的理论和工作模式，但在引进的过程中要有所选择。在引进阶段，主要是翻译和引用北美一些国家的关于小组工作的教科书以及相关的杂志，在具体的教学与实践过程中采用北美的小组工作的理论和方式。这一直接从发达国家引进社会工作的阶段基于“社会工作是一门职业，它可以超越不同的文化、社会背景，解决人类共通的问题”的认识。

2. 本土化阶段

这个阶段是对引进的小组工作在中国文化、社会背景中运用的实践性反思。在这个阶段，需要对直接引进来的理论进行一定的修正，使国外的社会工作模式中的某些理论和概念能够适合中国的社会及文化，符合中国的社会价值观，满足中国的需要，解决中国的实际问题。

3. 扎根阶段

学者们通常都认为，扎根化指的是按照本国的环境和制度，重新组织社会工作职业的方方面面。扎根化具有真实化的意义。在沃尔顿和奥布看来，虽然本土化可以使西方社会工作实践适应发展中国家的需要，解决它们的问题，但本地的社会工作教育者和实务者也应该创造性地发展自己的策略来解决自己的问题，满足自己的需要。

通观这三个发展阶段，我们可以发现小组工作在中国的本土化发展必须经历一个漫长的、渐进的发展过程以及一个接纳、适应、创新的过程。在这一过程中，我们尤其要重视的是外来理论与中国本土的社会文化的融合，只有在此基础上才能够孕育出中国本土的小组工作理论。

批判性思考问题：

中国传统文化中的“家族本位”对社会工作实践有哪些可能的影响？

第三节　小组工作在中国的发展趋势

一、在中国开展小组工作的可能性和必要性

（一）在中国开展小组工作的可能性

随着人民集体公社时代的结束和政治经济体制改革的深入进行，市场经济得到了充分发展，这种新的开放与发展时期为小组工作的发展提供了可能性，并为其带来了前所未有的机遇。

首先，伴随着市场经济的发展，中国城乡居民的物质消费水平和生活质量都得到了较大幅度的提高。而且随着社会经济的发展，人们对社会服务的需求也必将进一步呈现扩大化和多样化的趋势。不断满足人民物质和精神生活的需求是社会主义的宗旨，这种已经成为可能的需求是推动小组工作（当然也包括所有的社会工作形式）发展的无形动力。

其次，社会主义市场经济的发展客观上也需要建立和健全社会保障制度，使之与建立社会主义市场经济相配套。因此，社会保障已经引起了政府部门的高度重视，并对整个社会工作提出了新的更高的要求，这无疑为包括小组工作在内的社会工作开辟了广阔的发展前景。

再次，市场经济的发展必然要求大力发展第三产业，这就为以无偿服务为主的社会服务逐渐转变为以有偿服务为主、无偿服务与有偿服务相结合的社会服务提供了广阔的天地，也为小组工作在中国的发展奠定了较为坚实的物质基础。

最后，目前在中国，专业化的小组工作还很缺乏，这客观上为其在中国的发展预留了一个宽广的空间。

（二）在中国开展小组工作的必要性

在小组工作方兴未艾的中国探讨小组工作的意义，对于理解在中国发展小组工作是必要的。

首先，对于个体而言，发展小组工作有助于小组成员提升自身的能力，使其能够将自己在小组活动中所获得的知识和经验运用到小组之外的生活之中，达成自我理想的实现。

其次，对于组织而言，发展小组工作有助于参与小组活动的成员正确地处理组织成员之间的关系，促进组织内部关系的融洽。

再次，对于社会而言，发展小组工作有助于社会的稳定，社会成员通过小组工作能够正确地认识自己的角色和自身在社会中所需担负的责任，并积极地去承担，维持社会正常的社会化和变迁。

最后，对社会工作学科的发展来说，小组工作是社会工作的一项极为重要的分支，要推动社会工作这一学科在中国的发展就必须推动小组工作在中国的发展。

（三）小组工作在中国发展的趋势

小组工作在中国发展的趋势可以概括为社会化、产业化、法制化和专业化。

小组工作社会化是发展的大方向。社会化的内容很多，主要有：社会工作对象的社会化，既要有重点又要面向全体社会成员；资金筹集的社会化，主要是指广开资金的来源渠道，建立小组工作发展基金，奠定小组工作的物质基础；服务设施的社会化，企业、机关及事业单位的服务设施向社会开放，小组工作的服务设施也应该打破封闭，向社会开放；小组工作队伍的社会化，建立一支专职、兼职和志愿者相结合的工作队伍，并吸引社会上热心于此的人以不同的形式参与到小组工作中来；管理体制的社会化，实行单位管理、部门管理与社会化管理相结合的方式，并以社会化管理为主。

小组工作要以服务为产业，走产业化的路子。小组工作作为社会工作的一种形式，也隶属于第三产业，是带有福利性质的社会服务产业。旧的福利体制是政府和集体单向供给的纯福利消费，只投入不产出，只讲社会效益，不讲经济效益，造成福利供给与需求的缺口很大，以致难以为继，而受益者则养成了一种依赖性和不正确的债权观念，其社会效益也是有限的。要改变这一状况，在争取政府投入为主渠道的同时，应寻找一条自我发展的路子，即社会福利产业化之路。总之，专业化的社会服务工作坚持产业化方向，是有广阔的发展前景的。

小组工作的法制化是当代小组工作迫切需要解决的一个方向性问题。为人民群众谋福利是中国共产党的宗旨，保障人民的基本生活是人民政府的责任，在尽社会义务的同时享受社会福利和社会保障是公民的一项权利。对这种权利和义务关系应该以法律的形式固定下来。虽然中国的宪法在这一方面做出了努力，但从总体上来看，离法制化的要求还有一段相当大的距离，同市场经济发展的要求尚不完全适应。小组工作的法制不健全，有些“暂行”了很长时间的“条例”及行政法规还存在需要完善的地方，小组工作在法律体系中的“空白”需要填补，未来的小组工作需要做到有法可依、行为规范、工作有序、整合有规。

小组工作专业化是小组工作发展的内在要求，由于中国的小组工作专业化建设基础薄弱，工作队伍的专业化水平亟待提高。从长远来看，随着国内社会工作环境的好转以及社会对小组工作需求的增加，专业化小组工作的发展在中国是一个必然趋势。

二、小组工作在中国发展所面临的挑战

（一）专业化与本土化的挑战

专业化是指在经验指导下的个人行为的集合向系统的由理论进行指导的从业人员的群体性共同行为发展的过程。专业化是一个动态的变迁过程，是专业不断发展的过程。小组工作的专业化主要包括两个方面的含义：一方面是在发展的初级阶段，小组工作完全处于由在经验指导下的助人型的工作向在理论指导下的专业小组工作发展的过程；另一方面是小组工作完成了初步的专业化过程后，专业的发展仍然存在着一个由经验不断上升为理论的过程。从这一层面来讲，小组工作的专业化过程是一个没有终点的动态过程。

就中国的小组工作而言，其专业化的发展过程受到一系列因素的制约，其发展面临着一定的挑战。

第一，社会保障制度的不健全制约着小组工作的专业化进程。由于中国尚是一个发展中国家，其经济实力有限，教育、卫生、福利和保障水平普遍较低，且主要集中于解决经济层面上的困难，而对于个体精神健康需求的满足则不足，进而导致小组工作的专业化动力不足。

第二，中国的文化价值观在一定程度上制约了小组工作在中国的专业化进程。社会工作采取接纳他人、非批判、个别化、保守秘密和案主自决等原则，且个人向社会工作者求助的态度也是积极的。而在中国，其文化价值观则首先强调个人的自强自助，其次是建立在血缘关系基础上的家庭互动，最后才是从社会获取援助。因此，个人不到万不得已一般是不会向其他人求助的，而且一旦到了社会对弱者施以援助时，中国的价值观中又缺乏对个人权利的尊重，个人自身也缺乏自我权利意识。在具体的助人过程中，社会工作者对价值观的认识更多的是基于一种对社会的责任感。因此，在助人行动中，“为案主保密”“尊重案主的自决权”等原则常让位

于“爱心”和“奉献”。

第三，社会工作实施体系的不完善也进一步制约了中国小组工作专业化的步伐。西方社会工作的推行依靠的是社会福利化制度框架下职业化的社会工作组织体系，政府对社会工作机构进行的是宏观的行政管理和福利资源配置，而社会工作机构则仅仅负责将国家相应的社会政策加以落实和实施，让案主获得一定的社会资源。而在中国，社会工作事业实施主要依靠的是政府部门、半政府部门以及某些准政府的群众性团体，由这些机构和组织争取到大部分资源，它们在整个小组工作中占据着主导性位置，这客观上抑制了民间社会服务组织的发展和成长，不利于小组工作专业化的发展。

批判性思考问题：

针对以上种种挑战，你对中国社会工作的发展有何建议？

引进西方社会工作理论只是社会工作专业发展的后来者走向专业化的道路之一，要想真正彻底地解决中国的实际问题，就必须在引进西方社会工作理论的同时发展本土理论。西方的小组工作理论产生于西方的工业化社会，主要面临的是工业社会所带来的种种社会问题。由于西方国家的社会问题并没有直接复制到中国，中国目前所面临的社会问题不同于西方，因此对于中国来说，小组工作尚属于“舶来品”，要使小组工作能够在中国发挥其应有的积极功能，就必须完成其本土化过程。如同专业化所面临的困境与挑战一样，由于不同的国家、地区之间存在着历史、文化以及现实基础上的差异，小组工作的本土化过程也是一个挑战。

（二）教学、实务、研究三者结合的挑战

小组工作在中国的发展进程中，教学、实务和研究三者的相互脱节是制约其发展的重要因素。在西方，三者基本上是相互结合的，小组工作的教学以一定的实务工作经验为基础，同时接受研究理论的指导。这样既可以保证社会工作的理论、方法与实际教学工作的相互沟通，又可以使其相互促进，从而真正达到小组工作的目标。而在中国，目前的状况是从事小组工作教学的教师并没有从事实务操作的经验，而从事一线实务工作的工作人员却又缺乏相应的理论知识。因而将已有的实务经验加以总结并提炼出本土性的理论成了难题，教学、研究与实务工作之间的鸿沟并没有得到有效的解决。有效地将教学、实务和研究三者结合起来，推动西方小组工作在中国的本土化，并发挥其重要的影响，是小组工作中国化所面临的重要任务。

复习思考题

1. 小组工作可以在哪些人群中运用？
2. 小组工作在青少年群体中的主要运作方式有哪些？
3. 王思斌认为的中国社会工作价值体系是什么？

4. 小组工作技巧的反思中涉及哪些理论依据？

5. 小组工作在本土化过程中，需要经历哪些阶段？

6. 小组工作在中国未来的发展会是怎样的？

推荐阅读书目

1. 张乐天，徐玲，等．社会工作基础知识．上海：上海社会科学院出版社，2003.

2. 范明林．老年社会工作案例评析．上海：华东理工大学出版社，2010.

3. 张李玺．妇女社会工作．北京：高等教育出版社，2008.

4. 刘梦．小组工作案例教程．北京：中国人民大学出版社，2007.

5. 古学斌，阮曾媛琪．本土中国社会工作的研究、实践与反思．北京：社会科学文献出版社，2004.

6. SALEEBEY D. 优势视角：社会工作实践的新模式．上海：华东理工大学出版社，2004.

7. ROTHMAN J C. 残疾人社会工作．上海：华东理工大学出版社，2008.

8. REAMER F G. 社会工作价值与伦理．台北：洪叶文化事业有限公司，2000.

9. 罗肖泉．践行社会正义：社会工作价值与伦理研究．北京：社会科学文献出版社，2005.

关联课程教材推荐

书号	书名	作者	定价
978-7-300-26267-3	个案工作（第二版）	隋玉杰	59.00 元
978-7-300-21231-9	社区工作（第三版）	夏建中	45.00 元
978-7-300-17784-7	小组工作（第二版）	吕新萍	38.00 元
978-7-300-28092-9	社会工作行政（第二版）	时立荣	39.90 元
978-7-300-28790-4	社会工作实务案例教程	陈树强 李璐龄	49.80 元

配套教学资源支持

尊敬的老师：

衷心感谢您选择人大版教材！相关的配套教学资源，请到中国人民大学出版社官网（www.crup.com.cn）下载。部分教学资源需要验证您的教师身份后，才可以下载，请您登录出版社官网后，点右上角“注册”，填写“会员中心”的“我的教师认证”项目，等待后台审核。我们将尽快为您开通下载权限。

如您急需教学资源或教材样书，也可以直接与我们的编辑联系：

龚洪训　　电话：010-62515637　　电子邮箱：6130616@qq.com

专业教师 QQ 群：

195761402（全国社会学教师 QQ 群）

欢迎您登录浏览人大社网站，了解图书信息，共享教学资源

期待您加入专业教师 QQ 群，开展学术讨论，交流教学心得